불안의 숲   명상의 숲

불안의 숲　명상의 숲

49년을 불안의 숲에서 헤맨
평범한 남자의 비범한 명상 안내서

오제중 지음

베라콘

고백과 당부

과거에는 태양이 지구 주위를 돈다고 생각했다. 나도 내 안에 불안이 있다고 생각했다. 그러나 불안 속에 내가 있었다. 내가 불안을 품고 있는 게 아니라 불안이 나를 에워싸고 있었다. 언제나 그래왔고 누구나 마찬가지였다. 그래서 하늘의 태양처럼 당연하게 받아들였다. 그렇게 49년 동안 불안의 숲에서 붙잡혀 살았다.

숨막히는 고통

내 마음대로 숨을 쉴 수 없었다. 처음이라 당황하고 겁이 났다. 보이지 않는 거인의 손아귀가 목을 조이고 숨구멍을 틀어막았다. 당장 죽는다고 해도 이상하지 않았다. 체념과 절망의 순간 죽음의 그림자가 신기루처럼 사라졌다. 극한의 공포는 찰나였지만 영겁처럼 느껴졌다. 말로만 듣던 공황이었다. 다시 겪고 싶지 않은 폭우 같은 고통이었다. 단단한 우산이 절실했다.

비로소 되찾은 나의 숨

우연적이면서 운명적으로 명상을 만났다. 신문 기사를 읽고 호기심이 들었고 관련 서적을 훑으면서 의구심을 거둬들였다. 1년 동안 한 대학의 명상 강좌를 수강했다. 생업은 제쳐두고 오로지 명상에만 전념했다. 저기의 미래가 아닌 여기의 오늘을 선택했다. 교육이 끝나갈 무렵 희미하게나마 명상에 대한 윤곽이 보였다. 더불어 온전한 나의 숨도 되찾았다.

인공 지능과 휴머노이드 로봇, 그래도 불안

나날이 과학은 발전하고 갈수록 기술은 진보하고 있다. 그러나 불안은 여전히 그대로다. 오히려 마음의 병은 늘어가고 있다. 그래서인지 명상에 대한 관심이 높아졌다. 그런데 명상을 제대로 배우고 그대로 익히기가 녹록하지 않다. 너무나도 간단해서 손에 남는 게 없거나 지나치게 어려워서 손에 닿는 게 없다. 책을 쓰게 된 이유이며 영화로 전달하려는 까닭이다.

명상은 스스로 물음을 던지는 것

명상은 꾸준함이 중요하다. 그러나 눈을 감고 숨만 고르는 것으로는 한계가 있다. 몸의 딱지를 떼어내면서 마음의 허울도 걷어내야 하기 때문이다. 궁극적으로 명상은 '나'를 들여다보는 것이다. 최종적으로 호흡에 집중하면서 '나'를 뛰어넘는 것이다. 그러기 위해서는 스스로 물음을 던져야 한다. 책의 구성은 그렇게 이뤄졌다.

열심히 읽지 말고 그냥 들여다보기

이 책은 계발서도 아니며 학습서는 더더욱 아니다. 그저 길을 떠나는 이들을 위한 안내도일 뿐이다. 지금까지 그래왔던 것처럼 외우고 읽었다간 번번이 놓치고 연거푸 잃을 것이다. 그러니 푹신한 소파에 아무렇게나 널브러져 느긋하게 보면 된다. 영화를 감상하듯 스크린 너머의 텅 빈 곳을 하염없이 들여다보며 된다. 그 이상도 그 이하도 없다.

2024년 11월

숲과 숨 어디쯤에서

차 례

고백과 당부 · 4

1부 명상, 비로소 되찾은 숨

에세이 / 보이지 않는 아버지의 숨을 보다 · 15

명상적 영화. 하나 / 그랑블루 · 23

하나의 질문 / 불안은 어떻게 한숨이 되는가 · 30

하나의 질문 / 숨은 어떻게 명상이 되는가 · 39

하나의 질문 / 명상은 어떻게 불안을 잠재우는가 · 48

명상적 영화. 둘 / 그래비티 · 57

명상적 영화. 셋 / 노스페이스 · 66

에세이 / 두려움이 없는 긴 숨을 쉬다 · 74

2부 | 차茶, 하루하루 마시는 숨

에세이 / 맛에 맛들여 제맛이 없는 나날들 · 85

명상적 영화. 하나 / 일일시호일 · 93

하나의 질문 / 차는 무엇인가 · 101

하나의 질문 / 차는 커피와 어떻게 다르고 무엇이 같은가 · 108

하나의 질문 / 왜 차와 명상은 하나인가 · 116

명상적 영화. 둘 / 레퀴엠 · 125

명상적 영화. 셋 / 행복 · 135

에세이 / 맛없는 삶의 맛 · 145

3부 | 나, 사유하는 숨

에세이 / 나의 나에 의한 나를 위한 나를 보았다 · 155

명상적 영화. 하나 / 홀리 모터스 · 163

하나의 질문 / 나는 살아서, 있는 것인가 · 171

하나의 질문 / 나는 왜 네가 아니고, 너는 어째서 내가 아닌가 · 180

하나의 질문 / 나는 어디에 있으며, 어디로 가는 것인가 · 188

하나의 질문 / 나는 너에게 어떤 의미가 있는 것인가 · 196

명상적 영화. 둘 / 아이덴티티 · 204

명상적 영화. 셋 / 아이, 로봇 · 213

에세이 / 잃어버린 나의 위치 찾기 · 221

4부 | 여기, 경계가 없는 숨

에세이 / 친애하는 무채색의 세계 · 231

명상적 영화. 하나 / 매트릭스 · 238

하나의 질문 / 감각에는 경계가 있는가 · 243

하나의 질문 / 몸과 마음에는 경계가 있는가 · 249

하나의 질문 / 꿈과 현실에는 경계가 있는가 · 255

하나의 질문 / 신과 인간 사이에 경계는 있는가 · 262

하나의 질문 / 모든 것의 시작과 끝, 그 경계는 있는가 · 272

명상적 영화. 둘 / 트루먼 쇼 · 280

명상적 영화. 셋 / 인셉션 · 287

에세이 / 어디서 무엇이 되어 다시 어디서 무엇으로 · 298

5부 | 침묵, 언어 너머의 숨

에세이 / 마음은 어디에 있을까 · 307

명상적 영화. 하나 / 컨택트 · 316

하나의 질문 / 언어로 온전하고 완전하게 전달할 수 있는가 · 322

하나의 질문 / 진리의 가르침을 언어로 옮겨 담을 수 있는가 · 330

하나의 질문 / 모두의 언어는 가능한가 · 340

하나의 질문 / 존재와 언어, 무엇이 먼저인가 · 348

하나의 질문 / 왜 침묵해야 하는가 · 355

명상적 영화. 둘 / 페르시아어 수업 · 363

명상적 영화. 셋 / 봄날은 간다 · 370

에세이 / 0.0003%의 진심 · 377

6부   다정, 지구 평화를 지키는 숨

에세이 / 달콤쌉쌀한 짜장면과 불주사 · 385

명상적 영화. 셋 / 이니셰린의 밴시 · 392

명상적 영화. 둘 / 월-E · 401

명상적 영화. 하나 / 에브리씽 에브리웨어 올 앳 원스 · 410

하나의 답 / Everything, 명상은 모든 것이다 · 414

하나의 답 / Everywhere, 명상은 모든 곳이다 · 422

하나의 답 / All at once, 명상은 모든 순간이다 · 430

하나의 답 / Love, 명상은 모든 사랑이다 · 432

에세이 / 어둡고 반짝이는 모든 별을 보다 · 442

1부

명
상

비로소 되찾은 숨

에세이

보이지 않는
아버지의 숨을 보다

2017년 2월 8일.

아버지는 마지막 숨을 거뒀다. 맥박과 혈압과 산소 포화도 수치가 모두 영이 됐다. 새벽 1시가 조금 넘는 시각이었다. 당직 의사는 피곤한 목소리로 사망 선고를 내렸다. 가족과 친척 앞에서 인간으로서 삶이 끝났음을 공식적으로 선언했다. 처절한 오열과 애끓는 통곡이 일순간 멈췄다. 엄숙하고 격정적인 오케스트라 공연이 막을 내리듯 하얀 천이 아버지의 얼굴을 덮었다. 잠시 뒤 병원 직원 몇몇이 들어와 아버지를 영안실로 옮겼다. 이제 아버지의 몸은 시신이 됐다. 영혼과 마음과 정신이 없는 형상이 되었다. 온도가 없는 물체와 생기를 잃은 물질이 되었다. 불과 몇 분, 아니 어떤 계측기로도 잴 수 없을 만큼 빠른 시간에 그렇게 되었다. 덧없고 허망했다. 눈시울이 뜨거워졌다. 몇 시간을 쏟아냈는데도 눈물은 마르지 않았다. 그러나 마냥 슬픔에만 빠져 있을 수는 없었다. 상주로서 해야 할 일이 많았다. 연락하고 서명하고 처리해야 될 것들이 산더미였다.

시에서 운영하는 장례식장에 빈소를 마련했다. 화장장과 봉안 시설이 함께 있어 여러모로 편리했다. 기진맥진한 가족들은 유족 대기실에서 잠시 눈을 붙였다. 그런데 나는 오만가지 잡념으로 잠을 잘 수 없었다. 휴게실에서 자판기 커피를 뽑아 밖으로 나왔다. 한겨울 새벽의 한기에 이가 저절로 딱딱거렸다. 패딩 점퍼의 지퍼를 끝까지 올렸다. 그래도 사방이 산으로 둘러싸여 있어서 공기는 상쾌했다. 두통이 다소 누그러졌다.

도심에서 멀찌감치 떨어진 곳이라 그런지 하늘에는 한눈에 담을 수 없을 만큼 별들이 무수했다. 그런데 우리 망막에 비치는 별빛은 진짜가 아니다. 지구에서 가장 가까운 별인 '프록시마 센타우리 b'도 4억 광년이 넘는다. 1초에 지구 일곱 바퀴를 도는 빛도 4억 년이나 걸린다. 우리는 과거의 별빛을 보는 것이다. 수억 년이나 지난 영화를 관람하고 있는 셈이다. 지금 빛난다고 해서 아직도 빛나고 있는지는 알 수 없다. 과학적으로 증명된 사실이다. 아버지는 죽었다. 의학적으로 부정할 수 없는 진단이다. 아버지라는 별은 여기서 과거가 되었다. 그러나 저기 우주 어딘가에서는 현재일지 모른다. 아직 다다르지 않은 미래일지 모른다.

캔버스에 붓으로 획을 그리듯 별똥별 하나가 떨어졌다. 커피를 한 모금 삼키는데 상복을 입은 중년의 사내가 다가와 담뱃불을 빌려 달라고 했다. 라이터의 가스가 떨어진 모양이었다. 나는 겸연쩍은 미소를 지으며 담배를 피우지 않는다고 했다. 어떤 심정인지 알기에 괜스레 미안했다. 아버지도 애연가였다. 지나간 일에 대해서 가정하는 것은 무의미하지만 담배만 아니었다면 아마 많은 것이 달라졌을 것이다. 아버지의 궤적도 바뀌었을 것이다. 우리 가족사와 나의 인생사 역시 그랬을 것이다.

한학을 숭상했던 증조할아버지의 영향으로 아버지는 정규 교육을 제대로 받지 못했다. 사업의 운이 없었던 할아버지 때문에 아버지는 넉넉한 환경에서 자라지 못했다. 고향을 떠나 도시로 온 청년의 아버지는 큰형의 소개로 시청 건설과에서 임시직으로 취직했다. 그리고 곧바로 전쟁 때 이북에서 피난을 내려온 어머니와 중매로 결혼했다. 신혼집은 단칸 셋방이었다. 누구나 그렇듯 아버지와 어머니도 달콤한 꿈에 젖고 장밋빛 희망에 부풀었다. 그러나 삶은 녹록하지 않았다. 막냇동생이 돌도 지나지 않았을 때 아버지는 일을 그만뒀다.

새마을 운동이 한창이던 시절이었다. 초가집도 없애고 마을 길도 넓히자는 노래로 아침마다 주민들의 잠을 깨울 때였다. 아버지는 불법으로 지은 무허가 판잣집을 철거하는 작업에 동원됐다. 그러나 아버지는 힘들고 가난한 사람들의 보금자리를 인정사정없이 부술 수는 없었다. 남의 눈에서 눈물이 나면 자기 눈에서는 피눈물이 난다는 것이 아버지의 평소 신조였다. 두 눈 딱 감고 위에서 시키는 대로만 하면 정식 공무원이 될 수 있는데도 아버지는 타협하지 않았다. 사서삼경을 배운 아버지에게 그것은 인간의 도리가 아니었다. 실직 후 아버지는 집에서 하루 종일 담배만 태웠다. 현실의 고통을 잊고 미래의 불안을 떨칠 수 있는 유일한 처방이라도 되는 것처럼 손에서 담배를 놓지 못했다. 그리고 재떨이에 꽁초가 수북이 쌓이는 만큼 아버지의 머리카락도 우수수 빠졌다.

아버지는 경력을 살려 소규모 공사 현장에서 관리하고 감독하는 일을 맡았다. 실력이 쌓이고 업계에 입소문이 나면서 이름 있는 건설 회사에서 함께하자는 제의가 왔다. 그러나 정식 고용이 아닌 공사 기간에만 소속되는 형태였다. 학력이 입사 기준에 미달했기 때문이라는 것이다. 대신 넉넉하게 보수를 책정하고 안정적으로 일거리를 제공한다는 조건이었다. 능력보다 학벌이 우선시되는 시대였다. 불공평과 불공정이 아무렇지 않은 세상이었다. 아버지의 고민은 길지 않았다. 자존심 같은 건 중요하지 않았다. 자식들이 하루가 다르게 무럭무럭 크고 있었다.

수입이 늘면서 살림살이도 나아졌다. 그리고 마침내 비좁은 반지하 단칸방을 벗어나 방이 세 개나 있는 아파트로 이사했다. 환하게 드는 햇살 때문인지 가족들의 얼굴도 밝아졌다. 그러나 아버지는 그렇지 않았다. 아무리 해도 걷어낼 수 없는 짙은 그늘이 있었다. 빠진 머리카락도 다시 자라지 않았다. 스트레스로 인한 원형 탈모라고 했다. 백약이 무효였다. 아버지는 가발을 맞췄다. 거울 앞에서 아버지는 어색하게 웃었지만 가족들은 아무도 웃지 않았다.

큰 회사로 옮기면서 아버지의 흡연량도 하루에 두 갑으로 늘었다. 공사 규모가 커지면서 책임의 범위도 넓어졌다. 무리한 일정에 쫓기다 보니 사고도 빈번했다. 토사와 자재에 깔리고 전기에 감전되고 고층에서 추락하는 일이 비일비재했다. 아버지는 동료 누가 다쳤고 인부 누가 죽었다는 소식을 덤덤하게 들려줬다. 그리고 다음날 꼭두새벽에 일어나 창밖을 내다보며 누군가를 애도하듯 담배를 연거푸 태웠다.

해외 공사 수주에 적극적이었던 회사는 아버지를 회유했다. 타국에서 몇 년만 고생하면 목돈을 쥘 수 있다고 꼬드겼다. 대학을 나온 또래들이 중견 간부로 승진해서 높은 대우와 많은 혜택을 받는 것을 보고 아버지는 결심했다. 뙤약볕 아래서 흙먼지를 뒤집어쓰는 고생은 대물림하지 않겠다고 마음먹었다.

아버지는 인도네시아와 네팔에서 홍수와 가뭄을 막는 댐을 짓고 오지까지 차가 드나드는 도로를 깔았다. 공사장 일대가 울창한 밀림이나 험준한 고원이다 보니 죽을 고비를 여러 번 넘겨야 했다. 이름 모를 풍토병으로 며칠 동안 고열에 시달렸고 숙소 주변에 불쑥불쑥 튀어나오는 호랑이 같은 맹수와 맞닥뜨렸으며 캄캄한 밤길을 달리다가 진흙 구덩이에 빠져 차량이 전복됐다.

오랜 해외 생활을 마치고 귀국한 아버지는 검고 메마르며 앙상했다. 어머니는 소맷자락으로 눈물을 훔쳤다. 아버지의 염원대로 대학을 졸업한 삼 남매는 꽃다발을 선사했다. 공항 밖에서 아버지는 해독할 수 없는 얼굴로 먼 하늘을 무연히 바라보며 담배 연기를 길게 내뿜었다.

삶의 수레에 실었던 버거운 짐들을 모두 내려놓은 아버지는 비로소 마음이 홀가분해졌다. 그렇게 안락한 여생을 보내려는데 뜻하지 않은 복병이 아버지의 발목을 붙잡았다. 의사는 만성 폐쇄성 폐 질환이라고 했다. 담배 때문이라고 했다. 완치는 불가능하다고 했다. 다만 증상은 완화할 수 있다고 했다. 환갑을 갓 넘었을 때였다.

의사의 예언대로 아버지는 점점 숨이 가빠지고 차츰 걸음이 느려졌다. 나중에는 인공호흡기에 의지한 채 집 안에만 머물러야 했다. 정신은 또렷했던 아버지는 사는 게 사는 것 같지 않다고 했다. 그러나 운명이라면 받아들여야 한다고 했다. 아버지는 바람 빠진 풍선 인형처럼 서서히 쪼그라들었다. 그리고 설날에 모인 가족들과 통닭으로 만찬을 즐긴 뒤 깊은 잠에 빠졌다. 다음 날 응급실에서 서둘러 목에 구멍을 뚫지 않았다면 영영 눈을 뜨지 못할 뻔했다. 병원에서 우리 가족들은 돌아가며 아버지 곁을 지켰다. 내 인생에서 아버지와 단둘이 보낸 가장 긴 시간이었다.

아버지는 정신이 오락가락했다. 때때로 섬망 증상도 보였다. 그렇게 일주일이 지날 무렵 혼몽에서 깨어난 아버지는 석양빛으로 물든 창밖을 물끄러미 내다봤다. 그러고는 왜 빨리 안 가는지 모르겠다며 혼잣말했다. 나는 책을 덮고 어디를 가느냐고 물었다. 아버지는 나를 힐끗 보고는 갈 데가 거기 말고 어디 있느냐며 되물었다. 노스님이 수행자에게 내리치는 따끔한 죽비 같았다. 아버지는 그렇게 발길을 재촉하더니 그날 밤 정말 그곳으로 떠났다.

아버지는 화장한 뒤 자연장으로 조성된 땅에 묻혔다. 묘라고 할 것도 없었다. 이름과 생몰 일자가 새겨진 작은 명패 하나만 덩그러니 놓였다. 가족과 일가친지들은 저마다 작별 인사를 건넸다. 나는 아버지가 던진 화두를 붙잡고 있었다. 분명 여기를 떠나 거기로 간다고 했다. 죽음은 끝이 아니다. 다른 삶의 시작이다. 여기서 숨지는 모든 것은 저기서 숨 쉬는 어떤 것이 된다. 숨은 영원히 멈추지 않는다. 우리 모두 보이지 않는 그 숨 안에 있다.

어디선가 아이의 웃음소리가 들렸다. 어린 조카가 하얀 나비를 할아버지라고 부르며 뒤쫓고 있었다. 봄이 되려면 한 달이나 남았다. 나비를 바라보는 사람들의 눈이 보물이라도 발견한 것처럼 반짝거렸다. 나비는 힘차게 날갯짓하며 점점 더 높게 올랐다. 그러더니 아득한 허공 속으로 홀연히 사라졌다.

| 명상적 영화. 하나 | # 그랑블루
1988년 뤽 베송 감독 |

1965년 그리스의 작은 섬마을.

프랑스 소년 자크는 속옷만 입은 채 가파른 해안 절벽을 따라 내달린다. 자신만의 비밀 장소로 가더니 바위틈에서 물안경과 오리발을 꺼낸다. 그러고는 밤하늘의 별처럼 아름답게 반짝이는 은빛 윤슬을 바라보다가 이내 검푸른 바닷속으로 뛰어든다.

자크에게 바다는 아들을 버린 비정하지만 그리운 엄마의 품이다. 오래전에 떠났지만 언젠가는 돌아가야 하는 마음의 고향이다. 그래서 그 속으로 들어갈 때 설레고 그 안에 있을 때 행복하다. 무언의 바다와 마음으로 소통하고 순수한 자연과 정신으로 교감하는 자크는 누구에게나 다정하고 모두에게 자상하다. 그리고 싸움을 싫어하는 평화주의자다. 물속의 동전 한 닢을 서로 갖겠다고 다투는 친구들에게 동전으로 물건을 사서 나눠 주겠다고 한다.

반면 엄마의 엄격한 관리와 철저한 통제 속에서 자란 이탈리아 소년 엔조는 경쟁심과 승부욕이 강하다. 엄마에게 인정과 사랑을 받으려면 언제나 최고가 되어야 하고 1등을 놓쳐서는 안 된다. 바다는 점령해야 할 전투장이며 쟁취해야 할 경기장이다. 한 치의 양보도 없으며 일말의 동정도 없다. 그래서 동전을 나눠 달라는 친구들의 부탁을 냉정하게 거절한다.

자크와 엔조는 정반대의 성격과 기질을 갖고 있으면서도 강력한 자석처럼 서로를 끌어당긴다. 바로 바다라는 운명의 공간이 그들을 하나로 묶고 있기 때문이다.

숨을 쉬지 않아요

이십여 년이 흐른 뒤 엔조는 이탈리아 시칠리아에서 난파선에 갇힌 잠수사를 구조하고 1만 달러를 받는다. 동생은 거금을 쥐고 흥분하지만 엔조는 시큰둥하다. 돈은 중요하지 않다. 엔조에게 돈으로 살 수 있는 것들은 무의미하다. 마음의 바다에서 끊임없이 일렁이는 불안의 파도를 잠재워야 한다. 비록 프리다이빙 세계 챔피언이라는 타이틀을 거머쥐었지만, 엔조는 자기 자신을 인정할 수 없다. 아직 한 번도 진짜 적수와 겨뤄 보지 않았기 때문이다.

어린 시절 잠수 사고로 아버지를 잃은 자크는 페루에서 해양 연구를 도와주는 잠수사로 활동한다. 사람들에게 자크는 기이한 인간이며 불가해한 대상이다. 산소통도 없이 잠수복만 입은 채로 꽁꽁 언 빙하 아래로 거침없이 들어간다. 오히려 물속에 있을 때 더 평온해 보인다. 어류가 아닌 영장류에게는 불가능한 일이다.

연구소에 방문한 보험사 조사원 조안나도 그런 자크가 한없이 신비롭다. 무호흡은 고통이다. 숨 쉬는 것들은 괴로움을 멀리한다. 구태여 아픔을 찾거나 일부러 상처를 내지는 않는다. 그래서 조안나는 의심스럽다. 호흡하는 특별한 장치가 있거나 남다른 기술이 있는 것이 아닌지 궁금하다. 그러나 연구소 박사는 그런 것은 없다고 단언한다. 다만 숨을 쉬지 않고 버틸 뿐이라는 것이다. 집으로 돌아온 뒤에도 조안나는 자크가 눈앞에 아른거린다. 미지의 남자가 머릿속에 맴돈다. 조안나는 수소문해서 자크를 찾아 나선다.

엔조는 갑자기 불쑥 나타나 자크에게 다짜고짜 프리다이

빙 세계 대회 출전권을 건넨다. 정정당당하게 승부를 가려보자는 것이다. 그러나 자크는 1등도 필요 없고 챔피언도 관심 없다. 더구나 오랜 친구와 그것을 놓고 다퉈야 할 이유도 없다. 그럼에도 엔조는 고집을 꺾지 않는다.

인어를 대신해 죽을 수 있다는 마음이 생길 때
그들이 나타나죠

자크와 엔조와 조안나는 프리다이빙 세계 대회가 열리는 시칠리아에서 각자의 사연과 인연으로 만난다. 사랑과 우정으로 얽힌 그들은 함께 있어 행복하지만 같이 있어 불안하다. 서로가 서로에게 기쁨이면서 슬픔이다.

가족 없이 외롭게 자란 자크에게 친구 엔조와 연인 조안나는 끈끈한 유대감과 정서적 안정감을 준다. 그러나 지향하는 곳이 다르기에 섞이지 못한다. 엔조와 유쾌하게 농담을 나누고 진솔하게 속내를 털어놓지만 그뿐이다. 조안나와 들뜬 기분을 나누고 타오르는 감정을 주고받지만 거기까지다. 영혼의 안식을 주진 못한다. 그들보다 돌고래에게서 더 많은 교감과 더 깊은 공감을 얻는다. 그래서 자크의 불안은 물 밖에 있는 자기 자신이다.

엔조에게 자크는 잠수에 대한 경험과 열정을 나눌 수 있는 유일한 상대다. 그러나 자크의 뛰어난 실력과 천부적인 재능 때문에 열패감에 빠지고 열등감에 시달린다. 대회에서 수심 324피트의 기록을 세우지만 자크가 단숨에 360피트까지 내려가 기록을 갈아치운다. 자크가 있는 한 영원한 2등일 수밖에 없다. 그래서 엔조의 불안은 자크다.

조안나에게 자크는 모든 걸 주고 싶고 언제나 곁에 있고 싶은 꿈에 그리던 이상형이다. 평생을 함께하면서 아끼고 보듬고 싶은 이상적인 남자다. 그러나 그가 여기에 머물지 못하고 언젠가는 떠날 것을 알기에 괴롭다. 붙잡지 않고 놓아주는 것이 진정한 사랑이라는 것을 깨닫기에 힘들다. 그래서 숙명을 거스르지 않는다.

조안나는 수족관의 돌고래를 바다에 풀어주는 자크를, 밤새도록 돌고래와 헤엄치는 자크를 있는 그대로 받아들인다. 그리고 자크가 들려주는 바닷속 신화를 귀담아듣는다. 고요만이 남은 바다 밑바닥까지 내려가면, 인어를 대신해 죽을 수 있다는 마음이 생긴다고 한다. 그때 인어들이 나타나 우리가 바다를 얼마나 사랑하는지 심판한다고 한다. 조안나는 전설 같은 그 이야기를 하나의 신앙처럼 믿는다. 그렇지 않으면 그녀의 불안이 배 속의 아이와 함께 커질 것이기 때문이다.

나를 다시 저 아래로 데려다줘

  엔조가 혼신을 다해 수심 380피트와 잠수 시간 4분 50초라는 대기록을 세우지만, 자크가 곧바로 400피트까지 내려가 대회 우승을 차지한다. 17번이나 세계 챔피언 자리에 올랐던 엔조가 신출내기 도전자의 일격에 맥없이 쓰러진 셈이다. 엔조는 절망한다. 아무리 악을 쓰고 발버둥 쳐도 자크는 뛰어넘을 수 없는 벽이라는 걸 절감한다. 왕좌에서 내려온 후 활기와 의욕을 잃는다. 무엇으로도 삶의 의미를 찾을 수 없다.
  다음 대회에 참가한 엔조는 재기를 노린다. 그러나 이미 이빨과 발톱이 모조리 빠진 늙은 수사자일 뿐이다. 자크의 기록을 깨겠다며 호기를 부리지만 관계자와 의료진이 만류한다. 400피트의 깊이에서 멀쩡하게 되돌아오는 건 의학적으로 불가능하다는 것이다. 그러나 엔조는 자크의 설득에도 불구하고 도전을 감행한다. 그리고 예상했던 대로 돌이킬 수 없는 몸이 되어 수면으로 올라온다.
  엔조는 자크에게 유언을 남긴다. 아름다운 바닷속으로 자신을 데려다 달라고 부탁한다. 자크는 눈물을 삼키며 엔조를 부둥켜안고 더 이상 푸른빛이 아닌 깊은 곳까지 내려간다.

그곳에서 자크는 새장에 가둔 새를 풀어주듯 엔조를 놓아준다. 엔조는 비상하듯 추락한다. 살아서 도달할 수 없는 기록을 죽어서 이룬다.

오랜 벗이자 영혼의 단짝인 엔조를 떠나보낸 자크는 극도의 불안에 빠진다. 현실과 꿈 사이에서 혼란을 느끼고 물과 잠의 경계에서 환각에 시달린다. 결국 임신했다는 조안나의 울부짖음에도 자크는 바닷속으로 잠수한다. 그리고 하늘이 기억으로만 존재하는 아득한 깊이까지 내려가 돌고래를 만난다. 그리고 불안이 닿지 않는 그곳에서 아버지와 재회하고 엔조와 상봉한다. 자크는 그들과 더불어 완전한 평온과 영원한 고요가 된다.

| 하나의 질문 | 불안은 어떻게
한숨이 되는가

국내 통계청에 따르면 2022년 자살 사망자는 12,906명이며 자살률은 인구 10만 명당 25.2명으로 경제협력개발기구OECD 국가 중 1위다. 전체 자살 사망자의 62.5%에 해당하는 7,994명은 정신 질환으로 치료를 받은 경험이 있었다. 또한 건강보험심사평가원의 자료에 의하면 불안 장애 환자는 2018년 690,924명에서 2022년 871,930명으로 5년간 약 26%가 증가했다. 더욱 심각한 것은 우리의 미래가 암울하다는 점이다. 질병관리청이 공개한 '2022 손상 유형 및 원인 통계'를 보면 자해 및 자살 시도자의 절반에 이르는 46.2%가 10대와 20대였다. 20대는 2012년 19.4%에서 2022년 28%

까지 올랐으며, 10대 역시 같은 기간 11.4%에서 18.2%로 상승했다.

왜 자해를 하고 무슨 이유로 자살을 시도하는지 알아본 결과 2012년에는 가족이나 친구와의 갈등이 27.9%로 제일 높았지만 2022년에는 정신과적 문제가 44.1%로 가장 큰 비중을 차지했다. 이러한 수치들이 증명하듯 2023년 3월 OECD에서 발표한 세계 행복 순위 보고서에서 우리나라는 38개국 중 35위에 그쳤다. 세계 경제 규모 10위권이라는 물질적 풍요와 달리 정신적으로는 빈곤하다는 것을 보여 준다.

인공 지능이 인간의 두뇌를 대체할지도 모른다. 휴머노이드 로봇이 사람의 노동을 대신할지도 모른다. 인류의 보금자리가 지구에서 화성으로 바뀔지도 모른다. 과학과 기술은 나날이 발전하면서 상상할 수 없었던 것들이 현실이 되고 있다. 그러나 마음에 대한 것들은 여전히 나아지지 못하고 오히려 퇴보하고 있다. 초고층 건물에서 벽과 벽을 맞대고 살지만 고립감은 더욱 심해지고, 디지털 혁명으로 초연결사회가 되었지만 단절감은 갈수록 악화하고 있다. 통장의 잔고가 아무리 많이 쌓여도 우울감은 줄어들지 않고 최고의 지위에 올라가도 불안감은 내려가지 않는다.

우리는 올바른 길로 가고 있는 것일까. 무엇이 우리의 눈을 가리고 있을까. 어떻게 하면 괴로움에서 벗어나 고요의 세계에서 평온을 찾을 수 있을까. 먼저 어수선하고 번잡한 것들을 치워야 한다. 그런 다음 찬찬히 들여다봐야 한다. 그러면 차츰 윤곽이 드러난다. 우리를 내내 들볶고 줄기차게 물어뜯고 끊임없이 닦달하는 것의 정체가 나타난다. 그리고 그 순간 드디어 불안과 마주하게 된다. 미리 겁먹고 피하거나 지레 무서워 도망치지 말아야 한다. 그래야 불안의 실체를 깨닫게 된다.

불안은 자유의 현기증이다.
— 쇠렌 키르케고르

덴마크 철학자 쇠렌 키르케고르는 데이비드 흄과 달리 종교의 기원을 '두려움'이 아닌 '불안'이라고 주장했다. 두려움은 동물도 느낄 수 있지만 불안은 오직 자유로운 인간만이 느낄 수 있는 감정이라는 것이다. 무한한 가능성이 불안의 원인이라고 하면서 인간은 자유라는 형을 선고받았다고 했다.

마르틴 하이데거는 생의 근본적 기분은 불안이라고 하면서 사람의 숨을 조이며 압박할 지경으로 가까이 있으나 그럼에도 아무 데에도 없다고 했다. 불안의 대상은 바로 현존재 자신이며 불안의 근원지는 의지와 상관없이 던져졌다가 어디론가 떠나갈 수밖에 없는 인간의 운명이라는 것이다.

철학자이자 소설가인 알랭 드 보통은 그의 저서 '불안에 관하여'에서 불안을 '욕망의 하녀'라고 정의했다. 욕망은 우리가 원하는 것을 얻거나 무엇을 피하려는 내재적인 욕구이며, 이러한 욕구가 채워지지 않거나 어려움을 겪을 때 불안을 느낀다는 것이다.

지크문트 프로이트는 위험한 상황을 효과적으로 피하거나 방어할 수 있도록 자아가 보내는 신호를 불안이라고 했다. 그는 여러 가지 불안의 양태들을 병리학적인 측면에서 기술하면서 불안을 성적 만족이나 자아 만족의 결핍으로 바라보았다.

자크 라캉은 불안의 대상이 주체가 가늠할 수 없는 타자의 욕망이라고 했다. 인간의 욕망은 결코 충족될 수 없으며 충족된다고 하더라도 그 순간에 이를 벗어나고 싶은 다른 욕망이 일어난다는 것이다.

동산 중앙에 있는 나무 열매는 먹지도 말고 만지지도 말라. 너희가 죽을까 하노라.
— 〈성경〉

성경의 창세기에 따르면 하나님의 경고에도 불구하고 이브는 뱀의 간교한 유혹에 넘어가 선악과를 따먹고 아담에게도 준다. 이에 따라 이들은 낙원인 에덴동산에서 추방된다. 절대적인 하나님과 결별하고 영혼의 집에서 쫓겨나면서 인간의 불안은 시작된다. 지혜를 얻으려는 헛된 욕망에 사로잡혀 진실한 하나님의 말씀을 불신하는 죄를 지은 것이다. 한 순간의 실수로 후손들은 영원히 불안과 고통의 굴레에서 벗어나지 못하게 되었다.

요르문간드는 북유럽 신화에 등장하는 괴물 뱀으로 인간 세상을 뜻하는 미드가르드를 온몸으로 휘감고 있는데 입에 문 꼬리를 놓게 되면 세계가 멸망한다고 한다. 세상을 지탱하고 있는 그의 예측할 수 없는 불확실성으로 인해 인간들은 불안에 떨게 된다는 것이다.

그리스 신화에는 동성과 이성을 막론하고 수많은 사람들과 요정들에게 사랑받는 미소년 나르키소스가 나온다. 어느 날 그가 숲속에서 사냥하던 중 목이 말라 샘으로 갔다가 물에 비친 자신의 아름다운 모습에 넋을 잃는다. 한 번도 누구를 사랑하지 않았던 그가 유일하게 자기를 너무나 사랑한 나머지 자신이 투영된 물에 빠져 죽게 된다. 자기에 대한 지나친 집착과 자신에 대한 과도한 강박이 헤어 나올 수 없는 불안을 불러일으킨다는 것을 보여준다.

불교에서는 괴로움 즉 불안의 원인을 갈애渴愛와 무명無明으로 설명한다. 갈애는 바라는 마음으로 강렬한 애착을 말한다. 목마른 사람이 허겁지겁 물을 찾듯 탐욕스러운 행위를 비유적으로 표현한 것이다. 갈애는 물질적, 정신적 욕망뿐만 아니라 사후에 천국에 태어나기를 바라는 것도 포함된다. 무명은 모르는 마음으로 진리에서 멀어져 거짓으로 혼란한 무지無智의 상태를 말한다. 무상無常한 것을 불변한다고 착각하고, 더러운 것을 깨끗하다고 여기고, 괴로운 것을 즐거운 것이라는 잘못된 환상을 품고, 실재하지 않는 것을 그런 것으로 믿는 망상도 모두 무지에 해당한다.

Angustia

불안이라는 뜻의 영어 'Anxiety'는 좁음, 협로, 짧음, 시련, 고통을 의미한 라틴어 'Angustia'에서 유래했다. 실제로 정상적인 범위를 벗어난 과도한 불안은 교감 신경을 흥분시켜 두통, 심장 박동 수와 호흡수의 증가, 위장 운동 이상과 같은 신체적 증상을 일으킨다. 이런 상태가 지속되어 정상적인 일상생활에 지장을 받게 되면 정신 질환인 불안 장애가 되는데 공포증, 공황 장애, 분리 불안 장애, 강박 장애, 외상 후 스트레스 장애, 범불안 장애 등이 모두 여기에 들어간다.

이처럼 정신적 혹은 심리적 문제가 단순히 마음의 병으로만 그치지 않는다는 것을 알 수 있다. 살아가면서 흔하게 겪는 스트레스도 마찬가지다. 일반적으로 우리의 몸은 스트레스 상황에 놓이면 부신에서 코르티솔 호르몬이 분비된다. 혈중 코르티솔 호르몬이 증가하면 기억과 학습을 관장하는 뇌의 해마가 손상되어 인지 기능을 떨어뜨릴 뿐만 아니라 기억이 왜곡되어 쉽게 불안 반응을 일으킨다. 또한 지속적인 스트레스는 체내 염증을 확산시켜 면역력을 저하한다.

최근 급격하게 증가하고 있는 공황 장애는 예기치 않은 상황에서 갑작스레 극도의 공포심을 느끼는 질환인데 맥박이 빠르게 뛰면서 심장이 터질 듯 두근거리고 식은땀이 나면서 호흡이 가빠지는 증상이 동반된다. 이러한 신체적 반응으로 인해 한 번 발작하면 죽음에 이를 것 같은 절박감과 압박감이 20~30분 지속된다.

불안은 개인뿐만 아니라 사회에도 악영향을 끼친다. 2015년 3월 24일 오전 10시쯤 독일 여객기가 스페인 바르셀로나 엘 프라트 공항에서 이륙했다. 이 비행기는 약 2시간 후 독일 뒤셀도르프 공항에 도착할 예정이었다. 그런데 프랑스 남부 알프스산맥 부근에서 갑자기 프랑스 관제탑과 교신이 끊어졌다. 약 10분간 급하강한 여객기는 알프스 산악지대에 그대로 추락했다. 이 여객기에 탑승하고 있던 승객 144명과 조종사 및 승무원 6명 등 150명이 전원 사망했다. 조사 당국에 따르면 부기장이 의도적으로 여객기를 추락시킨 것으로 밝혀졌다. 부기장은 교통사고로 시력 문제와 트라우마를 겪은 뒤 우울증 치료를 받았던 것으로 드러났다.

2023년 7월 서울 신림역 부근에서 30대 남성이 마구잡이로 칼을 휘둘러 20대 남성 1명을 살해하고 30대 남성 3명에게 상처를 입혔다. 그리고 2주 뒤 경기도 성남시의 한 백화점에서 20대 남성이 흉기를 휘둘러 14명에게 상해를 가했다. 경찰 조사 결과 두 사건의 피의자들은 모두 조현성 인격 장애를 앓아온 것으로 밝혀졌다. 우리나라 경찰청 통계에 따르면 2021년 기준 정신 장애 범죄자 중에서 강력 범죄를 저지른 비율은 6.2%로 전체 범죄자 중 강력 범죄 비율의 3배 이상이었다.

불안은 어쩔 수 없다. 어디에나 있기에 피할 수 없다. 보이지 않기에 붙잡을 수 없다. 바다의 파도처럼 잔잔하게 일렁이다가도 한바탕 매섭게 몰아붙인다. 잡초처럼 아무리 뽑고 솎아 내도 금세 무성하게 자란다. 불가사리처럼 몸을 여러 조각으로 잘라도 죽지 않는다. 티끌보다 작았다가 눈 깜짝할 사이에 지구만큼 부풀어 오른다. 사방에 깔린 올무와 덫처럼 조금만 방심했다가는 곧바로 걸린다. 깊이를 가늠할 수 없는 늪과 수렁처럼 한번 빠지면 헤어 나오지 못한다. 그림자처럼 죽을 때까지 한 몸처럼 붙어 다닌다. 최첨단 영상 진단 장비와 고도의 유전자 조작 기술이 있어도 불안을 확실하게 측정하거나 정확하게 분석할 수 없다. 슈퍼컴퓨터로 신약을 개발하는 시대지만 근원적인 치료제가 없다.

정말 불안은 어쩔 수 없는 것일까. 평생 조마조마 숨죽이고 힐끔힐끔 눈치 보며 살아야 하는 것일까. 신이 내린 무거운 형벌에 고분고분 순응하면서 대물림해야만 하는 것일까. 숙명의 노예처럼 목줄과 수갑을 차면서 끌려다녀야 하는 것일까. 우리가 할 수 있는 것이 진정 한숨뿐일까.

| 하나의 질문 | 숨은 어떻게
명상이 되는가 |

3년이라는 긴 세월을 유충으로 살다가 겨우 성충이 되어 짝짓기하고는 한 시간 뒤에 죽는 하루살이도, 하루 스무 시간까지 잠을 자면서 일주일에 한 번 똥을 싸기 위해 나무 밑으로 내려오는 나무늘보도, 똥을 굴리며 가는 모습이 태양을 움직이는 것처럼 보여 고대 이집트에서 신성한 벌레로 추앙받았던 쇠똥구리도, 잎도 줄기도 뿌리도 없이 땅바닥에 달랑 피어 꽃가루를 옮겨줄 곤충을 유혹하기 위해 고기 썩은 내를 풍기는 자이언트 라플레시아도, 쥐의 뇌를 마비시켜 공포심은커녕 고양이에게 성적으로 흥분하게 만드는 기생충 톡소플라스마도 숨을 쉰다. 살아 있는 모든 것들은 제 나름대로 들이쉬고 제 모양대로 내쉰다. 쉼 없이 드나드는 썰물과 밀물의 호흡은 삶과 죽음, 생물과 무생물을 나누고 가르는 지표이며, 지금 여기에 살아 있다는 증명이다.

성인의 경우 4초에 한 번, 1분에 15회 정도 숨을 쉰다. 남성은 8리터, 여성은 5리터의 공기를 1분 동안 들이마시며, 심호흡할 때는 그 양이 네 배로 늘어난다. 1분에 1리터의 생수 여덟 병을 연거푸 마시는 것과 다름없으며, 1년으로 계산하면 올림픽 규격 수영장을 가득 채운 물보다 두 배나 많은 양을 코와 입으로 들이마시는 셈이다.

체력과 정신력과 연령에 따라 다르겠지만 먹지 않고는 한 달, 마시지 않고는 3일 정도 생존할 수 있지만 숨 쉬지 않고는 4분 이상을 버티지 못한다. 다른 장기들은 산소 공급이 중단돼도 회복할 수 있지만 뇌는 4분 이상 산소를 공급받지 못하면 치명적인 손상을 입기 때문이다. 자동차로 빗대서 정리하면 뇌라는 엔진은 하루에 1만 리터의 휘발유가 필요하며, 연료가 4분 이상 끊기면 복구가 불가능할 정도로 망가진다.

뇌는 정신과 육체 모두를 관장하고 전체를 통제하지만, 산소 없이는 작동할 수 없다. 따라서 생각, 감각, 의식, 감정, 행동도 숨이라는 토양에 뿌리를 내리고 싹을 틔우고 줄기를 뻗고 있다고 할 수 있다.

불경에는 고타마 싯다르타의 고행을 다음과 같이 묘사했다. 몸은 점점 야위어 갔고 살갗은 말라비틀어진 오이와 같았으며, 수족은 갈대와 같았고 갈비뼈는 부서진 헌 집의 서까래와 같았으며, 일어서려면 머리를 땅에 박고 넘어졌다. 그러나 눈빛만은 깊은 우물 속의 별처럼 반짝이고 있었다. 그는 버려진 천이나 걸레로 몸을 감쌌으며, 시체와 인골이 흩어진 묘지 사이에 살면서 지나가는 사람들이 침을 뱉고 진흙을 던지거나 모기가 피를 빨아도 흔들리지 않았다. 이렇게 6년 동안 극한의 고통을 견디며 수행을 했지만 진리를 깨치지는 못했다.

육체를 괴롭히는 고행과 단식만으로는 한계를 느꼈던 고타마 싯다르타는 보리수라고 불리는 아슈바타 나무 밑에 반듯하게 앉아 다시 몸과 마음을 가다듬었다. 그곳에서 그는 생명의 모체이자 만물의 근원인 어머니의 품을 느꼈다. 따뜻한 어머니의 약손이 오랫동안 쌓인 여독을 씻겨줬다. 얼린 건 풀리고, 닫힌 건 열리고, 막힌 건 뚫리고, 어두운 건 밝아지면서 모든 숨구멍이 트였다. 아무런 치우침이 없는 조화로운 평온이 스며들었다. 그렇게 고타마 싯다르타는 있는 존재와 없는 존재와 호흡하면서 비로소 깨달음을 얻고 붓다가 되었다.

아나빠나사띠 anapanasati

'아나빠나사띠'는 고타마 싯다르타가 창안한 호흡 명상법으로 '아나ana'는 들숨, '빠나pana'는 날숨이며 '사띠sati'는 알아차린다는 뜻이다. 즉 들이쉬고 내쉴 때마다 헤아리고 마음에 새기라는 것이다. 그런데 언뜻 보면 이해되지 않을 수 있다. 숨쉬기는 학문이나 기술처럼 배우고 익히는 게 아니라 태어나면서 자연스럽게 몸이 스스로 알아서 하는 것이기 때문이다. 이는 누구나 아는 명징한 사실이다.

그러나 위대한 성인으로 추앙받는 고타마 싯다르타는 철학자이자 수행자였다. 그의 언어 세계에는 비유와 상징들이 울창한 숲을 이루고 있다. 말 한마디에도 고뇌에 찬 사유와 깊고 오묘한 진리가 담겨 있다. 이론과 사상과 관념과 인식과 지각이 함축되고 응축돼 있다. 직조된 옷과 실낱의 뭉치가 같을 수는 없으나 그의 말을 한 올 한 올 풀어보면 이렇다.

첫째, 삶과 죽음을 알아차리라는 것이다. 들이쉰 뒤에는 어김없이 내쉬어야 한다. 내쉰 다음에는 여지없이 들이쉬어야 한다. 어느 하나만 이어갈 수 없다. 그것은 거스를 수 없는 순리이며 거역할 수 없는 섭리다. 태어난 것은 반드시 죽는다. 죽은 것은 기필코 태어난다. 들숨은 삶이고 날숨은 죽음이다. 호흡은 삶과 죽음의 쉼 없는 교차이며 반복이다.

메멘토 모리Memento mori. 죽음을 기억하라는 라틴어 격언이다. 고대 로마 시대에 개선장군이 시가행진할 때 노예를 시켜 이 말을 외치게 했고, 중세의 수도사들도 만날 때마다 이 말로 인사했다. 절대 죽지 않을 것처럼 거들먹거리는 인간의 오만과 교만에 가하는 일침이다. '아나빠나사띠'는 여기서 한발 더 나아가고 조금 더 깊이 들어간다. 삶은 죽음의 다른 말이며, 죽음은 삶의 같은 말이다. 처음도 끝이고 끝도 처음이다. 모두가 삶이고 죽음이다. 전부가 죽음도 아니고 삶도 아니다. 그저 뫼비우스처럼 무한한 순환일 뿐이다. 들숨과 날숨이 따로 있지 않다. 영원한 숨만 있을 뿐이다.

둘째, 지금 여기에 집중하라는 것이다. 과거의 숨은 없으며 미래의 숨도 없다. 오직 지금, 이 순간의 숨만 있다. 또한 몸을 벗어난 저기의 숨은 없으며 오로지 몸이 있는 여기의 숨만 있다. 그러나 인간은 이미 지나간 일을 후회하고 앞으로 닥쳐올 것을 걱정하다가 정작 삼라만상이 일어나는 바로 이때를 놓친다. 어쩔 수 없는 일을 고민하고 불확실한 미래를 근심하며 불필요하게 불안을 키운다.

카르페 디엠Carpe diem. 고대 로마의 시인 호라티우스가 지은 라틴어 시구로 오늘을 즐기라는 의미다. 로빈 윌리엄스

주연의 영화 '죽은 시인의 사회'에서도 선생님은 이 시구를 인용해 학생들에게 가르침을 전한다. 어제는 꽃이 피지 않았으며 내일은 꽃이 시들어 사라진다. 만개한 꽃은 오늘에만 있다. 이 순간에만 온전한 향기를 맡을 수 있다. 바로 지금 여기에 없는 것들은 허상이고 망상이고 환상이다. 진실로 존재하는 것들은 모두 숨 안에 있다.

셋째, 숨을 쉬는 나를 들여다보라는 것이다. 나는 어디에서 어떻게 숨을 쉬고 있는가. 숨이 안으로 들어오면 그 숨은 내가 되는가. 숨이 밖으로 나가면 그 숨은 내가 아닌가. 내가 숨을 쉬는 것인가, 아니면 숨이 나를 쉬게 하는 것인가. 나를 거쳐 가는 숨은 어디에서 와서 어디로 가는 것인가. 내가 느끼는 숨은 실재하는 것인가. 숨을 쉬고 있는 나는 존재하는가. 무수한 들숨이 달라붙고 무량한 날숨이 떨어져 나가는 나에게 물음을 던지는 것이다. 그러나 무엇 하나 제대로 답하지 못한다. 희로애락을 함께하고 생사고락을 같이하지만 나에 대해 아는 것이 없다. 하루에 2만 번 넘게 숨을 쉬지만 숨에 대해 느끼는 것이 없다.

너무 가까우면 초점이 맞지 않아 아무것도 보이지 않는다. 반대로 너무 멀어지면 세세한 것들이 뭉개진다. 적당하고 알맞은 거리가 필요한 이유다. 올바르게 똑바로 보면 온전한 내가 보인다. 회복하고 자각하려는 진정한 내가 드러난다. 기계적으로 숨을 쉬는 거짓된 내가 보인다. 가식으로 꾸며진 허구의 내가 드러난다. 숨을 쉬는 나에 대한 몰입과 집중은 깨달음의 길로 내딛는 발걸음이다. 우주의 중심과 만물의 기원으로 향하는 내면의 여정이다.

넷째, 텅 비어 있다는 것을 깨우치라는 것이다. 감각으로 인지하고 생각으로 인식하면 세상은 물질로 가득 찬 것처럼 보인다. 높이와 깊이와 넓이와 길이와 부피와 질량과 무게와 색깔과 온도가 있다고 착각한다. 그러나 그런 것들은 존재하지 않는다. 아니, 그런 방식과 차원으로 고정되지 않는다. 아니, 어디에 어떻게 왜 있는지 도무지 알 수가 없다. 육안이라는 관측 장비가 태생적으로 한계를 지니고 있기 때문이다. 제한된 시야가 광대무변한 진리의 세계를 헤아리지 못하기 때문이다.

텅 비어 있다는 것은 아무것도 없다는 뜻이 아니라, 오히려 변화의 가능성으로 가득 차 있다는 것이다. 무궁무진한 창조의 장이 끝없이 펼쳐져 있다는 것이다. 생명의 기운이 꿈틀거리고 사랑의 에너지가 넘실거리고 있다는 것이다. 찰나의 순간에 세우고 무너지고, 올라가고 내려가고, 나타나고 사라지고, 합치고 나뉘고, 모으고 흩어지기를 무한하게 반복한다는 것이다. 숨은 그런 식으로 그렇게 텅 비어 있는 곳에 있다는 것이다.

　무소의 뿔처럼 혼자서 가라.
　— 〈불경〉

　마지막으로 스스로 알아차려서 숨의 경계를 뛰어넘으라는 것이다. 숨은 반대되는 두 얼굴을 동시에 지니고 있다. 육체적 고통이면서 정신적 쾌락이고, 몸의 감옥이면서 마음의 통로이고, 암흑의 그림자이면서 광명의 빛이다. 숨은 그렇게 양면과 양단을 한꺼번에 아우르고 있다. 어느 한쪽으로 기울거나 치우치지 않는다. 본연적이고 근원적인 세계는 모두 그렇다. 그러나 우리의 눈은 이것 혹은 저것만 본다. 하나로 고정해 그것만 본다. 그리고 그것에 집착한다. 매달리고 붙잡는 순간 불안은 굶주린 승냥이가 되어 동굴 밖으로 슬금슬금 기어 나온다. 욕망과 쾌락을 허겁지겁 집어삼키면서 덩치를 키운 불안은 고요의 숲을 마구 헤집으며 난장판으로 만든다. 내면의 세계는 처참하게 붕괴한다.

　집착과 욕망과 불안과 고통은 하나의 고리다. 악순환을 끊으려면 있는 그대로 보아야 한다. 긍정도 부정도 아니다. 옳고 그름도 아니다. 판단과 분석은 하나를 얻는 게 아니라 모든 것을 놓치는 것이다. 숨을 온전히 받아들이고 완전히 내보내야 한다. 덧대거나 보태지 말아야 한다. 훈련과 기술과 학습과 수단과 방법에 얽매이지 말아야 한다. 각자 나름의 모양대로 마음을 한곳으로 모으면 된다. 문화와 예술로 창조하면 된다. 과학과 스포츠로 도전하면 된다. 코뿔소의 외뿔처럼 고독하고 의연하게 앞으로 나아가면 된다. 그렇게 숨의 경계를 뛰어넘으면 된다. 명상은 그냥 그렇게 하면 된다.

하나의 질문

명상은 어떻게
불안을 잠재우는가

여론 조사 기관인 갤럽은 직원들의 번아웃으로 세계 경제에 연간 8조 8,000억 달러의 손실이 발생한다고 추정했다. 세계 보건 기구는 직원들의 우울증과 불안으로 발생하는 기업 손실을 연간 1조 달러로 추산했다. 이와 같이 노동의 능률은 기업의 생산성과 직결된다.

2007년 구글은 사내에 '내면 검색'이라는 명상 프로그램을 도입했다. 명상이 단순히 심신 안정과 휴식을 제공할 뿐만 아니라 직원들의 생산성 향상과 창의력 증진 등 인적 자원 관리에 활용할 수 있다는 것을 보여줬다. 이후 애플, 나이키, 페이스북, 인텔, 골드만 삭스 등 많은 기업이 사내에 명상

센터를 열거나 명상 프로그램을 도입했다. 글로벌 가구 기업인 이케아에서는 직원들이 근무 시간 중 하루 15분씩은 명상에 참여할 수 있도록 보장하고 있다. 2023년 세계적으로 기업들이 직원들의 정신 건강을 위해 지출한 금액은 500억 달러에 이른다.

교육 현장에서도 명상을 적극적으로 도입하고 있다. 2023년 미국 최대 학군인 뉴욕시 공립 학교의 유치원생과 초중고교생 100만여 명이 가을 학기부터 의무적으로 매일 2~5분씩 호흡 명상을 하고 있다. 에릭 애덤스 뉴욕 시장은 어릴 때 문제아였으나, 호흡 명상을 배운 뒤 더 나은 사람이 되었다고 말했다. 그는 선거 운동 중에도 명상으로 마음을 다스려 승리했다고 덧붙였다.

2019년 영국에서는 공립 교육 과정에 명상을 정식 과목으로 채택하는 법안이 통과됐으며, 유럽과 호주의 학교에서도 다양한 프로그램으로 명상을 가르치고 있다. 미국 스탠퍼드 대학교에서는 2014년 학생과 교직원들을 위한 명상 센터를 열었는데 사람들이 편하게 앉아 명상에 잠길 수 있도록 내부를 갤러리처럼 개방된 형태로 설계했다. 한국과학기술원 KAIST에서는 2018년 명상을 과학적으로 접근하고 연구하기 위해 '명상 과학 연구소'를 설립했다.

전 세계적으로 2천만 부 이상 판매된 '사피엔스'의 저자 유발 하라리는 명상을 하지 않았다면 사피엔스 같은 책은 쓰지 못했을 것이라고 했다. 그의 다른 저서 '21세기를 위한 21가지 제언'의 마지막 장 주제가 명상이었는데 마이크로소프트의 공동창립자인 빌 게이츠는 이 책을 읽고 명상에 대해 미신이라고 여겼던 잘못된 편견을 버리고 마음을 단련하는 운동이라는 믿음을 갖게 되었다.

소설 '개미'로 유명한 베르나르 베르베르는 방송에 출연해 아이디어의 원천은 명상이라고 밝혔다. 지금은 고인이 된 애플의 창립자 스티브 잡스는 10대 후반에 명상을 접한 뒤로 매일 수련했으며 직원들에게도 장려했다. 골프 황제 타이거 우즈는 독실한 불교 신자인 어머니의 영향을 받아 집중력을 키우는 데 명상을 활용했다. 토크 쇼 진행자인 오프라 윈프리는 매일 잠자리에 들 때와 잠에서 깰 때 명상하면서 장애물에 가려진 진정한 자기 자신을 만난다고 고백했다.

세계 명상 시장 규모는 2022년 62억 5,197만 달러로 평가되었으며, 매년 증가하여 2030년까지 231억 9,212만 달러에 이를 것으로 예측된다. 모바일 애플리케이션 시장에서도 명상은 2022년 9,760만 달러였으며 2030년에는 3억 710만 달러로 성장할 것으로 전망된다.

인공 지능을 활용한 명상 애플리케이션이 출시되면서 스마트폰으로 명상을 접하는 사람들도 늘어나고 있다. 세계적으로 가장 인기가 높은 애플리케이션은 '캄'과 '헤드스페이스'로 각각 1억 5천만 건과 7천만 건 이상 다운로드했다. 이들 애플리케이션은 초보자도 스마트폰만 있으면 대면 수업이나 코칭이 필요가 없다는 점에서 인기를 끌고 있다.

애플은 아이폰과 애플워치에서 '마음 챙기기' 기능을 제공해 왔다. 이 애플리케이션은 명상 과정에서 중요한 호흡에 초점을 맞추고 있다. 2024년 2월에 출시한 혼합 현실 헤드셋 '비전 프로'에서도 '마음 챙기기' 기능이 탑재됐는데 외부 환경에 방해받지 않고 명상에 몰입할 수 있도록 도와준다.

우리나라에서는 명상을 불교의 종교적 행위로만 받아들여 비과학적이라는 인식이 밑바탕에 깔려 있다. 그러나 명상의 기원과 뿌리는 다른 종교에서도 찾을 수 있으며, 명상의 의학적 효과도 이미 오래전부터 입증됐다.

2000년대 초반 이후 명상과 관련된 과학적 연구가 급증했다. 특히 마음챙김 명상과 관련한 논문은 한 해 약 3천 편 정도 발표되고 있다. 마음챙김 명상은 미국 MIT에서 분자 생물학으로 박사 학위를 받은 존 카밧진이 1979년에 개발한 정신 건강 관리 프로그램이다. 정식 명칭은 '마음챙김에 근거한 스트레스 완화'로 영어로는 줄여서 'MBSR Mindfulness-Based Stress Reduction'이라고 한다. 이 프로그램에는 한국 선불교의 철학, 남방 불교의 위파사나 명상, 인도의 하타 요가 등 다양한 수행법이 담겨 있다.

MBSR을 원인 불명의 질병이나 불의의 사고로 고통받는 난치병 환자들에게 시행한 결과, 긍정적 효과가 나타났다. 이후 입소문이 퍼지고 선풍적인 인기를 끌면서 유명 대학과 기업들도 앞다퉈 MBSR을 도입했다. 2014년 미국의 시사 주간지 타임은 커버스토리로 '마음챙김 혁명 The Mindful Revolution'을 실으면서 전 세계에서 불고 있는 마음챙김 명상의 열풍을 보도했다.

2023년 미국 워싱턴대 의대 영상의학과의 니코 도센바흐 교수와 에반 고든 교수 연구진은 대뇌의 일차 운동 피질을 '기능적 자기 공명 영상 fMRI' 장비로 촬영해 분석했다. 그 결과, 운동 피질에서 신체 각 부위의 움직임을 관장하는 것은 물론이고 혈압과 심장 박동 등 인체의 생리 기능에도 관여하는 영역을 발견했다는 논문을 국제 학술지 '네이처 Nature'에 발표했다. 연구진은 이번 발견으로 마음이 불안해지면 왜 안절부절못하고 주변을 서성이는지, 소화 기관이나 심박수 등을 담당하는 미주 신경을 자극하면 왜 우울증이 완화되는지,

규칙적으로 운동하는 사람들이 왜 삶이 더 긍정적인지를 설명하는 데 도움이 될 수 있다고 밝혔다.

논문 제1 저자인 에반 고든 교수는 호흡 명상으로 몸을 진정시키면 어떻게 마음도 차분해지는지에 대한 과학적 근거를 찾았다고 말했다. 예를 들어 매우 목표 지향적이고 적극적인 마음 영역은 호흡과 심박수를 조절하는 뇌 영역과 연결돼 있다고 한다. 그래서 이 네트워크의 한쪽을 건드리면 다른 쪽에도 그에 상응하는 효과가 곧바로 나타난다는 것이다. 이는 몸은 마음이고 마음은 몸이라는 진리를 과학적으로 증명한 셈이다.

2019년 미국 하버드대 의대 유전학과 브루스 앙크너 교수 팀은 평균 수명이 85세 이상인 장수 그룹과 80세 이하인 단명 그룹으로 나눠 실험했다. 그 결과, 장수 그룹이 단명 그룹보다 뇌세포의 '레스트REST 단백질' 수치가 높다는 사실을 발견했다. 알츠하이머병과 밀접한 관련이 있는 것으로 알려진 레스트 단백질은 신경 흥분과 관련한 유전자를 억제해서 뇌의 신경계를 보호한다. 건강한 장수의 비결은 과도하게 흥분한 신경 활동을 어떻게 통제하느냐에 있는데, 그런 점에서 명상이 가장 효과적인 방법이라 할 수 있다.

아무것도 하지 않거나 쉬고 있을 때 활성화되는 뇌의 영역을 '디폴트 모드 네트워크Default Mode Network'라고 한다. DMN이 창의력, 집중력, 기억력, 공감, 정서적 판단, 정신 건강과 관련 있다는 것은 여러 연구를 통해 입증됐다. 명상을 하면 DMN의 기능적 연결성을 강화해 주의력은 높아지고 불안은 줄어들면서 명료한 상태에서 뇌가 휴식을 취할 수 있도록 해준다. 일반적으로 나이가 들수록 DMN에 대한 통제력이 약화하면서 집중력과 기억력도 떨어지는데 명상이 최고의 치료법은 아니더라도 최선의 예방법은 될 수 있는 것이다.

2022년 미국 캘리포니아 샌디에이고 의대 연구진은 참가자 40명을 대상으로 명상이 통증 인식과 뇌 활동에 미치는 영향을 실험했다. 참가자들의 다리에 고통스러운 열을 가하는 동안 뇌를 스캔한 뒤 통증 정도를 측정했다. 다음으로 참가자들을 둘로 나눠 한쪽은 20분씩 네 번에 걸쳐 명상을 했고 다른 쪽은 오디오북만 들었다. 실험 종료 후 참가자들의 뇌 활동을 다시 검사했다. 그 결과, 명상 그룹은 대조군과 비교해 통증 반응이 유의하게 감소했다. 일반적으로 통증과 자아 감각에 해당하는 뇌 영역 사이에 동기화가 일어나면서 고통을 느끼게 된다. 그런데 명상이 두 영역을 분리해서 인식하도록 유도한 것이다.

2021년 독일 막스 플랑크 인간 인지 및 뇌과학 연구소 등

공동 연구팀은 평균 40.7세인 332명을 대상으로 명상이 스트레스 호르몬인 코르티솔 수치에 미치는 영향을 조사했다. 참가자들은 세 그룹으로 나눠 하루 30분씩 9개월 동안 명상 프로그램에 참여했다. 이들의 스트레스 정도를 살펴보기 위해 3개월마다 머리카락을 채취해 코르티솔 수치를 측정했다. 그 결과, 명상을 시작한 지 6개월에 접어든 참가자들의 코르티솔 수치가 평균 25% 감소했다. 흔히 만병의 근원이 스트레스라고 한다. 뒤집어 말하면 스트레스의 관리는 만병의 해법이라고 할 수 있다. 이번 연구에 따르면 그 해법을 명상에서 찾을 수 있다.

명상에 대한 과학적 근거와 의학적 효과는 다 열거할 수 없을 정도로 많다. 행복 호르몬이라고 불리는 세로토닌과 사랑의 호르몬이라고 불리는 옥시토신의 분비를 촉진한다. 암세포를 잡아먹는다는 NK 세포를 활성화해 면역 기능을 강화한다. 장내 유익균 성장을 촉진해 기분 장애 증상을 감소하고 우울감을 완화한다. 생체 시계라는 텔로미어의 단축 속도를 느리게 한다. 이 외에도 명상이 몸과 마음에 긍정적 영향을 끼치는 수많은 연구와 실험이 있다.

그러나 과학도 무조건 맹신해서는 안 된다. 통계와 자료에는 맹점과 허점이 있으며, 연구 결과는 언제든 뒤집어질 수 있기 때문이다. 그래서 과학보다는 자기 자신에 대한 믿음이 있어야 한다. 명상을 통해 불안을 이기고 고통에서 벗어날 수 있다는 확신이 있어야 한다. 본래의 자기로 돌아갈 수 있다는 확고부동한 신념이 있어야 한다. 그러한 간절하고 결연한 마음이 있어야 해일처럼 밀려오는 거대한 불안에도 두려움 없이 맞설 수 있다.

명상적
영화.
둘

그래비티

2013년 알폰소 쿠아론 감독

지구 $600km$ 상공에서는 기온이 섭씨 영상 125도와 영하 100도를 오르내린다. 그곳에는 소리를 전달하는 매질도 없고 기압도 없으며 산소도 없다. 생명체가 살 수 없는 그런 우주 공간에서 라이언 스톤 박사는 임무 수행의 책임자인 맷 코왈스키와 한 팀이 되어 허블 우주 망원경을 수리한다.

우주 왕복선 익스플로러에 탑승하여 첫 임무를 맡은 스톤은 바짝 긴장하면서 부품을 교체하는 반면 마지막 임무인 코왈스키는 지상의 우주 센터와 교신하면서 태평하게 수다를 떤다. 일주일 동안 온 신경을 기울여 작업을 하느라 스톤의 체온은 35.9도로 떨어지고 심박수는 70으로 증가한다. 그런데 코왈스키는 동료의 고생은 안중에도 없다는 듯 허블 우주 망원경을 놀이터 삼아 철없는 아이처럼 제트팩을 타고 주변을 돌아다닌다.

제트팩은 우주 비행사들이 무중력 상태인 우주 공간을 이동하기 위해 개발된 장비다. 러시아 우주 비행사 아나톨리 솔로비오프가 82시간이라는 우주 유영 세계 기록을 보유하고 있었는데 코왈스키는 그 기록을 깨고 싶은 나름의 목표가 있었다. 그는 뒤늦게 고군분투하는 스톤이 안쓰러워 우주 유영을 끝내고 작업을 도와준다. 그런데 갑자기 지상의 우주센터에서 긴급하게 임무를 중단하라는 연락이 온다. 러시아에서 미사일로 인공위성을 파괴했는데 잔해들과 부딪칠 수 있다는 것이다.

인류가 지금까지 우주로 쏘아 올린 인공위성과 우주선은 1만여 개에 이른다. 이 중에서 실제로 사용하고 있는 인공위성은 3천 500여 개이며, 나머지 6천 개 이상의 인공위성들은 서로 부딪쳐 우주 쓰레기가 됐다. 지상 레이더에 감지된 $1cm$ 미만은 3억 개, $10cm$ 이상은 4만 개에 이른다. 우주 쓰레기는 초속 $8km$로 움직이며, $1cm$ 크기 파편의 충격도 시속 $70km$로 달리는 1톤 트럭과 부딪히는 것에 맞먹는다.

우주를 혼자 표류하니까 무서웠지?

작업을 중단하라는 코왈스키의 지시에도 스톤은 고집스럽게 일을 마무리한다. 상황은 예상했던 것보다 악화한다. 부서진 인공위성의 잔해들이 연쇄적으로 다른 인공위성들을 파괴한다. 무수한 파편들이 엄청난 속도로 날아와 우주 왕복선 익스플로러를 융단 폭격한다. 우주 센터와 통신도 끊긴다. 난파선처럼 침몰하는 우주 왕복선에서 탈출하려고 우주복에 연결된 안전 고리를 풀자마자, 스톤은 우주 공간으로 튕겨 날아간다. 균형을 잃어 사방이 뱅글뱅글 도는데 코왈스키가 무선 통신으로 현재 위치와 좌표를 보내라며 재촉한다. 스톤은 겨우 몸을 가누고 주변에 보이는 것들을 침착하게 알려 준다. 그런데 코왈스키가 아무런 대답이 없다. 우주 왕복선과 우주 센터를 불러도 마찬가지다.

스톤은 우주 미아가 된 것 같아 불안하다. 우주 비행사가 되고서 무엇보다 우주의 고요함이 좋았다. 한 톨의 소리조차 없는 적막함을 느낄 때 마음의 평온을 찾을 수 있었다. 그러나 지금은 그 고요함이 두려움으로 다가왔다. 아무도 없는 적막함이 이토록 무서운 것이라고는 상상도 못했다. 우주복 안의 산소량이 급속하게 떨어진다. 불안과 공포가 호흡을 가쁘게 했기 때문이다. 그 순간 코왈스키가 제트팩을 타고 날아와 표류하던 스톤을 붙잡는다. 그러고는 자신과 스톤을 줄로 묶어 우주 정거장으로 이동한다. 스톤은 비로소 안도의 한숨을 쉰다.

놓을 줄도 알아야 해

스톤은 산소량이 계속 떨어지는 것이 불안하다. 코왈스키는 그런 스톤에게 벌컥벌컥 들이켜는 맥주가 아니라 한 모금씩 음미하는 와인처럼 숨을 쉬라고 한다. 그러면서 딴생각을 하도록 질문을 한다. 지상에서 올려다보며 당신을 그리워할 사람이 누구냐고 묻는다. 스톤은 가슴 깊이 묻어두었던 아픈 기억을 꺼내놓는다.

스톤에게는 네 살짜리 딸이 있었다. 그런데 어느 날 학교에서 술래잡기하다가 머리를 다쳐 허무하게 죽었다. 딸이 세상을 떠난 뒤 스톤은 아무것도 할 수 없었다. 하고 싶은 것도 없었으며 왜 해야 하는지도 알 수 없었다. 그래서 아침에 출근도 하지 않고 차에 올라 운전만 했다. 목적지도 없이 하염없이 떠돌아다녔다. 정처 없이 표류하면서 하루하루를 보냈다. 매일 차 안에서 라디오를 들으며 그렇게 견뎠다. 그래도 아픔은 쉽사리 아물지 않았다. 고통스러운 기억은 오래도록 지워지지 않았다. 최대한 멀리 떠나야 했다. 가능하면 빨리 벗어나야 했다. 그래서 우주 비행사가 됐다. 그런데 얄궂게도 또 표류하는 신세가 되고 말았다.

스톤의 이야기가 끝날 때쯤 코왈스키가 타고 있는 제트팩의 연료가 거의 바닥이 난다. 스톤의 산소 탱크도 같은 상태다. 코왈스키는 마지막 남은 연료를 분사해 우주 정거장을 향해 날아간다. 점점 가속도가 붙는다. 브레이크가 고장이 난 자동차처럼 질주하다가 우주 정거장과 충돌한다. 그러다 스톤과 코왈스키를 하나로 묶었던 줄이 태양 전지판 날개에 걸려 툭 끊어진다. 그러면서 각자 우주 공간으로 튕겨 나가는데 다행히 한쪽 발에 낙하산 줄이 걸린 스톤이 재빠르게 팔을 뻗어 코왈스키의 우주복에 연결된 줄을 붙잡는다. 코왈스키의 줄을 잡아당길수록 스톤의 줄은 느슨해진다.

코왈스키는 둘 다 위험해진다며 그만 줄을 놓으라고 한다. 스톤은 생명의 은인에게 그럴 수 없다며 거절한다. 코왈스키는 침착하게 타이른다. 붙잡으니까 힘든 것이다. 놓을 줄도 알아야 한다. 삶의 이유가 없듯 죽음의 까닭도 없다. 모든 것은 나름의 의미가 있다. 집착하지 말고 내려놓아야 한다. 그래야 살 수 있다. 그래야만 살아갈 수 있다. 코왈스키는 아낌없이 조언을 건네며 스스로 줄을 놓는다. 그렇게 우주 유영의 기록을 깨기 위해 아주 먼 곳으로 떠난다.

착륙도 발사와 같은 거야

스톤은 가까스로 우주 정거장의 에어로크로 들어온다. 에어로크는 우주 비행사들이 우주 유영을 위해 드나드는 밀폐된 기밀실이다. 스톤은 답답했던 우주복을 훌훌 벗어 버리고 가쁜 숨을 몰아쉰다. 그제야 의식을 되찾고 기운을 회복한다. 우주 정거장 내부는 엉망이 됐고 동료들은 모두 죽었다.

스톤이 지상의 우주 센터에 상황 보고와 생존 신고를 보내는데 화재가 발생한다. 소화기를 분사하지만 불길은 오히려 더 크게 번진다. 스톤은 급히 소유스 우주선으로 들어와 도킹 해제를 시도한다. 사용 설명서에 적힌 대로 차근차근 따라 하자 우주 정거장에서 소유스 우주선이 분리된다. 그런데 풀린 낙하산 줄에 엉켜 앞으로 나아가지 못한다. 조만간 인공위성의 잔해와 파편들이 궤도를 따라 다시 돌아올 것이다. 이번에도 운이 따를 거라는 보장은 없다. 스톤은 우주선 밖으로 나가 엉킨 실타래 같은 낙하산 줄들을 하나하나 푼다. 그사이 인공위성의 잔해들이 우박처럼 쏟아진다. 겨우겨우 줄을 다 풀고 간신히 우주 정거장에서 벗어난다.

지구로 귀환하려면 100km 가까이 떨어진 중국의 우주 정거장까지 가야 한다. 그런데 이번에는 연료가 떨어져 엔진이 작동하지 않는다. 행운과 불운이 널뛰기한다. 한고비를 넘기면 또 다른 고비가 온다. 악을 쓰고 울부짖어도 소용이 없다. 아무도 들어주지 않는다. 삶은 그렇게 혼자다.

스톤은 다시 표류한다. 우주선 내부의 온도가 서서히 내려가 입김까지 나온다. 스톤은 가능한 모든 주파수를 잡아 교신한다. 그런데 딱 하나 잡힌 주파수가 아마추어 무선 통신이다. 평범한 가정집의 소리가 들린다. 소소하고 일상적인 소리가 너무나 반갑고 정겹고 고맙다. 아기의 울음소리에 눈물이 난다. 스톤은 자장가를 들으며 마음을 정리한다. 우주선 내부의 산소 공급을 중단한다.

모든 것을 내려놓고 영원한 잠을 청하는데 불쑥 코왈스키가 우주선 안으로 들어온다. 삶이든 죽음이든 선택의 문제다. 어떤 결정도 옳고 그름은 없다. 그러나 단지 힘들다는 이유로 너무 쉽게 포기해서는 안 된다. 여기까지 왔으니 돌아갈 수도 있다. 발사와 착륙은 방향만 다르지 같은 것이다. 그냥 편하게 운전을 즐기면 된다. 살아가는 기쁨을 온전히 느끼면 된다. 두 발을 땅에 딛고 꿋꿋하게 살면 된다. 코왈스키는 따뜻한 격려와 응원의 말을 건네고는 유령이 되어 다시 사라진다.

어쨌든 엄청난 여행일 거야

스톤은 정신을 가다듬고 우주선 사용 설명서를 다시 펼쳐 든다. 착륙 항목에 있는 절차를 따라 버튼들을 누른다. 마지막으로 레버를 힘껏 당기자, 우주선 밖으로 몸이 튕겨 나간다. 그 추진력으로 중국의 우주 정거장을 향해 날아가고 소화기를 분사하면서 방향을 잡아간다. 스카이다이빙을 하듯 몸을 날려 우주 정거장의 구조물을 붙잡는다. 소유스 우주선 안으로 들어온 스톤은 신속하게 버튼들을 누른다. 모든 준비는 끝났다. 결과는 누구도 알 수 없다. 멀쩡하게 살아서 돌아가거나 활활 불타서 죽거나 둘 중 하다. 운명이라면 기꺼이 받아들일 것이다. 내게 주어진 길을 흔쾌히 걸어갈 것이다. 있는 그대로 받아들이고 마음껏 즐길 것이다. 어떻게 되든 나의 소중한 삶이다. 스톤은 마음을 굳히고 의지를 다진다.

지구의 대기권으로 진입한 소유스 우주선은 공기와의 마찰열로 붉은 화염에 휩싸인다. 비포장도로를 달리는 자동차처럼 우주선 내부는 심하게 요동친다. 다행히 제때 낙하산이 펼쳐지고 무사히 바닷가에 착륙한다. 물속에 잠긴 우주선 밖으로 헤엄쳐 나온 스톤은 땅 위로 엉금엉금 기어 올라온다. 그러고는 모래를 한 움큼 쥐면서 중력의 세계로 돌아온 것을 실감한다. 스톤은 숨 쉴 수 있게 하는 힘, 살아가게 하는 힘, 그 중력을 몸과 마음으로 만끽하며 두 발로 땅을 디딘다. 그리고 그렇게 걸어간다.

명상적
영화.
셋

노스페이스

2008년 필립 스톨츨 감독

유럽의 전설에는 엄청나게 힘이 세고 성질이 포악하며 머리가 나쁘고 얼굴이 못생긴 괴물이 나온다. 바로 사람을 날로 잡아먹는다는 '오거Ogre'다. 알프스산맥의 3대 북벽 중 하나인 아이거 북벽은 이 괴물의 이름에서 따왔다. 그만큼 수많은 산악인이 등반하는 과정에서 목숨을 잃었다.

스위스 베른에 있는 아이거 북벽은 해발 3,970m로 높지는 않지만, 정상까지 1,800m가 깎아지른 수직 절벽인 데다가 낙석과 눈사태가 수시로 일어난다. 한마디로 난공불락의 요새다. 1935년 이 죽음의 빙벽에 독일 출신의 막스 제틀마이어와 칼 메링거가 초등에 도전했다. 그러나 그들은 4박

5일 동안 눈보라 속에 갇혀 있다가 실종됐다. 27년이 흐른 1962년에 스위스 등반대가 죽음의 비바크지로 불리는 곳에서 칼 메링거의 시신을 발견했다.

다음 해인 1936년 나치 정부는 베를린 올림픽의 성공적인 개최를 목표로 국가 이미지를 높이고 민족의 우수성을 알리기 위해 선전용 이벤트를 계획했다. 전 세계 등반가들에게 아이거 북벽에 도전하라고 부추겨 언론들의 관심을 집중시켰다. 그러면서 독일인이 최초로 등정할 수 있도록 등반대원들을 물색했다. 그렇게 산악 전투 부대 출신의 두 청년이 자의 반 타의 반으로 아이거 북벽의 등정에 도전했다. 영화 '노스페이스'는 이들에 대한 실제 이야기다.

슬프게도 진짜 드라마는 늘 놓친다는 거야

1936년 5월 신문사 베를린 차이퉁 보도국에서는 정부 지침에 대한 간부 회의가 열린다. 주요 안건은 독일인이 최초로 아이거 북벽에 등정하고 이를 대서특필해서 국가의 위상을 높이라는 것이다. 적합한 인물을 찾던 중 산악 전투 부대의 병사 두 명이 거론된다. 마침, 회의록을 적고 있던 수습기자 루이즈가 그들과 죽마고우였다. 루이즈는 친구들을 회유하라는 회사의 지시를 받고 베르히테스가덴으로 내려간다.

 술잔을 기울이면서 루이즈는 앤디와 토니에게 고향에 내려온 목적을 밝힌다. 아이거 북벽에 최초로 등정하면 친구들에게는 독일 영웅의 지위를 얻을 수 있으며, 자신에게는 수습 딱지를 뗄 수 있는 절호의 기회가 될 것이라며 설득한다. 앤디는 그 자리에서 흔쾌히 수락하지만 토니는 단번에 거절한다. 최고의 등반가였던 막스 제틀마이어와 칼 메링거도 실패했다는 것이다. 실력이 좋아도 운이 따라야 한다며 토니는 고개를 가로젓는다.

 루이즈가 단념하고 돌아간 뒤 그녀의 옛 연인이었던 토니는 마음이 복잡하다. 자신의 실력을 증명하고 싶다는 앤디가 신경이 쓰이고 단독 기사를 쓰고 싶다는 루이즈가 마음에 걸린다. 오랜 숙고 끝에 앤디와 토니는 아이거 북벽에 오르기로 결심하고 군에서 제대한다. 둘은 어떠한 후원과 도움도 없이 직접 준비한 등반 장치를 챙겨서 스위스 베른까지 자전거를 타고 간다.

 세계 여러 나라의 산악인들이 속속 캠프를 차리는 가운데 오스트리아 등반대도 도전한다는 소식이 전해지면서 기자들과 관람객들이 아이거 북벽 아래 호텔로 모인다. 히틀러 정권은 같은 게르만 민족이라는 명분으로 오스트리아를 병합

할 계획이었다. 이러한 정치적인 이슈와 맞물려 최초 등정 여부는 여러 가지로 화젯거리였다.

호텔에 머물며 취재하던 루이즈는 앤디와 토니를 다시 만난다. 친구들이 등정에 도전하는 얘기를 듣고 반색하면서도 다른 한편으로는 걱정스럽다. 등반대원들의 안전은 뒷전이고 흥미로운 눈요깃거리와 정치적인 희생양으로 삼으려는 사람들의 시선을 느꼈기 때문이다. 이면에 숨겨진 진짜 드라마는 알지도 못하는 인간 군상의 탐욕을 목도했기 때문이다.

저 밑에는 아무것도 없어!
위에 있다고!

1936년 7월 18일 토요일 새벽 2시 10분.

오랫동안 내린 비가 그치고 날이 개자, 앤디와 토니는 어둠을 뚫고 가장 먼저 산에 오른다. 오스트리아 등반대도 곧바로 뒤따라간다. 호텔 투숙객들은 스포츠 경기를 관전하듯 망원경과 쌍안경으로 등반대원들을 지켜본다. 언론들도 실시간으로 중계방송하듯 기사들을 쏟아낸다.

정상까지 아무도 오르지 못했다는 것은 정해진 길이 없다는 뜻이다. 난관은 거기에 있다. 길을 만들어야 한다. 어느 방향과 어떤 방식인지에 따라 길이 결정된다. 가보지 않고는 알 수 없다. 잘못 들어서 발을 헛디디거나 줄이 끊기면 끝장이다. 그래서 목숨과 운명을 걸어야 한다.

앤디와 토니는 암벽에 줄을 고정하는 피톤을 박으면서 위로 올라가고, 올라갈 수 없으면 트래버스를 해서 옆으로 돌아간다. 그렇게 위험을 감수하고 만든 길을 뒤따라오는 오스트리아 등반대에게도 기꺼이 내준다. 그들에게 승부와 경쟁은 쓸모없는 짓이며 정치와 이념은 공허한 논쟁이다. 산을 오르는 순간에는 오직 협력과 공생만 있을 뿐이다.

날이 어두워지자 등반대원들은 암벽 한쪽 구석에서 수프 몇 모금으로 대충 끼니를 때우고는 변변한 이불과 텐트도 없이 온몸을 줄로 칭칭 감고 잠을 청한다. 호텔에서는 등정 성공을 기원하는 축하 파티가 열린다. 드레스와 턱시도를 입은 사람들이 즐겁게 술을 마시고 흥겹게 춤을 춘다. 산에서 내려다보는 세상과 지상에서 올려다보는 세계는 사뭇 다르다. 아래에는 쾌락이 있지만 소란스러우며 위에는 고통이 있지만 고요하다. 밑에서만 살아가는 이들은 위로 오르려는 이들을 이해할 수 없다. 구태여 고통을 참아가며 고행을 자처하는지 도무지 알 수가 없다. 하지만 인류의 역사를 돌아보면, 위대한 업적은 종종 극심한 고난과 시련을 통해 이루어졌음을 알 수 있다.

루트비히 판 베토벤은 청력을 완전히 잃고 교향곡 제5번 '운명'과 제6번 '전원'을 연이어 작곡했다. 프리다 칼로는 6살에 소아마비를 앓고 18살에 교통사고로 크게 다쳐 9개월 동안 전신에 깁스를 한 채 병상에 누워서 자화상을 그렸다. 표도르 도스토옙스키는 반정부운동으로 총살 직전까지 갔다가 시베리아에서 4년 간의 혹독한 유배 생활을 끝낸 뒤에 소설 '카라마조프 가의 형제들'을 썼다. 예수는 십자가에 못 박히는 고통을 통해 진정한 사랑을 몸소 실천했다. 고타마 싯다르타는 극한의 고행을 6년 동안 견디고서야 깨달음을 얻고 열반에 이르렀다.

사랑을 간직한 사람은 계속 살아간다

정상에 가까워질수록 등반대원들은 서서히 지쳐간다. 그러던 중 오스트리아 등반대원 한 명이 낙석에 머리가 깨지고 바위틈에 발이 끼어 다리가 부러진다. 부상 대원을 놓고 나머지 대원들이 실랑이를 벌인다. 오스트리아 대원은 다친 동료를 데리고 내려가겠다고 하지만 토니는 위험하며 반대한다. 앤디는 정상까지 다 함께 가자고 하지만 토니는 불가능하다며 반박한다. 결국 그들은 성공보다는 목숨을 선택한다.

그러나 오르는 것만큼 내려가는 것 또한 만만치 않다. 한 치 앞도 분간할 수 없을 정도로 눈보라가 매섭게 몰아친다. 등정을 포기하고 하강하는 등반대원들을 보고는 기자들도 취재를 중단하고 하나둘 떠난다. 상황은 점점 악화한다. 되돌아갈 것을 예상하지 못하고 로프를 걷어서 내려가는 길을 새로 개척해야 한다. 눈보라도 멈출 기미가 보이지 않는다. 급기야 눈사태가 쏟아지면서 오스트리아 대원 한 명이 암벽에 머리를 부딪쳐 죽고 나머지 부상 대원도 더 이상 버티지 못하고 눈을 감는다. 허공에 매달려 있던 앤디 역시 로프를 고정한 피톤이 빠지려고 하자 스스로 생명줄인 로프를 칼로 끊는다.

마지막 생존자인 토니를 구하기 위해 구조대가 출동하지만, 악천후에 가로막혀 다가가지 못한다. 다음 날 아침 눈보라가 멈춰 다시 구조를 시도한다. 그런데 이번에는 구조대원의 실수로 준비한 로프가 짧아 토니를 붙잡지 못한다. 구조대와 동행한 루이즈는 안타까워 발만 동동 구른다. 눈앞에 두고도 구할 수 없는 상황에 억장이 무너진다. 결국 기진맥진한 토니는 서서히 의식을 잃으며 로프에 매달린 채 숨을 거둔다.

토니가 영원히 눈을 감으면서 루이즈는 비로소 눈을 뜬다. 한계와 경계를 뛰어넘으려는 그의 거친 숨결이 그녀의 가슴에 온기를 불어넣는다. 끝없이 도달하고 한없이 다다르려는 그의 열정이 그녀에게 기운을 북돋운다. 난관을 극복하고 고통을 이겨내려는 그의 의지가 그녀에게 용기를 심어준다. 그의 죽음을 통해 그녀는 다시 태어난다.

루이즈는 생명에 대한 고귀한 존엄보다는 얄팍한 이념과 천박한 자본 논리를 앞세우는 세상에 신물이 난다. 그래서 베를린으로 돌아가지 않는다. 추악한 욕망으로 가득한 인간들에게 염증을 느낀다. 그래서 상품을 파는 기자를 그만두고 마음을 찍는 사진작가가 된다. 성공이 목표가 아닌 도전이 목적인 예술가가 된다. 해내는 것보다는 해보는 사람이 된다. 삶 속에 죽음이 있으며 죽음 안에 삶이 있다는 것을 알게 된다. 삶도 죽음도 사랑이 모두 아우른다는 것을 깨닫게 된다. 살아 숨을 쉬면서 그 모든 것을 알아차린다.

에세이 | 두려움이 없는
긴 숨을 쉬다

이제 좀 살 것 같다.

차가 서울을 벗어나 강화 대교에 올라타자마자 어머니는 답답하다는 듯 급하게 창문을 내렸다. 소금기를 잔뜩 머금은 끈끈한 바람과 함께 비릿한 바다 내음이 확 끼쳐 왔다. 어머니는 몇 번이나 숨을 크게 들이쉰 뒤 길게 내쉬었다. 그러고는 수평선 너머를 한참 동안 물끄러미 바라보다가 모든 게 꿈만 같다며 넋두리했다. 아버지가 세상을 떠난 뒤 반년 만의 외출이었다.

일부종사와 미망인이란 말이 당연했던 시대를 살아왔기에 어머니는 몸가짐에 유난히 신경을 썼다. 일흔이 넘었는데도 남의 구설에 오르지 않도록 각별히 조심했다. 바람도 쐬고 맛있는 것도 먹자는 지인들의 꼬드김도 단호하게 거절했다. 동면에 들어간 곰처럼 어머니는 그렇게 두문불출했다. 같은 지역에 사는 누나와 남동생은 틈나는 대로 집에 들러서 식사를 챙겼으며 나는 시간이 나는 대로 안부 전화를 했다.

그러던 어느 날, 거래처에 방문하려고 한남 대교를 건너는데 어머니에게 전화가 왔다. 어머니는 특별한 일이 있거나 다급한 상황이 아니면 먼저 연락하는 법이 없었다. 비상등을 켜고 갓길에 차를 세웠다. 어머니는 가슴이 아프다고 했다. 숨 쉬는 게 힘들다고 했다. 나는 다른 일정을 모두 취소하고 차를 돌렸다.

어머니는 대학 병원에서 종합적으로 검진을 받았다. 피를 뽑고 심장과 폐, 위와 대장 등을 촬영했다. 담당의는 고혈압과 고지질 혈증 외에는 눈에 띄는 질환은 없다고 했다. 어머니는 아무런 이유도 없이 그런 증상이 생길 수 있는지 물었지만, 의사는 그건 자신도 모르는 일이라고 했다.

무섭다고 그랬어. 병원 근처 식당에서 전복죽을 먹으며 어머니는 갑자기 수년 전에 죽은 큰고모 얘기를 꺼냈다. 일찌감치 자식들을 모두 도회지로 떠나보낸 큰고모는 시골에서 고모부와 단둘이 농사를 지으며 살았다. 평소 술을 즐기던

고모부가 암으로 떠나자 홀로 남은 큰고모는 낮이고 밤이고 어머니에게 전화를 걸었다. 오랫동안 돌보지 않아 밭에 잡초가 무성해질 때쯤 큰고모는 치매에 걸렸다.

어머니는 큰고모가 왜 자꾸 무섭다고 했는지 몰랐다고 했다. 그때는 그 마음을 헤아릴 수 없었다고 했다. 어머니는 수저를 내려놓고 냅킨으로 꼭꼭 찍어 눈물을 닦았다. 나는 덜컥 겁이 났다. 굵은 전복 살이 목구멍을 꽉 틀어막고 있는 것 같았다. 납치하듯 어머니를 차에 태우고는 지금 당장 가고 싶은 곳을 물었다. 어머니는 기다렸다는 듯 목적지를 말했다. 우린 강화도로 향했다.

묘는 방금 깎은 남학생의 머리처럼 깔쭉깔쭉했다. 우린 돗자리를 깔고 외할아버지와 외할머니에게 큰절을 올렸다. 시월로 접어들었는데도 한낮의 햇볕은 제법 뜨거웠다. 산마루까지 올라오느라 등줄기에서 땀이 주르르 흘러내렸다.

그때는 정말 무서웠어. 어머니는 바다 건너 북녘땅을 바라보며 진저리를 쳤다. 동도 트지 않은 새벽이었다. 전투기의 굉음과 포탄의 폭음에 다섯 살 소녀는 잠이 깼다. 꿈인지 생시인지도 분간할 수 없었다. 외할머니는 대충 꾸린 짐을 머리에 이고 외할아버지는 어린 딸을 등에 업고 바닷가로 달렸다. 마을 사람들 모두 정박해 있던 미국 군함으로 향했다. 그렇게 배를 타고 남쪽으로 내려왔다.

외가 식구들은 운명의 급류에 휩쓸려 전라도까지 갔다가 경기도로 올라왔다. 외할아버지는 터를 잡으려고 하지 않았다. 막힌 길만 뚫리면 고향으로 되돌아가려고 했다. 왜 실향민이 되어 설움을 받고 이방인이 되어 눈치를 봐야 하는지 알 수가 없다며 울분을 토했다. 그러나 외할아버지가 세상을 떠난 뒤로도 그 길은 영영 열리지 않았다.

언제 또 올 수 있을지 모르겠어요. 어머니는 반절하고는 시큰거리는 무릎을 짚고 일어났다. 내가 부축하려고 하자 아직은 괜찮다며 손사래를 쳤다. 올라왔으니 내려가야지. 어머니는 주문을 외우듯 같은 말을 몇 번이고 되뇌었다.

돌아오는 길에 우리나라에서 가장 오래된 절이라는 전등사에 들렀다. 진입로 양쪽으로 즐비하게 늘어선 식당에는 먹고 마시는 관광객들로 북적였다. 사찰 경내에도 기도를 드리는 신도들보다 단풍놀이를 즐기는 향락객들이 많았다. 어머니는 다른 곳은 눈길도 주지 않고 곧장 대웅보전으로 향했다. 부처님께 백팔배를 올리겠다고 했다.

나는 신도도 아니고 향락객도 아닌 집 없는 길고양이처럼 이곳저곳을 어슬렁거렸다. 헌것과 새것, 어두운 것과 밝은 것, 시끄러운 것과 고요한 것, 동적인 것과 정적인 것, 어수선한 것과 질서정연한 것이 세월의 더께로 쌓이면서 묘한 대비와 심오한 조화를 이루고 있었다. 갤러리가 따로 있지 않았다. 예술 작품이 별다른 게 아니었다. 지금 여기가 그곳이고, 있는 그대로 보면 그것이 되는 것이었다. 그런 마음으로 다시 돌아와 대웅보전을 찬찬히 감상했다. 벌거벗은 채 웅크리고 앉아 처마의 네 귀퉁이를 떠받치고 있는 조각상들이 눈에 띄었다. 내려오는 이야기에 따르면 화재로 소실되어 절을 다시 지을 때 도편수가 인근의 주모를 사랑했는데 그녀가 그의 품삯을 모두 갖고 딴 사내랑 도망갔다고 한다. 배신을 당한 도편수가 저주하려고 주모의 모습으로 조각했다는 것이다.

무서워서 그랬을 거야. 어머니는 쌍화차를 마시면서 무릎을 연신 주물렀다. 사찰에서 운영하는 찻집에는 불교 음악이 아닌 구스타프 말러의 교향곡 5번 4악장 '아다지에토'가 잔잔하게 흘렀다. 어머니는 조각상의 주인공이 주모가 아니라 도편수라며 다르게 해석했다. 떠나버린 사랑을 붙잡고 있는 자신과 미움을 내려놓지 못하는 자기에게 내린 엄벌이라는 것이다. 한순간에 바뀌는 마음이 무서워서 스스로에게 내린 형벌이라는 것이다. 나는 말없이 고개만 끄덕였다. 쌍화차의 약효 때문인지 딱딱하게 뭉친 것들이 뭉글뭉글 풀리는 기분이 들었다.

휴게소에서 국수로 저녁을 간단하게 먹고 본가로 돌아와 아버지의 유품을 정리했다. 어머니는 장롱과 서랍과 상자에서 아버지의 손때가 묻은 것들을 꺼내 거실에 한데 모았다. 생전에 아버지가 아끼던 시계도 있었다. 어머니는 욕심내지 말고 버리라고 했다. 사진들도 헛것에 불과하다며 모조리 불태우라고 했다. 지나간 것에 연연하지 말라고 했다.

틀린 말이 아니었다. 맞는 말들이기에 대꾸하지 않고 묵묵히 따랐다. 그런데도 쓰레기봉투에 담을 때마다 추억이 떠오르고 기억이 샘솟아 자꾸만 손이 머뭇머뭇했다. 그런 나와 달리 어머니는 재활용 쓰레기를 분리하듯 거침이 없었다. 마치 청소 업체에서 파견된 일꾼처럼 무심하게 물건들을 치웠다. 한번 해 봤으니 나 죽을 땐 더 잘할 수 있겠지? 어머니는 이마에 흐르는 땀을 손등으로 훔치며 물었다. 수천수만 번 한다고 익숙해지고 능숙해지는 일인지 알 수가 없었다. 그래서 비현실적으로 밝고 큰 달을 손가락으로 가리켰다. 우리는 잠시 일손을 놓고 쓸쓸한 가을 밤하늘을 감상했다. 이젠 무섭지 않아. 어머니는 큰길까지 나와 배웅하며 손을 흔들었다.

자정이 되어서야 서울로 돌아왔다. 불을 끄고 누웠지만 잠이 오지 않았다. 물음 하나가 여름철 모기처럼 성가시게 굴었다. 결국 책상에 앉아 조명을 켜고 사진집을 펼쳤다. 어머니 몰래 챙겨 놓은 아버지의 유품이었다.

중학교 때 아버지는 네팔에서 3년간의 공사를 마치고 귀국하면서 선물을 한 보따리 들고 왔다. 카메라, 카세트 플레이어, 양담배, 양주처럼 당시 면세점에서 인기 있는 물품들이었다. 여행 가방에서 그것들이 하나씩 나올 때마다 우리 삼 남매는 손뼉을 치며 감탄사를 연발했다. 그런데 아버지가 만면에 미소를 지으며 맨 마지막에 꺼낸 것을 보고 우린 고개를 갸웃거렸다. 벽걸이 달력 크기의 사진집이었는데 한 손으로는 들 수 없을 정도로 두껍고 무거웠다. 무엇보다 책값이 무려 125달러였다. 대기업 신입 사원이 받는 월급의 절반이었다. 어머니의 입에서는 장탄식이 흘러나왔다.

아버지는 공사가 마무리될 때쯤 네팔 남부의 룸비니에 다녀왔다. 히말라야 산기슭에 자리 잡은 그곳은 고타마 싯다르타의 탄생지로 신도들에게는 성지였으며 관광객들에게는 명소였다. 종교도 없고 여행도 즐기지 않을뿐더러 절약이 몸에 밴 아버지였기에 우리 삼 남매는 기자처럼 꼬치꼬치 캐물었다. 그러나 평소 과묵했던 아버지는 룸비니 방문 목적과 여행 감상에 대해서는 아무런 설명도 없이 귀국할 때 일본을 경유했는데 공항 서점에서 히말라야산맥의 표지가 마음에 들어 사진집을 샀다고만 했다.

어떤 수식어도 없이 담백하게 'HIMALAYAS'라고만 쓴 사진집에는 히말라야산맥의 변화무쌍한 풍광과 원주민들의 순박한 모습들이 담겨 있었다. 이 책의 가치와 쓸모를 몰랐던 우리는 책장 가장 안쪽에 꽂아 두고는 두 번 다시 펼쳐 보지 않았다. 그렇게 수십 년이 흐른 뒤 나는 문득 궁금해졌다. 아버지가 초과 수하물 비용까지 지불하며 비행기로 싣고 온 이유를 알고 싶었다.

저자인 시라카와 요시카즈는 유엔에서 기념우표를 발행했을 정도로 유명한 사진작가였다. 그는 항공기로 히말라야산맥을 찍다가 크게 다쳤지만 9개월 동안 재활 치료를 받고 촬영을 재개했으며, 남극 대륙에서는 비행사가 중간에 그만두는 바람에 몇 주 동안 혹한의 추위를 견뎌야 했다. 인간의 원점은 지구라는 신념을 갖고 있던 그는 늘 죽을 각오로 촬영에 임했다고 한다.

굳게 닫힌 철문을 열 듯 두꺼운 표지를 젖히고는 의문과 베일에 싸인 책을 찬찬히 들여다봤다. 인쇄된 사진들은 오래되어 빛이 바랬지만 그 안에 담고 있던 것들은 농후해지면서 풍부한 향기를 풍겼다. 티베트 불교에 따르면 히말라야산맥 안에 '베율'이라는 전설의 낙원이 있다고 한다. 티베트의 정신적 지도자 달라이 라마는 베율은 고통이 없는 파라다이스이며, 그곳은 엄청난 고난을 통해서만 도달할 수 있다고 했다.

나는 사진집을 덮었다. 설산의 하얀 눈이 손바닥 위에 내렸다. 고달프고 고단했던 누군가의 삶처럼 수북하게 쌓였다. 그리고 무심하고 냉담한 다른 이들의 기억처럼 금세 녹아내렸다. 나는 아버지의 영정처럼 표지가 보이도록 책장 맨 위 칸에 책을 올려놓았다. 그렇게 놓고 보니 방 안이 히말라야산맥이었다. 지금 바로 이곳이 낙원이었다. 나는 늘 그곳에 있었다. 어디선가 보드라운 아기 숨결 같은 자장가가 들려왔다. 견딜 수 없는 졸음이 밀려왔다. 포근한 고요와 아늑한 적막을 덮고 누웠다. 그리고 태어나서 가장 긴 호흡을 하며 아주 오래도록 깊은 잠에 빠졌다.

2부

차
茶

하루하루 마시는 숨

에세이

맛에 맛들여
제맛이 없는 나날들

190 mmHg.

스케일링을 받으려고 치과에 갔는데 대기 시간이 길어졌다. 지루하고 심심해서 혈압을 쟀다. 최고 190, 최저 150이 나왔다. 고개를 갸우뚱했다. 평균보다 많이 높은 수치였다. 기계가 좀 낡아 보였다. 대기실 밖으로 나가 맨손 체조를 했다. 팔다리를 쭉쭉 폈다가 오므리기를 여러 번 반복했다. 190이라는 숫자가 머릿속에서 맴돌았다. 지금까지 혈압이 내 키보다 높았던 적은 한 번도 없었다. 혈압계가 오작동을 일으킨 게 분명했다. 다시 대기실 안으로 들어갔다.

링에 오르는 권투 선수처럼 목과 어깨를 두세 번 돌렸다.

혈압계 의자에 앉아 심호흡하며 숨을 골랐다. 오른팔을 측정기 안으로 집어넣는데 심장이 말발굽 소리를 냈다. 팔뚝이 점점 조이자 왼쪽 다리가 덜덜 떨렸다. 긴장할 때마다 나오는 습관이다. 모니터의 숫자가 빠르게 올라갔다. 나도 모르게 눈을 질끈 감았다. 입을 굳게 다물었더니 코로 뜨거운 숨이 훅 뿜어져 나왔다. 팔뚝을 꽉 움켜줬던 측정기가 스르르 풀렸다. 실눈을 뜨고 모니터를 확인했다. 180을 약간 넘었다. 오십보백보였다.

예전에는 TV가 말썽을 부리면 몇 대 치곤 했다. 그러면 언제 그랬냐는 듯 금세 멀쩡해졌다. 혈압계를 주먹으로 쳐볼까 했지만 주변에 보는 눈들이 많았다. 삼세번에 득한다는 말이 있듯이 세상의 모든 건 세 번의 기회를 준다. 이번에는 반대쪽 팔을 측정했는데 결과는 역시 다르지 않았다. 뒤에서 사람들이 웅성거렸다. 기록 경신에 흥분한 경기장의 관중 같았다. 중절모를 쓴 어르신이 내 어깨를 토닥이며 치과에 올 때가 아니라고 했다.

혈압은 심장에서 뿜어진 혈액이 혈관벽 안쪽에서 바깥쪽으로 밀어내는 압력이다. 보통 사람들의 혈압이 손가락으로 톡톡 두드리는 정도라면 내 혈압은 쇠망치로 쿵쿵 내리치는 수준이라며 의사가 겁을 줬다. 심드렁한 내 표정을 보고는 충격 요법이 필요하다고 생각한 모양이었다. '여기 들어오는 모든 이에게 평안과 축복이 넘쳐나길'이라고 쓴 액자가 눈에 들어왔다. 고혈압은 가족력, 음주, 흡연, 고령, 운동 부족, 비만, 음식 습관, 스트레스 등이 원인이 될 수 있지만 정확한 건 알 수 없다고 했다. 그러면서 방치하면 혈관이 압력을 견디지 못하고 부푼 풍선처럼 빵 터질 수 있다고 했다. 귀신 이야기를 들려주는 유치원 선생님처럼 의사는 과장된 동작으로 나를 깜짝 놀라게 했다. 내가 움찔하자 의사는 흡족한 미소를 지었다.

의사는 강경한 어조와 단호한 태도를 취할 수밖에 없는 이유를 솔직하게 털어놓았다. 여성 환자들은 의사의 조언을 곧바로 받아들이고 순순히 따르지만, 남성 환자들은 억지를 쓰고 황소고집을 부린다는 것이다. 출처도 모르는 의학 상식으로 스스로 병을 고치겠다며 꺼드럭거린다는 것이다. 특히 중년의 남자들이 그렇다고 했다. 건재함을 과시하려고 약 복용을 거부한다는 것이다. 교무실로 끌려와 선생님의 훈계를 듣는 학생처럼 나는 연신 고개만 주억거리다가 의사가 써 준 처방전을 군소리 없이 받았다.

약국에는 혈압약을 타는 동지들이 많았다. 누구나 겪는 흔한 질환이라는 안도감이 들어 다소나마 위로가 되었다. 그런데 그들 대부분이 허리가 구부정하고 백발이 성성한 어르신들이었다. 그들에 비하면 나는 말 그대로 새파랗게 젊었다. 죄를 지은 것도 아닌데 모자를 깊게 눌러썼다. 알아보는 사람도 없는데 마스크로 얼굴을 가렸다. 약사는 푸근한 이웃집 아주머니처럼 하루에 한 번 꼭 거르지 말라고 신신당부했다. 나는 그녀의 반짝이는 십자가 목걸이를 보며 고개를 끄덕였다. 약국을 나오자마자 흘러간 유행가를 흥얼거렸다. 가는 세월 그 누가 막을 수 있나요. 고장 난 주크박스처럼 똑같은 노래를 되풀이하며 집으로 가던 발걸음을 동네 뒷산으로 돌렸다.

어머니를 비롯해 외가 쪽에 고혈압 환자가 많았다. 가족력이 있으면 발병률이 네 배까지 올라간다고 한다. 태어날 때부터 예정된 수순이었다고 푸념했더니 어머니는 비겁하게 운명을 탓한다며 나무랐다. 그러면서 이모와 외삼촌 모두 환갑이 지난 뒤에 혈압약을 복용했으며, 혈압이 190mmHg까지 올라간 경우는 아무도 없었다며 냉정하게 선을 그었다. 뼈아픈 일침에 정신이 얼얼했다. 어머니는 나의 약점과 허점과 맹점을 모두 꿰뚫고 있었다. 산 정상까지 이어진 오르막길을 걸으며 지나온 길을 곰곰이 뒤돌아봤다. 언제부터 몸의 균형이 깨졌으며 왜 그것을 미리 알아차리지 못했는지 꼼꼼하게 되짚어갔다.

나는 문진표를 작성하듯 항목을 만들어 생활 습관부터 살폈다. 냄새가 손에 배는 게 싫어 담배는 입에 대지도 않았다. 일주일에 이삼일은 흠뻑 땀에 젖을 정도로 자전거를 탔다. 나잇살 때문인지 배가 좀 나왔으나 결코 비만은 아니었다. 짜고 맵고 단 음식들을 일부러 찾아 즐기는 편은 아니었다. 평소 예민한 성격임에도 잠자리만큼은 둔감해서 평평한 곳만 있으면 금방 코를 골았다. 아직까지는 고혈압의 주범은 나타나지 않았다.

산마루에 올라 가쁜 숨을 몰아쉬었다. 근린공원에는 평일 오전인데도 운동 기구를 이용하는 주민들이 많았다. 연령대도 다양했다. 상대적으로 비중은 적었지만 이삼십 대도 있었다. 두 손바닥을 비비며 철봉 앞에서 섰다. 마지막 턱걸이가 언제였는지 가물가물했다. 고등학생 때는 스무 개도 거뜬했었다. 당락이 결정되는 시험도 아니고 승패가 좌우되는 시합도 아닌데도 잔뜩 긴장됐다.

숨을 몇 번 고른 뒤 팔짝 뛰어 철봉을 꽉 움켜줬다. 양팔이 바들바들 떨리고 얼굴이 벌겋게 달아올랐다. 의사의 빵 소리가 귓가에 쟁쟁했다. 아무리 안간힘을 써도 근력이 중력을 이기지 못했다. 결국 턱걸이는 실패하고 말았다. 벤치에 앉아 욱신거리는 팔을 주물렀다. 어쩌다가 이렇게 됐을까. 남은 건 술과 스트레스와 인간관계였다.

술은 대학 때부터 남들 못지않게 마셨다. 그때는 문학과 개똥철학이 단골 안주였다. 나름 분위기와 멋과 흥이 있었다. 주머니 사정은 여의찮았지만 걱정거리는 없었다. 직장 생활을 하면서 스트레스가 쌓이기 시작했다. 일에 치이고 사람에 시달리면서 자연스레 술자리도 늘어갔다. 진탕 마셔야 하루를 견디고 알딸딸하게 들이부어야 일주일을 버틸 수 있었다. 그렇게 곤드레만드레 마시고 아침에 출근하면 머리는 지끈거리고 정신은 몽롱했다. 그래서 커피믹스를 입에 달고 살았다. 지긋지긋한 회사를 때려치우면 달라질 줄 알았다. 내 사업을 하면 속 편할 줄 알았다. 그런데 더 질긴 돈의 굴레와 더 큰 노동의 쳇바퀴가 기다리고 있었다. 수입이 들쑥날쑥하다 보니 생활이 불안정했다. 잔고는 늘어갔지만 걸핏하면 불안하고 틈만 나면 우울했다.

인간관계에도 차츰 균열이 생겼다. 신경은 날카로워지고 감정은 까칠해졌다. 그러면서 혼자서 술을 마시는 일이 잦아졌다. 만취한 다음 날에는 숙취 때문에 농도가 진한 커피를 연거푸 마셨다. 그러면 밤늦게까지 잠을 못 잤고 또 술을 마셨다. 수면 부족으로 눈은 늘 퀭하고 머릿속은 자욱한 안개처럼 흐리멍덩했다. 무기력하고 불안하고 우울한 감정들이 노크도 없이 문을 벌컥 열고 들이닥쳤다. 그 불청객들을 내쫓으려고 또 술을 마셨다. 악순환이었다. 무엇이 먼저이고 나중인지 모르겠고 어떤 것이 머리고 꼬리인지 분간할 수 없었다. 그저 서로 물고 물리더니 하나의 공처럼 데굴데굴 굴러갔다.

어디선가 축구공이 굴러와 발밑에서 멈췄다. 얼굴이 검게 그을린 아저씨가 날쌔게 달려오더니 잽싸게 공을 몰고 갔다. 마찰만 없다면 구르는 공은 관성의 법칙으로 계속 굴러간다. 게다가 저항까지 없다면 가속도가 붙어 점점 빨라진다. 그때는 멈출 방법이 없다. 손을 쓸 겨를도 없이 빵 터지고 만다. 몸과 마음은 하나다. 몸이 바뀌면 마음도 바뀐다. 마음이 바뀌면 몸도 바뀐다. 바뀌야 살 수 있다. 거꾸로 된 것들을 원래대로 되돌려야 한다.

거꾸리에 매달려 땅을 향해 팔을 뻗었다. 뼈마디에서 우두둑 소리가 났다. 어긋나고 틀어졌던 것들이 제대로 아귀가 딱딱 맞는 느낌이었다. 발아래를 내려다보니 나뭇가지 사이로 흰긴수염고래처럼 생긴 구름 하나가 느릿느릿 헤엄치고 있었다. 바늘 없는 낚싯대를 드리운 강태공이 되어 한가롭게 바다를, 아니 하늘을 멍하니 바라봤다. 그 순간 전해질 음료처럼 평온이 온몸으로 스며들면서 마음이 차분해지고 편안해졌다. 단박에 내리쳐야 한다. 단칼에 끊어야 한다. 알아차렸으면 행동으로 옮겨야 한다. 그래야 나아질 수 있다. 바뀔 수 있다. 변화될 수 있다. 술과 커피를 마시지 않기로 다짐했다. 산에서 내려오는 발걸음이 어느 때보다 가벼웠다.

명상적 영화. 하나

일일시호일

2018년 오모리 타츠시 감독

    스무 살 대학생 노리코는 평생을 바칠 만한 무언가를 찾고 싶지만, 정작 자신이 무엇을 하고 싶은지 명확히 알지 못한다. 그러던 중 노리코는 엄마의 꼬드김과 사촌 미치코의 부추김으로 얼떨결에 다도를 배우게 된다. 오래된 전통 가옥에서 다실을 운영하는 다케타는 신록의 계절에 두 젊은이가 온 것은 남쪽에서 훈풍이 부는 것과 같다며 노리코와 미치코를 반갑게 맞이한다. 다도 수업은 차수건을 접는 기본적인 것부터 시작한다. 다케타는 잘못 익히면 나쁜 버릇이 든다며 작은 것 하나하나도 놓치지 말고 차근차근 자연스럽게 몸에 배도록 집중하라고 일러준다.

찻잔을 닦고, 찻물을 끓이고, 차를 우려서 손님에게 드리는 일련의 과정에는 연극과 무용처럼 정확한 동작과 일정한 순서가 있다. 언뜻 보기에는 금세 따라 할 수 있을 것 같지만 말처럼 쉽지 않다. 자꾸 틀리고 허둥댄다. 초심자인 노리코와 미치코는 차 한 잔 마시는데 왜 이렇게 규칙이 많고 절차가 복잡한지 이해할 수 없다.

차는 형식이 먼저예요

다케타는 차는 형식이 먼저고 그다음에 마음을 담는 거라고 알려준다. 노리코는 다도가 어렵고 힘들다. 신나지도 않고 재미있지도 않다. 그런데 묘하게 끌린다. 이런저런 핑계 삼아 수업에 빠지려고 해도 어느새 몸과 마음은 다실로 향하고 있다. 그렇게 꾸준하게 배우고 익히다 보니 몸이 알아서 움직이고 있다는 걸 깨닫는다. 막힘없이 술술 풀어나가는 느낌이 든다. 자신감이 충만해지면서 기분이 좋아진다. 그런데 갑자기 다케타가 방식을 바꾼다. 계절마다 다르다는 것이다. 노리코는 당황하여 우왕좌왕한다. 초보로 되돌아간 것 같다. 한 발짝 다가갔더니 열 발짝 멀어지는 것 같다. 다시 다도가 어려워진다.

대학 졸업을 앞둔 노리코는 미래에 대한 불안과 희망 사이에서 갈등한다. 출판사 취업을 바라면서도 아직 실력이 부족하다고 판단해 도전할 엄두를 내지 못한다. 그렇다고 꿈을 포기하면서까지 평범한 회사원이 되고 싶지는 않다. 또 그렇다고 아까운 청춘을 허송세월로 흘려보내고 싶지도 않다. 노리코는 학생 신분이 아닌 사회인으로 제 몫을 해내야 한다는 압박감에 하루하루가 초조하다.

해가 바뀌고 세월이 흐르면서 다실에도 새로운 강습생들이 들어온다. 노리코도 어엿한 선배가 됐지만 다도의 세계는 여전히 안갯속이다. 그래도 위안이 되는 건 감각이 조금씩 열린다는 것이다. 족자에 적힌 글자를 머리로 읽지 않고 그림처럼 감상할 수 있으며, 온도에 따라 달라지는 미세한 물의 소리도 음미할 수 있게 된다.

노리코가 대학을 졸업한 지도 3년이 지난다. 미치코는 회사를 그만두고 결혼하겠다고 선언한다. 노리코는 거침없이 전진하는 불도저처럼 자신의 삶을 일궈가는 미치코가 부럽다. 반면 어중간하게 머물러 있는 자신이 한심스럽다. 영영 제자리 뛰기만을 반복할 것 같은 불안감이 든다. 마침내 굳게 결심하고 출판사 취직에 도전하지만 아쉽게 고배를 마신다. 설상가상 결혼을 약속했던 연인의 배신까지 겪으면서 오랜 관계도 끝이 난다.

불행은 떼를 지어 다닌다고 하더니 뜻대로 되는 일이 없다. 노리코는 만사가 귀찮고 매사가 성가시다. 최선을 다한다고 행복이 오고 열심히 노력한다고 행운이 오는 것도 아니었다. 그런데 그런 무기력과 무의지 속에서도 발걸음은 신기하게 다실을 향한다. 다케타는 수업은 언제든지 그만둬도 되니 편안하게 오라며 노리코를 다독인다. 꾸준히 차를 우리고 마시면서 어느새 아픈 상처는 아물고 어느덧 고통스러운 기억도 잊힌다. 그리고 추운 겨울이 지나고 따뜻한 봄이 오듯 노리코에게도 새로운 사랑과 희망이 찾아온다.

똑같은 날은 다시 오지 않아요

서른이 넘어 독립 생활을 시작한 노리코는 가족과 연락이 뜸해진다. 아빠가 집 근처에 왔는데도 다른 일 때문에 얼굴을 보지 못한다. 그러던 어느 날 갑자기 아빠가 의식을 잃고 쓰러져 영원히 눈을 뜨지 못한다. 노리코는 후회하고 자책한다. 무언가 중요한 것을 놓친 거 같아 가슴이 미어진다. 평소 누누이 당부했던 다케타의 말이 노리코의 마음에 깊이 스며든다. 매일의 차 한 잔이 생애 단 한 번이라는 것을 비로소 깨닫는다. 슬픔조차 벚꽃잎처럼 흩날려 추억이 된다는 스승의 위로에 노리코는 고개를 끄덕인다.

노리코는 고요한 다실에서 차를 음미하다가 별안간 세차게 쏟아지는 빗소리에 귀를 기울인다. 그 순간 벼락처럼 깨달음이 찾아온다. 지나간 것도 다가올 것도 지금 여기 없다. 그러면서 노리코는 마음먹는다. 비 오는 날엔 빗소리를 듣고, 눈 오는 날에는 눈을 보기로 한다. 그렇게 오감을 열고 온몸으로 그 순간을 맛보기로 한다.

매일매일이 좋은 날

시간은 흐르고 흘러 노리코는 중년을 맞이한다. 많은 것이 변했지만 여전히 다도의 끈을 놓지 않고 있으며 다케타와의 인연도 계속해서 이어가고 있다. 구순을 바라보는 다케타는 같은 일을 반복하는 것은 행복한 일이라며 새해 첫 다도 모임에 대한 소회를 밝힌다. 그러고는 노리코에게 후배들을 가르쳐 보라고 권유한다. 가르치면서 배우는 게 많아진다는 것이다. 노리코는 다실에 처음 왔을 때 액자에 적힌 '일일시호일日日是好日'의 뜻을 이제는 알 것 같다. 다도를 접하지 않았다면 몰랐을 것 같다. 다케타라는 훌륭한 스승을 만나지 않았다면 몰랐을 것 같다. 모르고 넘어갔을 세상의 것들에 대해 이제는 알 것 같다. 인생을 알 것 같다. 노리코는 다케타에게 미소로 회답한다.

일본의 다도茶道는 5백 년 가까이 이어져 내려온 대표적인 전통문화다. 헤이안 시대에 에이추 선사가 당나라에서 가져온 차나무의 씨를 일본에 처음 심었다고 한다. 가마쿠라 시대에 이르러 상류 계급을 중심으로 본격적으로 유행하다가 15세기 중반 무로마치 시대를 전후로 일반인들도 즐기게 되었다. 이 무렵 차 문화는 전환점을 맞이한다.

무사와 귀족들의 생활이 궁핍해지면서 화려하고 사치스러운 다회가 점차 사라지고 엄숙한 분위기에서 간소하고 질박한 다기로 차를 음미하는 다도가 시작됐다. 이런 문화를 이끈 건 불교 선종의 종파인 임제종의 승려들이었다. 다도의 시조로 불리는 무라타 주코와 다도를 중흥시킨 다케노 조오, 다도의 성인으로 추앙받는 센노 리큐가 그 주역이다.

와비사비 わびさび

불완전하고 단순한 것을 뜻하는 '와비わび'와 오래되고 낡은 것을 뜻하는 '사비さび'가 묶인 '와비사비わびさび'는 일본의 대표적인 전통 미의식을 가리키는 말이다. 여기에는 겉치레보다 내면적인 가치를 추구하고 완벽하지 않은 아름다움을 받아들이는 삶의 방식이 담겨 있다.

센노 리큐는 와비사비의 위대한 실천자였다. 그는 겨우 두 명이 마주 앉으면 꽉 찰 정도로 다실을 소박하게 지었다. 내부에는 차를 끓여 마실 수 있는 최소한의 다구들만 있었으며, 장식이라고는 벽에 걸린 족자와 꽃 한 송이 꽂혀 있는 화병이 전부였다. 불필요한 군더더기들을 덜어서 잡념과 욕망을 비우고 여백의 공간에서 아름다움과 평온을 끄집어내려는 의도가 깃들어 있다. 그의 이런 미학적인 감각은 후대의 건축과 예술 전반에 폭넓은 영향을 미쳤다.

좋은 디자인은 가능한 한 최소한으로 디자인하는 것이다.
— 디터 람스

독일 가전 회사 브라운에서 총괄 디자이너였던 디터 람스는 좋은 디자인은 사용하기 쉬우면서 유용해야 하며 오래 쓸 수 있어야 한다는 철학을 갖고 있었다. 그의 디자인은 조잡하거나 복잡하지 않고 간결하면서도 실용적이었다. 한마디로 미니멀리즘의 극치라 할 수 있다. 그는 자신이 직접 디자인한 주택에서 50년 동안 거주하고 있다. 집 마당 정원을 일본식으로 꾸며 놓았는데 절제되면서도 정밀한 구조를 지닌 일본의 전통 건축물에서 깊은 영감을 받았다고 한다. 애플의 최고 디자인 책임자였던 조나단 아이브가 가장 존경하는 디자이너가 바로 디터 람스다. 그래서 애플의 디자인에서도 디터 람스의 미니멀리즘을 엿볼 수 있다.

전 세계인들이 사용하고 있는 애플의 휴대전화와 컴퓨터에는 다도의 철학이 담겨 있다. 다도는 불교에 뿌리를 두고 있다. 불교는 고타마 싯다르타의 가르침이 바탕에 깔려 있다. 무관해 보이는 것들이 사실은 내밀하고 긴밀하게 연관된 것이다. 시공간을 초월하면서도 끊어지지 않고 이어져 내려올 수 있었던 것은 우리가 도달해야 할 무언가를 지니고 있기 때문이다. 근원적이고 본질적인 우리의 참모습을 비추고 있기 때문이다.

| 하나의 질문 | 차는 무엇인가 |

차나무의 원산지는 중국이다. 중국 윈난성에는 수령이 3천 년이 넘는 차나무가 자생하고 있으며, 2억 5천만 년 전으로 추정되는 찻잎 화석도 발견됐다.

중국 신화에도 차에 대한 이야기가 전해진다. 삼황 중 하나인 신농은 배가 투명해서 음식을 먹으면 어떤 작용이 일어나는지 볼 수 있었다고 한다. 어느 날 신농은 다양한 풀을 맛보다가 100여 가지의 독에 중독되었다. 고통스러워 잠시 나무에 기대었는데 그때 나뭇잎 하나가 입안으로 떨어졌다. 얼떨결에 잎을 삼켰더니 고통이 순식간에 사라졌다. 신농은 이 나무에 '차茶'라는 이름을 붙였다.

기록에 따르면 기원전 3백 년경 일부 지역에서 마시던 차는 진시황이 중국을 통일하면서 전국으로 퍼졌으며 주로 귀족층이 즐겼다고 한다. 당나라에 들어서 서민들도 차를 접하게 되었으며, 다신茶神으로 일컬어지는 육우는 세계 최초의 다서茶書이자 차에 관한 최고의 경전으로 꼽히는 '다경茶經'을 집필했다. 다경은 3권으로 구성되어 있다. 상권에서는 차의 기원과 제조법, 중권에서는 차 도구, 하권에서는 차 우리기와 음용법이 기록되어 있다. 우리나라는 통일신라 흥덕왕 때 당나라에 사신으로 갔던 김대렴이 차 씨앗을 가져와 지리산에 심었다고 한다.

차는 만드는 방법에 따라 녹차, 백차, 청차, 황차, 홍차, 흑차로 나뉘는데 이를 가리켜 6대 다류라고 한다. 모두 카멜리아 시넨시스라는 학명을 지닌 차나무의 잎을 달이거나 우린 것이다. 그러므로 원칙적으로는 생강차, 오미자차, 쌍화차, 대추차, 인삼차 등은 차가 아닌 생강탕, 오미자탕, 쌍화탕, 대추탕, 인삼탕으로 불리는 것이 맞다. 그러나 실생활에서 관습적으로 쓰고 있으므로 찻잎 음료와 구분하기 위해 대용차라고 한다.

녹차綠茶는 찻잎의 산화를 막기 위해 '살청殺靑'이라는 과정을 거치는데 뜨거운 솥에 넣고 덖거나 증기로 찐다. 그런 뒤

유효 성분이 잘 우러나도록 찻잎을 비빈 다음 건조한다. 찻잎의 채취 시기 및 크기에 따라 녹차를 분류하는데 이른 봄에 딴 작고 어린 새순으로 만들수록 등급도 높고 가격도 비싸게 책정된다. 24절기 중 곡우를 기준으로 전후 5일 정도에 딴 최고급 차를 우전차 또는 첫물차라고 한다. 입하 무렵에 딴 차는 입하차 또는 두물차라고 한다. 여름과 가을에 딴 차는 각각 하차와 추차 또는 끝물차라고 한다. 크기에 따라서는 작은 것부터 세작細雀, 중작中雀, 대작大雀으로 나뉘는데 찻잎이 참새의 혀처럼 생겨서 붙여진 이름이다.

백차白茶는 하얀 솜털이 덮인 어린싹으로 만드는데 차를 우려낸 탕색이 맑아서 붙여진 이름이다. 채취 시기와 모양에 따라 백호은침, 백목단, 공미, 수미로 나뉜다. 청차青茶는 대만의 오룡 품종으로 만든 차가 유명해지면서 우롱차라고 불린다. 대표적인 대만의 우롱차로 백호우롱이 있는데 영국 빅토리아 여왕이 이 차를 마시고 짙은 꽃향기에 입을 다물지 못했다고 한다. 이때부터 동방에서 온 향기로운 차라는 뜻의 '동방미인'이라는 별칭이 붙었다.

황차黃茶는 살청이 끝난 찻잎이 통풍되지 않게 꼭 덮어 황변黃變을 일으키게 하는 '민황悶黃'이라는 특별한 산화 과정을 거친다. 이렇게 되면 떫은맛은 줄어들고 감칠맛은 늘어난다.

황차는 제다 과정이 복잡하고 시간이 오래 걸려 중국에서도 일부 지역에서만 생산된다.

홍차紅茶는 찻잎이 산화되어 탕색이 붉은빛을 띠는 차를 뜻한다. 영어로 그대로 옮기면 레드티Red Tea가 맞지만, 서양에서는 찻잎이 검어서 블랙티Black Tea라고 한다. 400년 전 중국 푸젠성의 어느 산골 마을에 청나라 군대가 쳐들어왔다. 모두 피신해 텅 빈 마을에 들어온 병사들은 찻잎을 보관해둔 광에 들어가 한동안 머물렀다. 나중에 마을 사람들이 돌아와 찻잎을 살펴보니 엉망이 돼 있었다. 힘들게 거둔 찻잎을 버릴 수 없어 소나무 가지를 태워 말렸다. 이렇게 차를 만들었더니 의외로 유럽 상인들의 반응이 좋았다. 최초의 홍차는 이렇게 탄생했다.

프랑스가 와인의 나라라면 영국은 홍차의 나라다. 1662년 포르투갈 공주 캐서린 브라간사가 영국 찰스 2세와 정략결혼을 하면서 처음 홍차를 영국으로 가져왔다. 그녀는 홍차뿐만 아니라 일본의 다기와 중국의 도자기도 영국 귀족들에게 소개했다. 당시 영국인들은 점심을 거르고 하루에 두 끼만 먹었다. 그러다 보니 저녁 식사까지 배고픔을 참아야 했다. 1820년 베드퍼드 공작 부인은 홍차와 더불어 샌드위치와 스콘 등 가벼운 먹을거리를 준비해 파티를 열었다. 이렇게 시작된 '애프터눈 티'는 점차 일반인들도 즐기게 되면서 영국의 고유한 문화로 자리매김했다.

1755년 영국은 프랑스령이었던 북아메리카를 차지하기 위해 전쟁을 벌였다. 7년 동안 이어진 전쟁에서 영국은 승리했지만 상당한 비용이 지출됐다. 1773년 영국 의회는 재정난을 해결하기 위해 홍차 조례를 제정했다. 이 법은 영국 동인도 회사가 북아메리카 13개 식민지에 관세 없이 홍차를 직접 판매할 수 있도록 한 것이다. 가격이 절반으로 낮아지면서 식민지의 소비자들은 반겼지만, 밥줄이 끊긴 밀수업자들은 불만이 폭발했다.

같은 해 겨울 미국 보스턴 항구에 '자유의 아들들'이라는 비밀 결사 단체 100여 명이 원주민 복장을 하고 어둠을 틈타 동인도 회사 소유의 무역선에 올라탔다. 그러고는 화물칸에 쌓아 놓은 342개의 상자를 부수고 그 안에 있던 홍차들을 모두 바다에 쏟아 버렸다. 이에 분노한 영국은 보스턴 항구를 폐쇄하고 미국의 자치권을 완전히 박탈했다. 미국도 내부적으로 반발이 거세지면서 이듬해인 1775년 독립 전쟁을 일으켰다.

영국은 홍차가 대중화되면서 수입량도 기하급수적으로 늘어났다. 당시 수출국이었던 청나라에서는 영국인들은 홍차

없이는 살 수 없는 사람들이라고 비아냥거릴 정도였다. 홍차로 인해 막대한 무역 적자를 기록한 영국은 이를 만회할 물품을 찾았다. 바로 아편이다. 영국은 인도에서 값싼 아편을 구해 청나라에 판매했다. 상황은 역전됐다. 아편으로 인해 청나라는 재정 적자에 시달렸고 국민들은 건강이 악화했다. 심각한 무역 갈등을 빚은 두 나라는 급기야 전쟁으로 치달았고 청나라가 패하면서 난징 조약이 체결됐다. 이 조약으로 청나라는 홍콩을 영국에 넘기게 됐다.

흑차黑茶는 햇볕에 말린 뒤 오래 묵히거나 물을 뿌려 미생물로 발효시킨 차로 어둡고 진한 탕색을 띤다. 보이차가 대표적인 흑차인데 차마고도 지역의 교역 거점 중 하나인 중국 윈난성의 푸얼현이라는 마을에서 주로 거래되었다고 해서 붙여진 이름이다. 홍차와 달리 잎 자체의 효소에 의해 산화되는 것이 아니라 효모균에 의해 발효된다.

흑차는 크게 생차와 숙차로 나뉘는데 생차生茶는 약간 숙성한 것이며, 숙차熟茶는 생차를 오래 묵혀 숙성한 것이다. 그런데 시간을 단축하기 위해 물을 뿌려 강제로 숙성한 것도 숙차로 통용되고 있다. 1900년대 중국 유산 계급의 전유물이었던 생차는 1960년대 문화 대혁명 등 정치적 영향으로 생산이 막혔다. 오래된 생차인 '노차老茶'를 구하기 어려운 건

이런 이유에서다. 2019년 홍콩 옥션에서는 약 2,320g 미개봉 보이차 '송빙호'가 약 26억 원에 낙찰됐다.

하나의 질문 | 차는 커피와 어떻게 다르고 무엇이 같은가

에티오피아에서 발원한 커피는 이슬람 세력의 확장과 함께 전 세계로 퍼졌다. 14~15세기 예멘으로 들어온 커피에 대해 이슬람 율법 학자가 종교적으로 허용된 음식이라는 율법 해석을 내렸다. 15세기 말 이슬람의 성지 메카로 전파된 커피는 예배를 드릴 때 졸음을 쫓는 용도로 마셨으며, 16세기 무렵에는 사교 모임 장소인 카흐베하네라는 커피 하우스도 생겼다. 견해가 다른 보수적인 학자들은 커피가 정신에 악영향을 미치는 술과 같다며 비난했으며, 이들의 추종자들은 카흐베하네를 습격하기도 했다. 그럼에도 커피 문화는 이슬람권 대부분을 지배하던 오스만 제국을 중심으로 각지에

퍼져 나갔다.

기독교 문화권이었던 유럽은 커피를 이교도의 음료, 이슬람의 와인, 악마의 유혹, 사악한 나무의 검은 썩은 물 등으로 부르며 헐뜯었다. 사제들도 당시 교황이었던 클레멘스 8세에게 신자들이 커피를 마실 수 없도록 청원을 냈다. 그런데 사탄의 음료가 얼마나 유해한지 직접 마셔 본 교황은 그 맛에 반하고 말았다. 이교도들만 마시도록 놔두기엔 너무나도 아깝다며 극찬했다. 심지어는 커피에 세례까지 내리며 축복했다. 이를 계기로 커피는 유럽 전역으로 빠르게 확산하며 대중화됐다.

신라 시대에 차는 불교의 전래와 함께 들어왔다. 불교를 국교로 숭상했던 고려 시대에는 왕이 손수 불공에 쓸 말차를 제조했다. 승려들이 즐기는 차는 궁중의 차가 되었으며 모든 국가 행사에 차를 올리는 '진다의식進茶儀式'이 거행되었다. 차를 관리하던 관청인 다방茶房과 왕실에 차를 공급하던 다촌茶村이 있었으며, 백성들이 차를 마시며 휴식을 취하던 다점茶店도 있었다. '다시茶時'라는 것도 있었는데 조정의 관리들이 업무를 보기 전에 차를 한 잔 마시는 제도이다. 판관이 죄인에게 형량을 구형하기 전에도 차를 한 잔 마셨다고 한다.

조선 시대에는 숭유 억불 정책으로 불교와 더불어 차 문화도 쇠퇴했다. 퇴계 이황은 오늘날에 와서는 제사 때 '진차進茶'가 '진수進水'하는 것으로 되었다고 했고, 율곡 이이도 지금에 와서는 차를 쓰는 예법은 없어졌다고 했다. 임진왜란 이후에는 명나라가 전쟁을 도와준 대가로 요구한 공물에 많은 양의 차가 포함되어 있었다. 이 때문에 야생 차나무가 있는 지리산 남쪽의 백성들은 하루 종일 찻잎을 따야 했다. 견디다 못한 백성들은 산에 불을 질렀다. 이렇게 차는 생활에서 멀어져 점차 사라져 갔다. 반면 일본은 센노 리큐가 특권층만 누리던 차를 간소하고 소박한 다도 양식으로 바꿨고, 나카타니 소엔이 서민들도 질이 좋은 녹차를 쉽고 편하게 우릴 수 있도록 센차 가공법을 개발했다. 차와 마찬가지로 불교도 종교가 아닌 문화로서 생활 속에 스며들었다.

18세기 영국에서는 방적기의 개량을 시작으로 수공업 방식의 작업장들이 기계 설비를 갖춘 공장제 기계 공업으로 전환되었다. 생산성이 혁신적으로 향상되었지만 공장주들의 욕망은 충족되지 않았다. 기계와 노동자들을 쉼 없이 돌려서 최대한의 이윤을 창출하고 싶었다. 기계는 24시간 내내 가동할 수 있었지만 사람은 그럴 수 없었다. 피로가 누적되면 능률과 효율이 떨어졌다. 그렇다고 휴식 시간을 늘릴 수도 근로 시간을 줄일 수도 없었다. 생산과 비용적인 측면에서 모두 손해였기 때문이다. 해법은 의외로 간단했다. 바로 커피였다. 술과 달리 커피는 정신을 흐트러트리지 않으면서 피로를 빠르게 풀어줬다. 매일 강도 높은 업무에 시달리는 노동자들도 커피를 자양 강장제로 여겼다.

노동 생산성이 향상하면서 세계 경제도 급속하게 성장했다. 점점 치열해지는 기업 간 경쟁 구도에서 속도는 중요한 요소였다. 커피도 이런 흐름에 부응했다. 1900년 힐스 브라더스라는 회사가 진공 포장된 커피 제조에 성공했으며, 이듬해 일본계 미국인 과학자 사토리 카토가 인스턴트 커피를 발명했다. 1938년 스위스 식품 기업 네슬레 소속 연구원들이 에스프레소 커피를 개발했으며, 1947년에는 아킬레스 가찌아가 에스프레소 추출기를 발명했다. 다량의 커피를 빠르게 제조하고 공급할 수 있는 시스템이 마련되면서 스타벅스와 같은 커피 프랜차이즈 기업들이 탄생했다. 만성 피로에 시달리는 현대인들에게 언제 어디서나 아무 때고 마실 수 있는 커피는 노동과 무관하게 하나의 일상이 되었다.

1896년 영국의 발명가 A.V. 스미스는 찻잎을 거즈에 싼 형태의 티볼Tea ball을 발명했다. 1903년 미국의 두 여성 로버타 로슨과 메리 몰러렌은 면포를 바느질해서 만든 찻잎 거름망Tea leaf holder을 발명했다. 지금의 티백과 유사했지만 인기를 끌지는 못했다. 1908년 미국의 무역 중개상 토머스 설리번은 시음용 찻잎을 작은 비단에 담아 고객에게 보냈다. 그런데 의도와 달리 고객들은 비단을 통째로 물에 담가 차를 우렸다. 뜻밖에 맛도 좋고 사용하기에 편리하다는 반응이었다. 그 이후에 티백의 재질은 꾸준하게 개선됐다. 현재의 종이 티백은 1930년 미국 보스턴 종이 회사의 윌리엄 허만슨이 발명했다. 영국에서는 티백을 미국의 무례한 행동으로 여겼다. 질이 좋은 찻잎을 고급스러운 다기에 담아 천천히 우려서 느긋하게 마시는 게 그들의 문화였기 때문이다. 그럼에도 티백의 발명으로 차는 서민과 대중들에게 다가갈 수 있었다.

현재 전 세계 차 생산량의 60%가 티백 제품이다. 그러나 값싸고 편리한 티백에도 한계와 문제점은 있다. 티백 제품은 빨리 우러나도록 기계로 잘게 부순 찻잎을 쓰는데 대체로 품질이 떨어진다. 이런 이유로 오래 우리면 떫고 쓴맛이 난다. 최근 티백에 대한 유해성 논란이 일었다. 티백으로 차를 끓이면 119억 개의 미세 플라스틱 조각과 31억 개의 나노 플라스틱 조각이 검출된다는 것이다.

커피가 정신적 스트레스와 육체적 피로의 빠른 해소에 중점을 둔다면 차는 정신과 육체의 완만한 균형에 방점을 둔다. 중국과 대만의 다예茶藝, 일본의 다도茶道, 한국의 다례茶禮를 보더라도 형식과 절차를 중요하게 따진다. 그래서 느릴 수밖에 없다. 제대로 즐기고 온전한 맛을 느끼려면 그럴 수밖에 없다. 차는 느림으로 완성된다.

카페인은 가장 널리 사용되는 향정신성 약물이다. 전 세계 성인의 90%가 매일 일정량의 카페인을 섭취한다. 1819년 독일의 대문호 괴테는 친구인 과학자 프리들리프 페르디난트 룽게에게 모카커피를 주면서 어떤 성분이 사람들을 각성시키는지 알아봐 달라고 부탁했다. 연구를 거듭한 끝에 룽게는 커피에서 유효 성분을 추출해 '카페바제'라는 이름을 붙였다. 이 무렵 프랑스의 과학자 피에르 장 로비케와 피에르 조세프 펠르티에도 커피에서 각성 물질을 발견하고 '카페인'으로 명명했다. 카페인으로 널리 쓰면서 카페바제라는 명칭은 사라졌다.

카페인은 중추 신경계를 자극하면서 여러 가지 작용을 일으킨다. 첫째, 에너지 대사를 촉진해 운동 능력을 향상한다. 둘째, 뇌를 흥분시켜 행복감을 느끼게 한다. 셋째, 도파민을 증가시켜 집중력을 높인다. 넷째, 아데노신 수용체에 작용해 뇌가 피로감을 느끼지 못하게 한다. 카페인은 커피나무가 곤충이나 동물로부터 자신을 보호하기 위해 만든 일종의 독이다. 적정량은 약이 될 수도 있지만 과다 섭취하면 몸에 해롭다. 또한 지속적인 섭취로 의존성이 생기면 불안, 집중력 저하, 우울감 등이 나타날 수 있다. 카페인의 치사량은 약 10,000mg이다. 시중에서 판매하는 아메리카노 한 잔에는 대략 200mg의 카페인이 들어 있다.

2002년 미국의 타임지는 녹차와 더불어 토마토, 귀리, 아몬드, 마늘, 브로콜리, 시금치, 적포도주, 연어, 블루베리를 세계 10대 슈퍼 푸드로 선정했다. 슈퍼 푸드는 미국 식품영양학 분야의 최고 권위자인 스티븐 프렛 박사가 언급한 용어로 영양이 풍부하고 우리 몸의 면역력을 증가시켜 노화를 늦춰주는 생리 활성 물질을 다량 함유하는 식품을 지칭한다.

녹차도 커피처럼 카페인이 있지만 카테킨과 테아닌도 함유하고 있어 카페인의 흡수를 억제하는 동시에 빠르게 배출시킨다. 녹차의 떫은맛을 내는 카테킨이라는 항산화 성분은 체내 활성 산소를 제거한다. 활성 산소가 많으면 염증을 유발하는 사이토카인이 많이 분비된다. 테아닌이라는 아미노산은 행복 호르몬이라고 불리는 세로토닌의 분비를 촉진해 스트레스로 인한 긴장을 완화한다. 또 녹차에는 타닌이라는 성분도 있는데 세균, 바이러스, 진균 같은 독소를 몸 밖으로 빼준다. 이러한 녹차의 효능을 보면 중국 신화의 신농이 중독되었다가 찻잎을 먹고 곧바로 해독됐다는 이야기는 마냥 허황되게 꾸며낸 것은 아니다.

하나의 질문

왜 차와 명상은 하나인가

  불교 선종에서는 차나무에 얽힌 이야기가 전해져 내려온다. 보리달마는 남천축국 향지왕의 셋째 아들로 본명은 보리다라이다. 스승인 반야다라가 모든 법을 통달하였다고 하여 붙여준 이름이다. 나중에 사람들은 그를 달마 대사로 불렀다.

  달마 대사는 동쪽 중국으로 가서 불법을 전하라는 스승의 뜻을 받들어 인도를 떠났다. 불심이 깊었던 양나라 무제는 그가 중국에 도착했다는 소식을 듣고 기뻐하며 황궁으로 초청했다. 무제는 자신이 사찰을 짓고 승려를 양성했으니 공덕이 크지 않겠냐고 자랑하자, 달마 대사는 아무런 공덕도 없을 뿐만 아니라 지옥에 떨어지지 않으면 다행이라며 퉁명스럽게 답했다. 이에 무제는 불교를 위해 노력한 것을 인정받지 못하자 몹시 당황했다. 달마 대사는 욕망의 집착을 내려놓지 않고 마음의 진리를 깨닫지 못한다면 수만 개의 사찰과 불상과 불탑을 지어도 공덕은 털끝만치도 없다며 꾸짖었다.

황궁을 나온 달마 대사는 쑹산 소림굴로 들어가 벽을 마주하고 앉아 9년 동안 잠도 자지 않고 수행했다. 그런데 선정禪定에 드는 도중 자꾸 졸음이 왔다. 도저히 안 되겠다 싶어 속눈썹을 모조리 뽑고 눈꺼풀을 손톱으로 잘라 버렸다. 달마도達磨圖에서 눈꺼풀이 없는 부리부리한 눈으로 그려진 것은 이런 이유에서다. 그리고 잘린 속눈썹과 눈꺼풀은 땅에 떨어져 싹을 틔우더니 차나무가 되었다. 그 후 수행하는 승려들은 달마 대사의 용맹정진을 본받아 늘 깨어 있기 위해 차를 마시는 것이 생활화되었다.

끽다거喫茶去

당나라 시대의 선승 조주 대사는 차를 선禪의 경지로 끌어올렸다. 어느 날 수행자 두 명이 그를 찾아왔다. 그중 한 명이 불법의 근본 의미를 물었다. 조주 대사는 이곳에 온 적이 있느냐며 되물었다. 수행자가 처음 왔다고 하자 조주 대사는 차나 한잔 들고 가라고 말했다. 이번에는 옆에 있던 다른 수행자가 달마 대사가 서쪽에서 오신 큰 뜻이 무엇이냐고 물었다. 조주 대사는 그에게 똑같은 질문을 했다. 수행자가 한 번 온 적이 있다고 답했더니 조주 대사는 이번에도 똑같이 차나 한잔 들고 가라고 말했다.

옆에서 듣고 있던 원주 스님은 의아했다. 그래서 어째서 처음 온 사람이나 한번 와 본 사람이나 차나 들고 가라고 하는지 그 연유를 물었다. 조주 대사는 조용히 원주 스님을 바라보며 앵무새처럼 자네도 차나 한잔 들고 가라고 말했다. 진의는 아무도 모른다. 아마 조주 대사 본인도 모를 것이다. 그렇지만 차나 한잔 들고 가라는 말을 연거푸 듣다 보면 차를 대충 마시거나 차를 허투루 대하기는 어려울 것이다.

> 아침에 달이는 차는 흰 구름이 맑은 하늘에 떠 있는 듯하고, 낮잠에서 깨어나 달이는 차는 밝은 달이 푸른 물 위에서 잔잔히 부서지는 듯하오.
> ― 다산 정약용 〈걸명소〉

1800년 정치적 후견인이었던 정조가 승하하자 정약용은 가톨릭 신자라는 이유로 신유박해 때 두 형과 함께 경상도로 유배됐다. 셋째 형 정약종은 순교를 택했지만 정약용은 배교하여 사형에서 감형된 것이다. 그 후 큰형 정약현의 사위가 일으킨 사건에 연루되어 전라도 강진으로 다시 유배지를 옮겼다. 죄인과 얽히고 싶지 않았던 마을 사람들은 그를 외면했다. 심지어 돌을 던지기도 했다. 다행히 한 주막 주인의 도움으로 흙방에 머물 수 있게 되었다.

정약용은 마음이 산산이 부서졌다. 비통하고 처참했다. 한때는 임금의 총애를 받았는데 한순간에 대역죄인이 되었다. 울분과 분노가 터졌다. 그는 흙방에 틀어박혀 세상과 단절된 채 폐인처럼 세월을 보냈다. 시간이 지나면서 상처는 조금씩 아물었다. 꽁꽁 언 땅을 뚫고 나오는 봄의 새싹과 해맑게 뛰노는 아이들의 천진난만한 웃음소리가 그를 다시 일으켜 세웠다. 주막에 '사의재四宜齋'라는 공간을 짓고 4년을 머물렀다. '사의四宜'란 '생각은 맑게, 용모는 단정하게, 말은 적게, 행동은 무겁게'라는 뜻이다.

1808년 정약용은 강진 만덕산에 위치한 외가인 해남 윤씨의 산정에 방문했다가 주변 경관에 반해 거처를 그곳으로 옮겼다. 만덕산은 차나무가 많아 '다산茶山'이라 불렸다. 그는 여기에 초당을 짓고 아호를 아예 '다산'으로 삼았다. 다산 정약용은 다산초당에서 목민심서를 비롯한 500여 권의 책을 썼다. 그는 걸명소 등 47편의 다시茶詩를 남겼고, 경세유표와 상토지에는 차나무 재배법을 상세히 적어 놓았으며 직접 다원도 가꾸었다.

1818년 정약용은 마침내 18년 동안의 귀양살이를 끝내고 무사히 고향으로 돌아갔다. 그는 암흑의 구렁텅이에 빠졌지만 끝까지 견뎌 냈다. 고통의 수렁에서 허우적거렸지만 끝끝내 이겨 냈다. 차가 분명 힘이 됐을 것이다. 잡념을 떨치고 정진할 수 있는 원동력이 됐을 것이다. 매 순간 몰입할 수 있는 에너지가 됐을 것이다. 다산이라는 호가 그것을 증명하고 있다.

일상다반사 日常茶飯事

티베트는 독립 국가가 아니다. 중국에 속한 자치구다. 면적은 중국 영토의 13%에 달하지만 인구 밀도는 $1km^2$당 2.25명에 불과하다. 인구 270만 명이 거주하는 가장 작은 행정 구역인데 연간 차 소비량은 중국에서 제일 높다. 1인당 $10kg$이 넘는다. 오죽하면 밥은 사흘을 굶어도 차는 하루도

거를 수 없다고 할 정도다. 야크 버터와 차를 함께 섞어 만든 수유차를 하루에 50잔 이상 마신다. 그런데 티베트에는 차나무가 자라지 않는다. 평균 해발 고도가 4,700m가 넘는데 나무가 생존할 수 있는 수목 한계선보다 높다.

차가 티베트에 처음 들어온 것은 중국 당나라 때였다. 당시 티베트고원에는 토번이라는 왕국이 있었는데 33대 왕 손첸캄포가 당나라를 정벌하여 수도 장안을 점령한 뒤 당 태종에게 공녀를 요구했다. 당 태종은 나라의 안위를 위해 문성 공주를 토번으로 시집보냈다. 독실한 불교 신자였던 문성 공주는 불경과 더불어 차를 예물로 가져왔다. 토지가 척박해 채소가 부족했던 티베트인들은 비타민 결핍으로 각종 질환과 통증에 시달렸었다. 차는 단번에 그들을 고통에서 구원했다. 아프지 않으려면 차를 마셔야 했다. 매일 엄청난 양을 마실 수밖에 없었다. 고통이 두려웠기 때문이다.

'일상다반사'는 차를 마시고 밥을 먹는 것처럼 보통 있는 예사로운 일이라는 뜻이다. 티베트인들에게 차는 일상이고 삶이다. 불경의 심오한 경구가 아니다. 그들은 말한다. 차는 피고 살이며 영혼이다.

차마고도 茶馬古道

숨을 쉬듯 차를 마시게 된 티베트인들은 정식으로 당나라에 차를 공급해 달라고 요청했다. 당나라는 북방 유목 민족들과 싸우기 위해 말이 필요했다. 아쉬운 건 티베트였다. 차는 그들에게 생존과 직결됐다. 당나라를 공격했던 위세도 예전만 못했다. 차를 생산할 수 있는 유일한 나라의 비위를 건드릴 수 없었다. 그래서 티베트는 비싼 말을 주고 질 떨어지는 값싼 차를 받았다. 이렇게 두 나라는 정기적인 교역이 이뤄졌고 자연스레 오고 가는 길이 생겼다. 바로 '차마고도'다. 하늘을 나는 새도 넘기 힘들 정도로 높고 쥐가 겨우 다닐 만큼 좁다고 하여 '조로서도鳥路鼠道'라고도 불린다. 실크로드보다 200백여 년 앞선 아시아에서 가장 오래된 교역로다.

차마고도는 험준하고 위험하다. 대부분이 해발 4,000m가 넘는 고산 지대다. 깎아지른 절벽 아래는 아득한 천 길 낭떠러지고 위로는 묵직한 돌덩이들이 수시로 떨어진다. 공중 외줄타기보다 더 아슬아슬하다. 마방이라고 불리는 상인들은 중국 윈난에서 티베트까지 3,800km를 그렇게 죽음을 무릅쓰고 갔다. 차마고도는 단순한 교역로가 아니다. 고단한 인생길이며 엄중한 순례길이다. 생명을 살리는 길이다. 차에는 그런 길이 있다.

다선일여 茶禪一如

차를 마시는 과정은 그 자체로 하나의 수행이다. 먼저 찻잎을 다관에 넣고 뜨거운 물을 붓는다. 잠시 오도카니 기다린다. 우러난 찻물을 천천히 숙우에 따른다. 떨어지는 물소리가 정적을 깨운다. 열기가 누그러진 찻물을 다시 잔에 옮겨 따른다. 연둣빛 찻물이 새하얀 잔을 물들이는 것이 한 폭의 수묵화 같다. 두 손으로 찻잔을 부드럽게 감싸 쥔다. 포근하고 따뜻한 기운이 온몸을 감돈다. 찻잔을 입으로 가까이 대자 은은한 차향이 코끝에서 살랑인다. 살포시 한 모금 머금는다. 우주가 통째로 들어온다.

차는 오감으로 즐긴다. 눈으로 보고 귀로 듣고 코로 맡고 입으로 맛보고 몸으로 느낀다. 미묘하고 세세한 것들까지 모두 놓치지 않으려면 온 힘을 다해야 한다. 감각 너머의 것들까지 붙잡으려면 온 마음을 다 열어야 한다. 한 번 마신 차는 두 번 다시 맛볼 수 없다. 첫 모금이 마지막 모금이다. 차에는 어제와 오늘과 내일이 한데 뭉뚱그려져 있다. 달마 대사도 있고, 조주 대사도 있고, 다산 정약용도 있다. 티베트인의 영혼도 있고, 차마고도의 발자국도 있다. 세상천지와 우주 만물과 삼라만상이 있다.

차 한 잔을 마시는 것은 그 모든 것들과 하나가 되는 것이다. 내가 차가 되고 차가 내가 되는 것이다. 꼭 차일 필요는 없다. 차는 그저 비유이고 상징이고 메타포다. 커피도 상관없다. 콜라도 괜찮다. 중요한 것은 알아차리는 마음이다. 그것만 있다면 무엇이든 된다. 어떤 것이든 가능하다.

명상적
영화.
둘

레퀴엠

2000년 대런 애러노프스키 감독

낡고 허름한 아파트에 혼자 사는 중년의 사라는 TV 시청이 유일한 낙이다. 특히 '태피 티본스 쇼'라는 다이어트 강연 프로그램을 즐겨 본다. 강연자는 몸을 망치는 설탕 같은 정제 음식들을 멀리하라고 목청껏 외친다. 그런 뒤 다이어트에 성공한 아름다운 여인을 소개한다. 방청객들은 광신도처럼 환호한다. 사라는 그 여인이 부럽다. 사람들의 관심과 사랑을 독차지하는 그녀의 날씬한 몸이 탐난다.

사라도 그런 때가 있었다. 왕년에는 누구 못지않게 매력적인 외모와 몸매를 갖고 있었다. 그러나 이제는 늙었다. 머리는 하얗게 세고 얼굴의 주름살은 깊게 패였으며 뱃살은 축

처졌다. 시든 꽃을 좋아하는 사람은 없다. 슬프고 쓸쓸하다. 남편은 죽고 아들은 마약쟁이다. 외롭고 허전하다.

우울한 기분이 들면 달콤한 게 당겼다. 정신없이 허겁지겁 먹고 나면 여지없이 죄책감이 밀려왔다. 속죄하는 마음으로 다이어트 TV 쇼를 보며 살을 빼겠다는 의욕을 불태웠다. 그러나 불안은 금세 고개를 쳐들었고 몸은 홀린 듯이 어느샌가 주방으로 달려가 냉장고 안에 코를 박고 있었다. 매일매일 식탐과 후회가 반복됐다.

그러던 중 한 통의 전화가 온다. TV 쇼에 출연할 기회를 준다는 것이다. 사라는 기쁘고 흥분된다. 벌써 무대의 주인공이 된 거 같다. 장미처럼 붉은 드레스를 입고 반짝이는 황금색 구두를 신을 것이다. 사라는 그렇게 입고 남편과 아들 졸업식 사진을 찍었던 순간을 떠올렸다. 그때가 인생에서 가장 행복했던 순간이었다. 그런데 드레스가 맞지 않는다. 지퍼가 올라가지 않는다. 방송에 출연하려면 살을 빼야 한다. 마음이 다급해진다.

해리는 마약 중독자다. 엄마 사라의 TV를 중고 가게에 팔아서 마약을 살 정도로 심각한 수준이다. 언제부터 인생이 틀어지고 망가지고 무너졌는지 알 수 없다. 삶의 목표도 없다. 그래서 하루하루가 권태롭고 무료하고 지겹다. 멀쩡한 사람들 속에서 멍청하게 있는 게 힘들다. 맨정신으로 있는 게 고통스럽다. 마약을 하고 음악을 들으면 잊을 수 있다. 잊고 싶은 모든 걸 지울 수 있다. 마약을 끊을 수 없는 이유다.

그런데 마리온을 만난 뒤로 막막하기만 했던 앞날에 길이 보인다. 의욕과 의지가 솟구친다. 그리고 난생처음 이루고 싶은 꿈이 생긴다. 그녀의 꿈을 실현하는 것이다. 근사한 의류 매장을 만들어 줄 작정이다. 그러려면 돈이 필요하다. 그런데 밑천 하나 없는 빈털터리 백수건달이 할 수 있는 건 없다. 아니, 아예 없는 건 아니다. 다만 위험이 따를 뿐이다. 그러나 지금은 그런 걸 따질 형편이 아니다. 찬밥 더운밥 가릴 처지가 아니다. 해리는 계획을 실행으로 옮긴다.

마리온도 마약 중독자다. 넉넉한 가정에서 부족한 것 없이 자랐다. 부모님은 딸을 위한 것이라면 아낌없이 지원했다. 적어도 물질적으로는 그랬다. 사랑과 관심에는 서툴렀다. 충고와 조언들도 하나같이 알맹이 없는 껍데기였다. 그래서 늘 마음이 공허했다. 마약에 손을 댄 이유다. 그런데 남자친구 해리는 달랐다. 무일푼이지만 영혼은 충만했다. 말 한마디에도 진실한 마음을 담았다. 그래서 모두 주고 싶다. 해리가 원하는 모든 걸 들어주고 싶다. 설령 그것이 불법을 저지르고 범죄가 된다고 해도 상관없다.

타이론 역시 마약 중독자다. 하는 일도 없지만 하고 싶은 일도 없다. 도시 변두리의 빈민가에 사는 흑인들의 삶이 대개 그렇다. 용쓰고 애써 봐야 거기서 거기고 진흙탕에서 발버둥 쳐 봐야 몸만 더러워질 뿐이다. 가족은 없지만 마음이 통하는 단짝 친구 해리가 있다. 해리는 다른 중독자들과 다르다. 이겨내고 극복하려고 노력한다. 무엇보다 머리가 좀 돌아간다. 어느 날 해리가 사업을 제안한다. 위험천만한 도박이지만 선뜻 받아들인다. 안 할 이유가 없다. 어차피 더 나빠질 것도 없다.

사라는 식단 조절에 들어간다. 다이어트에 관한 책을 보면서 철저하게 절식하고 금식한다. 그러나 습관은 무섭다. 자석이 쇠붙이를 끌어당기듯 냉장고로 자꾸 시선이 돌아간다. 억지로 참고 안간힘을 써도 머릿속은 온통 기름지고 달콤한 음식들로 가득 찬다. 방법은 하나밖에 없다. 약을 먹는 것이다.

해리와 타이론은 마약 유통에 손을 댄다. 대량으로 구매한 마약을 다시 소분해서 판매하는 방식이다. 사업은 순탄하게 진행된다. 주머니가 두둑해지자 해리는 엄마에게 신형 TV를 선물한다. 모처럼 자식 노릇을 한 것 같아 뿌듯하다. 행복은 소소함과 평범함 속에 있다는 걸 깨닫는다. 그렇게 수월하게 흘러가는 듯싶던 사업에 문제가 생긴다. 마약 밀매 조직 간의 세력 다툼에 휘말려 돈줄이 묶인 것이다.

약의 효과는 드라마틱하다. 마술처럼 체중이 확 줄어든다. 뱃살이 몰라보게 쏙 들어간다. 드레스의 지퍼도 잠긴다. 사라는 행복하고 기쁘다. 그런데 야누스의 얼굴처럼 금세 감정이 반대로 바뀐다. 초조하고 불안하다. 안절부절못한다. 정신도 흐릿하고 몽롱하다. 증세는 점점 심해진다. 헛것을 보고 망상에 빠진다. 급기야 방송사에 맨발로 찾아가 다짜고짜 출연시켜 달라고 난동을 부리다가 정신 병원에 수용된다.

마리온은 해리를 위해 성매매에 나선다. 해리는 마리온이 힘들게 번 돈으로 마약을 구매하다가 허탕만 친다. 마리온은 큰돈의 유혹을 뿌리치지 못하고 더 깊은 악의 수렁에 빠진다. 해리와 타이론은 일이 점점 꼬여가면서 마약 중독도 심해진다. 결국 환각에 빠져 있다가 경찰에 붙잡혀 감옥에 갇힌다.

해리는 마약을 투여하다가 생긴 염증이 악화해 한쪽 팔을 잃는다. 사라와 마리온과 타이론도 마찬가지로 육체는 처참하게 파괴되고 영혼은 비참하게 파멸된다. 단 한 번의 선택과 실수로 그렇게 된다.

양귀비의 덜 익은 열매에서 채취한 액을 농축시키면 아편이 된다. 아편의 성분 중 동물에게 독특한 생리 작용을 일으키는 알칼로이드 성분이 모르핀이다. 알칼로이드는 '식물의 물질'이라는 뜻으로 고대부터 의약품으로 사용됐으며 코카인, 카페인, 니코틴이 여기에 해당한다.

1805년 독일의 약사 수습생 프리드리히 제르튀르너는 아편에서 진통 성분을 추출하는 데 성공했다. 그는 그리스 신화에 등장하는 꿈의 신 모르페우스에서 모르핀이라는 이름을 붙였다. 모르핀으로 명예를 얻었지만 임상 실험을 너무 자주 했던 탓에 그는 우울증과 중독증으로 고통스러운 말년을 보냈다.

1893년 일본 도쿄 의대 교수인 나가이 나가요시는 새로운 감기약을 개발하던 중 한약재인 마황에서 강력한 각성 효과가 있는 메스암페타민 성분을 추출했다. 일본의 한 제약 회사는 이 성분이 들어간 피로 해소제인 '히로뽕(필로폰)'을 판매했다. 이 상품명은 노동을 사랑한다는 뜻의 그리스어 '필로포누스'에서 따왔다.

1940년 나치 독일은 프랑스 침공 당시 메스암페타민 계열의 '페르비틴' 3,500만 정을 병사들에게 지급했다. 이 약을 먹은 병사들은 피로를 느끼지 않아 나흘 가까이 잠을 자지 않고 진군했으며, 전쟁에 대한 공포와 살인에 대한 거부감이 사라져 포탄과 총탄이 빗발치는 전장에서 맹렬하게 돌격했다. 1944년 나치 과학자들은 메스암페타민, 코카인, 옥시코돈을 섞은 'D-IX'라는 군용 마약을 개발했다. 강제 수용소에 수감된 사람들을 대상으로 인체 실험을 한 결과 20㎏ 배낭을 메고 하루 90㎞를 쉬지 않고 행군했다. 나치당의 지도자인 아돌프 히틀러는 1945년 4월 30일 지하 벙커에서 사망한 날에도 필로폰이 포함된 마약 주사를 9차례나 맞은 것으로 알려졌다.

기원전 3천 년 잉카 제국의 원주민들은 코카나무의 잎을 껌처럼 씹거나 차로 우려 마셨다. 마취 효과가 강력해 두개골을 절개하는 수술에도 사용했다. 1860년 코카나무의 잎에서 각성 효과를 일으키는 물질이 분리되어 코카인으로 명명됐다. 이 당시에는 와인에 아편을 넣은 '아편 팅크'가 유행이었다. 그러나 아편 전쟁으로 아편에 대한 인식이 안 좋아지면서 코카인이 그 자리를 대신했다. 이렇게 탄생한 '뱅 마리아니'는 선풍적인 인기를 끌었다. 프랑스 소설가 에밀 졸라, 미국의 발명가 토머스 에디슨, 영국의 빅토리아 여왕, 교황 레오 13세도 뱅 마리아니를 즐겼다.

미국의 약사 존 펨버턴은 뱅 마리아니를 모방해 '프렌치

와인 코카'라는 두통 치료제를 출시했다. 그런데 1886년 미국 당국에서 금주령을 선포하자 와인을 탄산수로 대체하고 설탕과 콜라나무 열매 추출액을 첨가해 지금의 코카콜라를 만들었다.

1898년 독일의 다국적 제약사 바이엘은 모르핀을 개량해 '헤로인'이라는 신약을 만들어 약국에서 기침 억제제로 팔았다. 미국은 남북 전쟁 이후 모르핀 중독자가 40만 명이 넘었다. 안전하고 중독성이 없다고 믿은 미국 의사들은 헤로인을 모르핀 중독 치료제로 사용했다. 그러나 실제로는 헤로인의 중독성이 모르핀보다 10배나 높았다. 이런 상황에서 피하 주사기가 가정용 구급상자와 함께 보급되면서 헤로인 중독자는 급속도로 증가했다.

1960년대 록 밴드 벨벳 언더그라운드의 곡 '헤로인'에는 '내 혈관에 이걸 흘려 넣으면 나 자신이 남자처럼 느껴져, 예수의 아들처럼 느껴져, 헤로인은 내 와이프 내 라이프'라는 가사가 담겨 있다. 벨벳 언더그라운드의 멤버였던 존 케일은 한 인터뷰에서 젊은 시절의 자신에게 다음과 같이 조언했다. 마약은 쓸데없는 짓이다. 더 자유롭게 느낀다고 해서 그것이 인간을 더 창의적으로 만드는 것은 아니다.

유엔마약범죄사무소가 공개한 2023년 세계 마약 보고

서에 따르면 전 세계 마약 투약자 수는 2021년 기준 2억 9,600만 명으로 전년 대비 23.3% 늘었다. 우리나라 대검찰청에 따르면 2023년 9월까지 검거된 국내 마약류 사범이 처음으로 2만 명을 넘었다. 전체 마약 사범 가운데 10대와 20대의 비율이 2017년 15.8%에서 2023년 34.2%로 불과 5년 만에 2.4배가 증가했고, 30대 이하가 전체 마약 사범의 59.7%를 차지했다.

미국 질병통제예방센터의 자료에 따르면 2020년 5월부터 2021년 4월까지 미국에서 약물 과다 복용으로 사망한 10만 명 중 80% 이상이 펜타닐 중독으로 사망했다. '좀비 마약'이라고 불리는 펜타닐의 중독성은 헤로인의 100배에 달한다.

과학 기술은 눈부신 속도로 발전해 화성과 목성에 탐사선을 보내고, 인간처럼 생각하고 행동하는 인공 지능과 휴머노이드 로봇을 개발했다. 그러나 마음의 병에 대해서는 여전히 제자리에 머물러 있다. 어쩌면 퇴보하고 있는지도 모른다. 과거에는 없던 중독증이 생겨났고 중독성은 더 강해졌다. 마음을 들여다보지 않기 때문이다. 마음의 소리를 흘려듣기 때문이다.

슈퍼컴퓨터로도 우울함을 풀 수 없다. 자율 주행차를 타도 외로움을 벗어날 수 없다. 초고속 인터넷으로 연결돼도 불안을 끊을 수 없다. 이제는 멈춰야 할 때다. 멈춰서 편안하게 숨을 돌릴 때다. 숨을 돌리고 오롯이 차를 마실 때다. 차를 마시며 마음을 들여다볼 때다. 마음의 소리에 귀 기울일 때다. 그때가 바로 지금이다.

명상적
영화.
셋

행복

2007년 허진호 감독

서울에서 유흥업소를 운영하던 영수는 매일 술독에 빠져 살다가 간경변에 걸린다. 허랑방탕한 생활을 계속하다간 돌이킬 수 없는 지경에 이를 게 불 보듯 뻔하다. 선택의 여지가 없다. 술을 끊는 방법밖에 없다. 환락의 유혹을 이겨내고 퇴폐의 도시에서 벗어나야 한다. 결국 삶과 죽음의 갈림길에서 영수는 주변을 정리하고 집착을 내려놓는다.

애정도 관심도 없이 연인 관계만 유지하던 수연과 헤어지고 운영에 등한시했던 술집도 친구 동준에게 헐값에 넘겨 버린다. 그리고 외국으로 떠난다는 거짓말로 어머니와도 연락을 끊는다. 익숙했던 모든 것들을 뒤로하고 시골로 내려간 영수는 바깥세상과 차단된 아주 깊은 산골짜기의 요양원 '희망의 집'으로 들어간다. 그렇게 살기 위해 욕망과 탐욕이 들끓는 속세를 떠나 고요와 평온의 땅에 발을 내디딘다.

영수는 요양원의 모든 것이 어색하고 낯설고 불편하다. 끼니마다 밍밍한 음식들을 챙겨 먹어야 하고 폐암 말기인 아저씨와 한방을 써야 한다. 군대처럼 일정표대로 생활하고 정해진 규칙을 따라야 하는 것도 귀찮고 짜증이 난다. 그런데 의아하다. 원장부터 환자들 모두가 한결같이 너무나 즐겁고 명랑하다. 아픈 사람들처럼 보이지 않는다. 그중 은희가 유독 그렇다. 폐가 반밖에 남지 않았지만 아직 쓸만하다며 해맑게 웃는다. 8년 간의 투병으로 자기 몸 하나 건사하는 것도 벅찰 텐데 천사처럼 다른 환자들을 살뜰하게 챙기고 돌본다. 영수는 은희가 궁금해진다.

동병상련이네

영수는 그동안 발에 채도록 여자를 만났었다. 철이 지나 옷을 갈아입듯 여자도 그랬다. 쓰고 버리고 다시 사는 그런 것이었다. 그런데 은희는 다르다. 백화점에서는 살 수 없는 것이다. 살랑살랑 부는 바람에 한들한들하는 들꽃 같다. 예전 같았으면 눈길도 주지 않았을 텐데 왜 그런지 자꾸 마음이 간다. 아마 아파서 그런 거 같다.

은희도 이상하게 영수에게 정이 간다. 보기와 다르게 마음도 여리고 겁도 많다. 폐암 말기 아저씨가 스스로 목숨을 끊는 것을 보고 무서워서 혼자서 바들바들 떠는 사람이다. 외롭고 쓸쓸한 남자다. 안쓰럽고 불쌍하다. 곁에서 지켜주고 싶다. 다른 이유는 없다. 나도 아프고 그도 아프기 때문이다.

영수는 은희만 보인다. 세상에 오직 그녀만 있는 것 같다. 함께 있으면 세상만사 모든 근심과 걱정이 싹 사라진다. 그녀는 최고의 진통제다. 놓칠 수 없다. 그래서 함께 살기로 결심한다.

행복의 나라로

영수와 은희는 산 좋고 물 좋은 외딴곳에서 살림을 차린다. 영수는 꿈만 같다. 아무 일 없는데도 빙그레 미소를 짓고 별일이 아닌데도 배시시 웃음이 난다. 그녀만 있다면 모든 게 좋다. 한 이불 덮는 것도 좋고, 서로에게 약을 챙기는 것도 좋고, 마당에서 우스꽝스러운 체조를 하는 것도 좋다. 마냥 기분이 좋으니 몸도 좋아진다. 간 기능 수치가 정상으로 돌아온다. 행복이 따로 없다.

그런데 불안하다. 행복해지니까 마음이 흔들린다. 건강해지니까 술 생각이 난다. 때마침 옛 애인 수연과 친구 동준이 찾아온다. 잊은 줄 알았는데 그리웠나 보다. 수연의 향수 냄새와 동준의 돈 냄새에 심장이 뛴다. 돌이켜보니 그때가 재미있었다. 영수는 엄마 핑계를 대고 서울로 올라간다.

은희도 불안하다. 영수의 눈빛이 예전 같지 않다. 가끔 인상을 쓰고 때때로 신경질을 부린다. 그래도 그런 것쯤은 아무렇지도 않다. 남편의 예전 연인이 와도 대수롭지 않다. 곁에 사랑하는 사람만 있다면 상관없다. 그런데 서울로 올라간 영수가 돌아오지 않는다. 전화도 받지 않는다. 속상하고 화가 난다. 그리고 영영 못 볼까 봐 두렵다.

못생겨졌어

기다리다 지칠 때쯤 영수가 온다. 은희는 반가워서 왈칵 눈물이 난다. 그런데 영수의 얼굴이 무겁다. 서울에서 걱정거리를 한 보따리 이고 와서 그런 모양이다. 뜬금없이 노후자금을 얘기한다. 미래를 대비하고 앞날을 준비해야 한다며 훈계하고 설교한다. 그러면서 이제는 밥을 천천히 먹는 게 지겹다며 투덜거린다. 은희는 직감한다. 사랑의 단물이 빠지자 영수는 물린 것이다. 하루에 열두 번도 바뀌는 게 사람의 마음이지 싶다가도 속이 타고 애가 탄다.

영수는 아예 어린애처럼 바짓가랑이를 붙잡으며 헤어지자고 울고불고한다. 은희는 갈기갈기 찢어지는 가슴을 부여잡고 무작정 달린다. 폐가 반밖에 없어서 죽을 줄 알았다. 그게 덜 고통스러울 것 같았다. 그런데 숨이 턱까지 차오르니 오히려 마음이 편안해지고 기분이 차분해진다. 그렇게 뿌옇던 것들이 가라앉으니 무엇을 해야 하며 어떤 것을 하지 말아야 할지가 분명해진다.

은희는 손수 영수의 짐을 챙긴다. 그런데 막상 떠나보내려고 하니 모질게 먹었던 마음이 모래성처럼 와르르 무너진다. 겨우겨우 밀어 넣었던 눈물이 와락 쏟아진다. 그러나 영수는 야멸차게 은희의 애절한 통곡을 뿌리치고 서울로 올라온다. 제 버릇 개 못 준다고 했다. 영수는 흥청망청 놀고 엉망진창으로 살아간다. 끊임없이 되풀이되는 돌림 노래 같다. 몸은 다시 만신창이가 된다. 폐인이 되어 병원에 있는데 '희망의 집' 원장에게 은희가 위독하다는 소식을 듣는다. 면목도 없고 염치도 없지만 그립고 보고 싶다. 마지막 눈감을 때 곁에 있겠다는 약속을 지키고 싶다.

병상에 누워 영수를 맞이한 은희는 어떤 원망도 하지 않는다. 용서하고 용납한다는 듯 창백한 얼굴로 그저 고개만 끄덕인다. 영수는 가슴이 미어진다. 뉘우치고 후회해도 돌이킬 수 없다. 아무리 울어도 되돌아오지 않는다. 이제 할 수 있는 건 아무것도 없다. 사랑할 때는 사랑이 보이지 않는다. 행복할 때는 행복이 보이지 않는다. 달콤한 욕망 때문이다. 욕망에 중독됐기 때문이다. 그걸 깨닫지 못하고 욕망의 수레바퀴에서 허덕인다. 그게 사람이다.

유대인의 지혜를 담은 탈무드에는 술의 기원에 대한 이야기가 전해진다. 태초의 인간이 포도 씨앗을 땅에 뿌리고 있었다. 악마가 찾아와 호기심 어린 눈으로 무엇을 하고 있느냐고 물었다. 인간이 놀라운 식물을 심고 있다고 답하자 악마는 처음 보는 식물이라고 했다. 인간은 이 식물에는 아주 탐스럽고 달고 맛있는 열매가 열리는데 그 즙을 마시면 아주 기분이 좋아진다고 설명했다.

악마는 자기도 동참하고 싶다며 양과 사자와 원숭이와 돼지를 끌고 왔다. 그러더니 동물들을 모두 죽이고는 그 피를 거름으로 줬다. 이렇게 만들어진 포도주를 조금만 마시면 양처럼 온순해지지만 좀 더 들이키면 사자처럼 사나워진다. 연거푸 더 들이부으면 원숭이처럼 춤추고 노래를 부르며, 벌컥벌컥 퍼마시면 토하고 뒹굴면서 돼지처럼 추해진다. 술은 악마가 인간에게 준 선물이다.

종교마다 술에 대한 관습과 견해가 조금씩 다르다. 불교에서는 승려와 신도들이 지켜야 할 다섯 가지 계율이 있는데 '불음주不飮酒'라고 하여 술을 금하고 있다. 유대교에서는 포도주를 마시는 것은 허용하지만 만취는 금하고 있다. 이슬람의 창시자 마호메트는 술이 하늘과 땅, 어머니와 아내를 구별하지 못하게 한다며 금주령을 내렸다. 그러나 이슬람 국가 중에서 이를 철저하게 지키는 나라는 사우디아라비아를 비롯한 5개국뿐이다. 가톨릭에서는 음주 자체를 죄악시하지 않는다. 다만 이성과 도덕관념을 잃을 정도로 마시는 것은 십계명을 어기는 대죄로 본다. 개신교의 창시자 중 한 명인 마르틴 루터는 맥주 애호가였으며 장 칼뱅도 포도주를 즐겼다. 유학의 기초 경전을 정립한 공자는 오직 술만은 양을 정하지 않고 마시되, 취하여 몸가짐이 흐트러질 지경에 이르러서는 안 된다고 했다.

세계보건기구에서는 알코올이 가장 폐해가 강한 마약이라고 정의하고 있으며, 세계 의학계에서는 알코올이 유전자 변형 물질로 소량의 음주도 위험하다고 경고하고 있다. 알코올 중독의 정식 의학 용어인 '알코올 의존증'은 음주로 인해서 정신적, 신체적, 사회적 기능에 장애를 겪는 것을 의미한다. 우리나라 보건복지부의 통계에 따르면 알코올 의존증 환자는 2018년 1,505,390명에서 2020년 1,526,841명으로 꾸준하게 증가하고 있다.

알코올 의존증은 쾌락에 중독되는 것이다. 알코올이 뇌에 들어가면 도파민이 일시적으로 증가한다. 이 때문에 기분이 누그러지고 걱정이 완화되며 긴장이 해소된다. 그러나 반복적인 음주로 도파민 분비가 계속되면 뇌는 금세 둔감해진다. 더 많은 도파민이 나와야 기분이 좋아지기 때문에 음주량이 늘어나고 폭음이 이어지게 된다. 이러한 악순환이 거듭되면서 중독의 덫에 빠지게 된다.

알코올 의존증은 폐렴, 지방간, 당뇨병, 심장 마비, 기억력 장애, 알코올성 치매, 인격 장애, 우울증 등 여러 가지 합병증을 불러일으킨다. 그리고 사회적으로도 악영향을 끼친다. 우리나라 도로교통공단에 따르면 2018년부터 2022년까지 5년간 전체 교통사고의 8%가량이 음주 운전 사고였으며, 이 기간에 음주 운전으로 1,300여 명이 숨지고 134,000여 명이 다쳤다고 한다.

고락중도苦樂中道

고타마 싯다르타는 '중도中道'를 악기에 비유했다. 한 제자가 아무리 밤낮으로 수행해도 뚜렷한 결과가 없어 고민에 빠졌다. 고타마 싯다르타는 비나라는 현악기를 잘 다뤘던 제자에게 연주할 때 줄이 너무 팽팽하면 어떠냐고 물었다. 제자는 좋은 소리가 나지 않는다고 답했다. 반대로 줄이 너무 느슨하면 어떠냐고 다시 묻자 제자는 역시 좋은 소리가 나지 않는다고 답했다. 이에 고타마 싯다르타가 조용히 미소를 지으면서 의욕이 지나쳐 너무 급하면 초조한 마음이 생기고 열심히 하려는 노력이 없으면 게을러지니 극단적으로 생각하지 말고 항상 가운데 길로 걸어가야 한다고 말했다.

공자의 손자인 자사子思는 자신의 책 '중용中庸'에서 희로애락의 감정이 일어나지 않은 상태를 '중中'이라고 하고, 일어나되 모두 절도가 맞는 것을 '화和'라고 했다. 아리스토텔레스도 미덕이 부족해지거나 반대로 과도해진다면 언제든지 악덕이 될 수 있다며 양극단으로 치우치지 않는 것이 삶의 이상적인 자세라고 했다.

우리는 매일 스트레스에 시달린다. 가정과 학교와 직장 어디에서나 스트레스를 받는다. 크고 작은 스트레스들이 쌓이면 몸에 멍이 들고 마음에 구멍이 난다. 그러면 중심을 잃게 되어 기우뚱거린다. 우울하고 불안해진다. 몸과 마음은 회복 능력을 갖추고 있다. 가만히 두면 천천히 제자리로 돌아온다. 다시 중심을 잡고 균형을 찾게 된다.

그러나 우리는 조급하고 아등바등하고 안달복달한다. 여유가 없고 느긋함이 없다. 그래서 술을 마신다. 빠르게 풀리고 금세 기분이 좋아진다. 그러나 술은 독이다. 몸과 마음을 해친다. 쓰러지고 넘어지고 엎어진다. 관계가 망가지고 삶을 망친다. '다도 명상'은 약이다. 몸과 마음을 되살린다. 일으키고 북돋고 보듬는다. '중심中心'에서 벗어나지 않도록 힘을 준다.

에세이 | 맛없는
삶의 맛

1년.

술과 커피를 끊은 지 열두 달이 지났다. 봄에 마음을 먹었는데 다시 봄이 왔다. 삼십 년간 몸에 밴 습관을 하루아침에 바꾸는 건 말처럼 쉽지 않았다. 맨눈으로 다니다가 시력이 나빠져 갑작스럽게 안경을 쓰는 것처럼 어색했다. 평소 즐겨 입지 않은 옷과 색다른 헤어스타일로 변신하고 거울 앞에 선 것처럼 낯설었다. 그러나 처음이 어려운 것이다. 괴테도 시작 그 자체가 천재성이고 힘이고 마력이라고 했다.

오늘의 작은 습관이 내일의 큰 변화를 불러온다. 한 송이 국화꽃을 피우려면 봄부터 소쩍새가 울어야 한다. 그런 마음으로 감각적 유혹을 참고 즉각적 쾌락을 이겨냈다. 욕심부리지 않고 매일 하나씩 돌을 옮겨 탑을 쌓아 올렸다. 그렇게 365일을 버텼다. 그리고 마침내 나는 환골탈태했다. 예전의 나는 실종됐다. 과거의 나를 기억하려면 먼지가 뽀얗게 쌓인 앨범을 뒤적여야 할 정도다.

해가 뉘엿뉘엿 넘어가면 막걸리와 두부김치로 출출한 배를 채웠던 게 나였다. 점심에 뜨끈한 순대국밥을 든든하게 먹고 난 뒤에는 진한 아메리카노를 마셨던 게 나였다. 주말에 야구장에서 경기가 끝날 때까지 시원한 맥주로 목을 축였던 게 나였다. 책상 앞에서 밤늦게까지 작업할 때면 커피믹스로 졸음을 쫓았던 게 나였다. 술자리에서 으레 첫 잔은 소주와 맥주를 섞어 마셨던 게 나였다. 여행을 다닐 때 소문난 커피 전문점을 찾아가 감별사처럼 음미했던 게 나였다. 대형마트에서 장을 볼 때마다 주류 판매대에서 보물찾기하듯 값싸면서 품질이 좋은 와인을 골랐던 게 나였다. 그랬던 내가 술과 커피를 끊겠다고 하자 가족들과 지인들은 코웃음을 치거나 고개를 갸웃거렸다. 모두 작심삼일이 될 것이라고 장담했다. 그러나 예상을 뒤엎고 내가 정말로 술과 커피를 끊는 것을 보고 그들은 혀를 내두르며 한결같이 말했다. 독하다.

일 년 전 충격 요법으로 겁을 줬던 의사는 엄지손가락을 치켜들며 감탄했다. 표창장이라도 받는 기분이었다. 몸무게는 5kg 넘게 빠졌고 혈압은 정상 수치로 내려왔다. 다이어트를 위해 따로 식단을 짜지는 않았다. 치킨도 먹고 라면도 먹고 피자도 먹었다. 그러나 저녁 7시 이후에는 어떤 음식도 입에 대지 않았다. 다음 날에도 아침 식사는 건너뛰었다. 배에서 꼬르륵거리며 아우성쳐도 물만 마셨다. 잠은 밤 11시를 넘기지 않았다. 잠들기 전이나 잠에서 깨면 반드시 명상을 했다. 호흡에 집중하며 몸을 충분히 이완시켰다.

커피가 생각날 때는 차를 우려 마셨다. 오전에는 순하고 부드러운 우전차, 점심을 먹고 난 뒤에는 베르가모트 향이 감도는 얼그레이, 운전할 때는 오래 숙성된 보이차를 마셨다. 격식과 형식에 얽매이지 않았다. 돈을 들여 비싼 다기를 사지 않고 집에 있던 것들을 썼다. 다만 한 모금을 마시더라도 온전히 그 순간에 집중했다. 흩어진 마음을 하나로 끌어모았다.

불필요한 TV 시청과 쓸데없는 휴대전화 사용도 줄였다. 이전에는 단지 무료해서 밤늦게까지 TV 리모컨을 만지작거리고, 그냥 심심해서 밤새도록 휴대전화를 들여다봤었다. 돌이켜보니 아까운 시간이었고 쓸데없는 짓이었다. 틈나는 대로 책을 읽었다. 소설, 시, 인문, 과학, 에세이 등 분야를 가리지 않았다. 마음에 닿는 글귀가 있으면 몇 번이고 곱씹었다.

쓸쓸하고 울적한 기분이 들 때면 산책하러 나갔다. 복잡한 거리든 한적한 공원이든 무작정 걸었다. 발목이 시큰거리고 종아리가 뻐근할 때쯤이면 어느새 가슴속 응어리도 시나브로 풀렸다. 주변 사람들은 나의 일상과 생활을 다 듣고 나서는 어김없이 물었다. 무슨 재미로 살아.

의사는 가볍게 한숨을 몰아쉬면서 검지손가락으로 와이셔츠의 목깃을 잡아당겼다. 갈증이 났는지 아이스아메리카노를 입에 댔다가 내 눈치를 보더니 얼른 다시 내려놓았다. 그러고는 한참 동안 말없이 볼펜으로 메모지를 톡톡 두드렸다. 답을 찾는 듯했다. 고심이 깊어지는지 땅이 꺼질 듯이 한숨을 내뱉었는데 희미하게 술 냄새가 났다. 그의 퀭한 눈에서 돈과 명예로는 덜어낼 수 없는 공허한 삶의 무게가 느껴졌다. 마침내 의사는 팔짱을 풀고는 혈압약의 용량을 줄여서 처방했다.

이례적인 일이고 드문 경우였던 모양이다. 약사는 물론이고 약국 안에 있던 환자들도 아프리카 대초원의 미어캣처럼 초롱초롱한 눈으로 내게 비결을 물었다. 문진할 때 의사에게 했던 체험담을 토씨 하나 빠트리지 않고 똑같이 이야기했다. 아주머니와 할머니들은 호응하고 칭찬하는 반면 아저씨와 할아버지들은 시큰둥하고 구시렁거렸다. 빨간색 등산복을 입은 아저씨는 천년만년 살 것도 아닌데 유난스럽다며 투덜거렸다. 앞머리에 분홍색 헤어 롤러를 한 아주머니는 하루하루 건강하게 사는 게 최고라며 반박했다. 의견이 양쪽으로 갈리면서 열띤 토론이 벌어졌다. 나는 약을 에코백에 챙겨 넣고 슬그머니 약국을 빠져나왔다. 그러고는 늘 그랬듯 뒷산으로 향했다.

뒷산 주변에는 정상까지 여러 갈래 길이 있다. 자동차까지 다닐 수 있는 널따란 포장길도 있고 나무 사이로 난 비좁은 흙길도 있다. 사람들은 어느 쪽 길이든 빨리 걸었다. 성큼성큼 발을 뻗고 휘적휘적 팔을 흔들었다. 송골송골 맺힌 땀을 흘리며 가쁜 숨을 헐떡였다. 뒤처지지 않으려고 잰걸음 하거나 내달리기도 했다. 딱히 그래야만 하는 이유는 없는데도 사람들은 그랬다.

나도 그랬다. 누군가 추월해서 앞서가면 부아가 났다. 낙오자가 되고 실패자가 되는 기분이 들었다. 날다람쥐 같은 경쟁자를 만나면 치열한 한판 대결이 벌어졌다. 이기려고 이를 악물고 악착같이 덤볐다. 그렇게 정상에 오르면 녹초가 되어 한참을 벤치에 누워 있었다. 무모하고 무의미한 경기를 펼친 나 자신이 우스꽝스러웠다.

습관이란 그렇게 무서웠다. 매사에 열심히 노력하고 무엇이든 최선을 다하는 것에 익숙했다. 목표를 향해서 전력으로 질주했고 목적을 위해서 혼신을 바쳤다. 그런데 막상 이루고 달성하고 도달하면 저만치 또 다른 결승점이 기다리고 있었다. 영원히 움켜쥘 수 있는 것은 아무것도 없었다. 그렇게 지쳐 갔다. 내가 나를 움직이는 게 아니었다. 브레이크, 변속기, 액셀러레이터, 심지어 핸들까지 내가 조종하는 게 아니었다.

 나는 일단 시동을 껐다. 내가 멈추니 세상도 멈췄다. 그리고 찬찬히 바라봤다. 곰곰이 들여다봤다. 내가 보이기 시작했다. 나로 위장된 것들 사이에서 한껏 웅크리고 있는 내가 보였다. 나는 나를 찾기로 했다.

 흙길을 걸었다. 유난히 좁고 가파르며 울퉁불퉁해서 다니기 불편한 길이었다. 빨리 걸을 수 없어서 사람들은 피했다. 그래서 난 좋았다. 느리고 느긋하게 걸을 수 있어서 마음에 들었다. 눈이 뜨이고 코가 뚫리고 귀가 열렸다. 한 발짝 내디딜 때마다 무색의 색채와 세상 너머의 향기와 미지의 소리가 폭포수처럼 내 몸을 흠뻑 적셨다. 보이지 않는 정령들이 들을 수 없는 목소리로 쉼 없이 재잘거렸다. 나는 어디에 있으며 무엇을 하는지는 알 수도 없었고 중요하지도 않았다. 분명한 건 그 순간만큼은 모든 물음이 끊어진다는 것이다.

산 중턱에 있는 흔들의자에 앉아 잠시 숨을 골랐다. 동네가 한눈에 들어왔다. 인생은 가까이에서 보면 비극이고 멀리에서 보면 희극이라고 찰리 채플린은 말했다. 높은 곳에서 내려다보니 아래의 일상은 비극과 희극이 절묘하게 조화를 이룬 한 폭의 아름다운 풍경화였다. 넋을 잃고 감상하는데 어디선가 불어온 봄바람이 목덜미를 감고 돌았다. 땀이 식으면서 한기가 느껴졌다. 에코백에서 텀블러를 꺼내 따뜻한 차를 한 모금 마셨다. 이것이 사는 맛이 아닐까 싶었다.

3부

나

사유하는 숨

| 에세이 | 나의 나에 의한
나를 위한 나를 보았다

이 새끼가 왜 나한테 반말을 하지?

아저씨의 말투가 귀에 거슬렸던 영화배우는 속에서 욕지기가 치밀어 올랐다. 기분이 언짢아진 영화배우는 눈을 부릅뜨고 아저씨를 매섭게 노려봤다. 엘리베이터 안으로 차가운 기계음과 서늘한 침묵이 감돌았다. 영화배우의 치켜뜬 눈자 위에는 먹이를 노리는 맹수의 시퍼런 살기가 서렸다.

등골이 오싹해진 아저씨는 번들거리는 정수리를 긁적이며 뒷걸음쳤다. 벽에 등이 쿵 부딪치자 심장도 같은 소리를 냈다. 다리에 힘이 풀려 얼른 손잡이를 붙잡았다. 1층까지는 10초도 걸리지 않겠지만 갑자기 고장이 나서 멈출지도 모른다. 굶주린 사자와 출구 없는 우리에 갇히는 꼴이다. 영화배우는 연쇄 살인마를 연기했었다. 맨손으로 중늙은이 숨통 끊는 것쯤은 일도 아닐 것이다. 공포는 상상의 풍선을 마냥 부풀게 했다.

악독한 마음을 접으라는 경고의 의미로 아저씨는 카운트다운에 들어간 층수 표시판을 향해 시선을 던졌다. 그러나 먹이를 앞에 두고 눈을 떼는 포식자는 없다. 영화배우는 눈을 희번덕거리며 성큼 다가갔다. 아저씨는 마른침을 삼키며 입술을 파르르 떨었다. 둘의 키는 엇비슷했지만 영화배우의 오라에 압도돼 아저씨는 잔뜩 움츠러든 자세로 올려다봤다.

아저씨는 이유가 궁금했다. 무엇이 영화배우의 심기를 건드리고 언제 그의 태도가 돌변했는지 알고 싶었다. 그래서 필름을 되감아 장면 하나하나 짚어가며 자기가 했던 말과 행동을 꼼꼼하게 복기했다.

평생 공무원으로 재직하다가 은퇴한 아저씨는 오전에 출근하듯 동네 사우나에 들렀다. 이곳의 이발소는 처지와 사정이 비슷한 동년배들이 장기와 바둑을 두면서 세상 돌아가는 얘기를 나누는 사랑방이었다. 한때는 한가락 했고 왕년에는 힘깨나 썼던 또래들과 잘나가던 시절의 전설과 무용담을 주고받다 보면 타임머신을 타고 혈기 왕성했던 청춘으로 돌아가는 기분이 들었다. 그렇게 도낏자루 썩는 줄 모르고 왁자지껄 떠들고 웃다 보니 점심때가 가까웠다. 숙취를 풀려는 직장인들이 몰려들 시간이었다.

아저씨는 젊은이들이 불편했다. 정확하게는 오만하고 거만할 뿐만 아니라 예의라고는 눈곱만치도 없는 그들이 싫었다. 얼마 전에도 해병대 출신의 사랑방 회원과 서른을 갓 넘은 사내가 헤어드라이어의 사용을 놓고 시비가 붙어 주먹다짐까지 했다. 결국 무자비한 폭행으로 해병대 출신은 반신불수가 됐다. 떨어지는 낙엽도 조심하고 돌다리도 두드려야 한다는 것이 아저씨의 생활신조였다. 그는 짜장면을 먹고 가라는 회원들의 권유도 뿌리치고 서둘러 사우나를 빠져나왔다.

닫히던 엘리베이터 문 사이로 한 남자가 날렵하게 몸을 틀면서 들어왔다. 그는 재빠르게 고개를 휙 돌렸지만 아저씨의 눈썰미는 남달랐다. 또 단박에 알아차릴 만큼 유명한 인물이었다. 흥행의 보증 수표로 불리는 중견 영화배우였다. 이 시간에 이런 사람을 이런 곳에서 이렇게 보다니 신기했다. 아저씨는 저도 모르게 반가운 마음이 들어 불쑥 악수를 청하면서 대뜸 본관이 어디냐고 물었다. 성씨와 돌림자가 같아서 예전부터 궁금했었다. 영화배우는 연배가 높은 아저씨에게 공손하게 굽신하며 전주 최가라고 답했다. 혹시나 했는데 역시나 맞았다. 아저씨는 막냇동생 같은 친근감이 들어 그의 어깨를 툭 쳤다.

그때였다. 영화배우의 표정이 일순간에 돌처럼 굳었다. 껄껄 웃던 아저씨는 얼른 입을 꾹 닫았다. 영화배우는 순박한 시골 농부에서 순식간에 극악무도한 살인마로 얼굴을 바꿨다. 아저씨는 연기인지 실제인지 헷갈렸으며 실화인지 영화인지 혼란스러웠다. 어쨌든 코앞에 닥친 위험을 피하고 싶었다. 오해를 풀고 잘못을 사과하고 싶었다. 반말은 상대를 깔보거나 무시해서가 아니라 살갑게 대하려는 입에 밴 습관이었다. 그러나 아저씨는 숨이 턱 막혀 어떤 해명도 할 수 없었다.

영화배우는 입 언저리를 실룩거리며 손을 갈퀴 모양으로 활짝 폈다. 죽음의 공포가 화선지의 먹물처럼 서서히 다가왔다. 아저씨는 마지막 기도를 올리듯 눈을 질끈 감았다. 그러자 신이 응답이라도 한 것처럼 벨이 울렸다. 엘리베이터 문이 열리면서 광명의 빛이 쏟아졌다. 아저씨는 얼떨결에 영화배우에게 감사의 인사를 하고는 줄달음쳤다.

영화배우는 그러쥔 주먹을 천천히 폈다. 손바닥에 선홍빛 손톱자국들이 움푹 팼다. 엘리베이터 벽면의 거울에 얼굴이 비쳤다. 로션을 듬뿍 발랐는데도 건조하고 까칠해 보였다. 광인의 붓놀림처럼 꿈틀거리는 난폭한 얼굴의 주름들이 음울하고 흉포한 인상을 풍겼다. 두 손으로 빡빡 마른세수를 했다. 가면을 벗겨내고 싶었다.

최근 몇 달 동안 영화배우는 무엇을 하든 어디에 있든 손에서 대본을 놓지 않았다. 샤워하거나 운전하거나 산책할 때도 대사를 외웠다. 진짜처럼 보이고 실제처럼 느껴지도록 부단히 연기를 연습했다. 그런데 그것이 독이 됐다. 악마의 탈을 쓴 연쇄 살인마에 지나치게 몰입했다. 한 번 맡은 배역은 완벽하게 소화하려는 강박으로 인해 잠시 현실감을 잃었다. 영화배우는 이번 촬영이 끝나면 냉혹한 살인자 연기는 하지 않기로 다짐하며 엘리베이터를 나섰다.

윗글은 영화 '악마를 보았다' 개봉을 앞두고 배우 최민식 씨가 한 신문사와 인터뷰한 내용을 토대로 소설처럼 살을 덧붙여 극적으로 꾸며 쓴 것이다. 실제 기사 내용은 간단했다. 연쇄 살인마 역할에 몰입하는 것이 힘들지 않았냐는 기자의 질문에 최민식 씨는 최근에 겪은 이야기를 들려줬다. 동네 사우나에 가면 어르신들이 친근함의 표시로 툭 치기도 하는데 그때마다 웃고 넘어간다고 했다. 그런데 영화 촬영하기 전 엘리베이터에서 어떤 아저씨가 반말로 어디 최 씨냐고 묻자 속으로 '이 새끼가 왜 반말하지?'라는 생각이 들었다는 것이다. 그 순간 자신의 내면에서 살인마의 감정이 꿈틀거리는 것을 보고 섬뜩함을 느꼈다고 한다.

> 배우는 자신이 연기하는 실체의 진정성을 믿어야 한다.
> ─ 콘스탄틴 스타니슬랍스키

메소드 연기란 19세기 초 러시아 배우이자 연출가였던 콘스탄틴 스타니슬랍스키가 극중 인물을 최대한 진실하게 연기하기 위해 고안된 연기론이자 훈련법이다. 그의 기법을 미국에 도입하여 말론 브랜도, 제임스 딘, 매릴린 먼로, 더스틴 호프만, 알 파치노, 로버트 드 니로 등 수많은 배우를 지도한 리 스트라스버그는 이완과 집중을 우선시했다. 배우가 긴장한다면 진실한 연기가 우러나지 않기에 가장 먼저 긴장을 풀어야 한다는 것이다. 긴장이 이완된 배우는 창조적 분위기 속에서 관찰과 상상력을 통해 등장인물에 집중할 수 있다고 한다.

메소드 연기법으로 배우들은 작중 인물의 심리와 감정에 완전히 몰입하고 동화될 수 있지만 반대로 그에 따른 부작용도 겪게 된다. 공연 후 '심리적 후유증Post-Dramatic Stress'은 사실적인 연기로 인해 배우들이 겪는 정신적 트라우마를 말한다.

2011년 영화 '킹스 스피치'는 제2차 세계대전 중 영국의 왕 조지 6세가 말을 더듬는 콤플렉스를 극복하고 군중들에게 연설하는 과정을 다룬다. 배우 콜린 퍼스는 조지 6세의 외모와 행동과 말투 등을 최대한 비슷하게 흉내를 내고 따라 하려고 노력했다. 이런 혼신의 연기로 그는 아카데미 남우주연상을 받았지만 촬영이 끝난 뒤에도 언어 장애에 시달려야 했다. 1988년 영화 '누가 로저 래빗을 모함했나'는 실사와 애니메이션을 합성한 작품이다. 탐정 역할을 맡은 밥 호스킨스는 가상의 토끼 캐릭터인 로저 래빗의 목소리를 8개월 동안 들으며 촬영했다. 나중에 그는 일상생활에서도 로저 래빗이 있다는 환각에 빠졌다. 의사는 그에게 연기를 그만두라고 조언했다.

 영화는 실재하지 않은 허구의 세계다. 등장인물은 거짓으로 꾸며진 가상의 사람이다. 그런데 관객은 실제로 일어나는 이야기와 실존하는 인물로 착각하며 감동한다. 얼핏 당연한 듯하면서도 달리 보면 너무나 이상하다. 배우는 연기를 통해 가공의 캐릭터로 변신한다. 형사가 되었다가 살인마가 되었다가 농부가 되었다가 과학자가 되었다가 중세 시대의 검객이 되었다가 미래의 슈퍼히어로가 된다. 상상할 수 있는 모든 배역으로 얼마든지 바뀔 수 있다.

그런데 영화가 아닌 현실 속에서 살아가는 우리들도 배우처럼 연기하며 살아간다. 가정의 엄마가 되었다가 직장의 상사가 되었다가 가게의 손님이 되었다가 동호회의 회원이 된다. 어제의 나와 오늘의 나와 내일의 내가 다르며, 여기에서의 나와 저기에서의 내가 또 다르다. 시시때때로 여기저기서 나를 바꾼다. 끊임없이 나를 변주하고 변화시킨다. 우리는 모두 메소드 연기를 하고 있다. 그래서 촬영을 마친 배우처럼 혼란과 고통을 느끼고 있다.

우리는 나 자신을 얼마나 알고 있을까. 보는 내가 있으며 보이는 나도 있다. 욕망하는 내가 있으며 자책하는 나도 있다. 자유를 원하는 내가 있으며 구속을 바라는 나도 있다. 웃는 내가 있으며 우는 나도 있다. 이해할 수 있는 내가 있으며 불가해한 나도 있다. 긍정하는 내가 있으며 부정하는 나도 있다. 좋아하는 내가 있으며 싫어하는 나도 있다.

그런 나는 어디에서 왔으며 어디로 가는 것일까. 나는 너와 무엇이 다르며 어떤 의미가 있는 것일까. 지금 여기서 숨을 쉬고 있는 나라는 존재는 과연 실재하는 것일까. 명상은 그런 나를 들여다보는 것이다. 원래부터 그렇고 당연하게 여겼던 나에게 물음을 던지는 것이다. 그것이 바로 명상의 기본이자 시작이다.

| 명상적 영화. 하나 | # 홀리 모터스
2012년 레오스 카락스 감독 |

구상화는 현실 세계 혹은 실재의 소재를 창의적으로 그리지만 추상화는 비현실적이고 비사실적으로 표현한다. 즉, 구체적인 이야기가 있는 그림이 구상화라면 전달하고자 하는 이야기가 없는 그림이 추상화다. 그래서 전문적 지식이 없는 문외한이나 미술적 소양이 없는 일반인의 눈에는 쉽게 파악되지 않고 얼른 이해되지 않는 추상화가 난해하고 불편하다. 무엇을 그린 것인지 어떤 의미가 있는 것인지 알 수가 없다. 그런데 그것은 당연하다. 틀에 박힌 눈으로 보고 판에 박힌 머리로 헤아리기 때문이다. 가정과 학교와 사회에서 교육과 훈련을 받았기 때문이다.

추상화는 형태를 고정固定하지 않으며 의미를 단정斷定하지 않는다. 그래서 관람객들은 각자의 시선으로 형태를 재구축할 수 있으며 나름의 견해로 의미를 재해석할 수 있다. 또한 인간의 본성과 감정을 형식과 형상이라는 가짜 틀에 억지로 끼워 맞추지 않고 있는 그대로 담기 때문에 관람객들이 공감하고 감동할 수 있다.

내 그림 앞에서 우는 사람은 내가 그것을 그릴 때 느낀 똑같은 종교적 경험을 하는 것이다.
— 마크 로스코

관람객 중 열에 아홉은 마크 로스코의 그림을 보고 눈물을 흘린다고 한다. 추상 표현주의의 거장으로 불리는 그의 그림은 이렇다. 선이 있는 듯 없는 듯 뚜렷하지 않으며, 면과 면이 나뉘는 듯 합치는 듯 경계가 모호하고, 색은 캔버스라는 평면에 머무르는 듯하면서도 프레임을 벗어나 무한한 공간에서 자유로이 유동한다. 형태와 모양을 띠지만 그것은 단지 순간의 포착일 뿐 금세 무너지고 흐트러질 듯 아슬아슬하다. 마크 로스코의 그림들은 언어적 모순이지만 다채롭고 변화무쌍한 인간의 마음을 사실적이며 실재적으로 표현하고 있다. 그런 강한 끌림과 깊은 울림이 관람객들의 가슴에도 와 닿는 것이며 명상적 체험을 하게 되는 것이다.

미국 텍사스주 휴스턴에는 마크 로스코의 이름을 딴 예배당이 있다. 1964년 마크 로스코는 새로 지을 예배당에 어울릴만한 그림을 의뢰받고, 건축가 필립 존슨과 협동하여 회화와 건축이 조화를 이룬 신성한 공간을 만들었다. 원래는 가톨릭 예배당으로 계획되었지만 결국에는 다른 모든 종교를 포용하는 경배와 회개의 장소가 되었다. 이를 반영하듯 예배당 입구에는 티베트 불교 경전, 성경, 힌두교 경전, 유대교 경전, 조로아스터교 경전, 도덕경, 법화경, 쿠란, 브라만교 경전, 베트남 까오다이교 경전, 모르몬교 경전이 놓여 있다. 현재에도 매년 100개국 이상에서 10만 명이 넘는 방문객이 찾아와 마크 로스코의 그림을 감상하거나 신에게 기도하거나 자신의 내면을 들여다본다. 예술과 종교와 명상이 하나의 뿌리이며 밑바탕은 다르지 않음을 알 수 있다.

상업 영화가 구상화라면 예술 영화는 추상화다. 레오스 카락스 감독의 '홀리 모터스'는 예술 영화다. 소재는 낯설고 플롯은 특이하고 스토리는 엉뚱하다. 전위 예술처럼 형식은 파격적이고, 선문답처럼 내용은 관념적이다. 이미지와 상징과 메타포가 난무하지만 죄다 짝이 없는 퍼즐 조각 같다. 그래서 보는 내내 어둡고 무거운 분위기 속에서 고개를 갸웃거리고 미간을 찌푸리며 이마를 짚고 골몰하게 된다.

그러나 보이는 것들은 현란한 장식과 혼란한 치장에 불과하다. 중요한 것은 하나로 꿰어서 한가운데로 꿰뚫고 가는 테마다. 집요하게 물고 늘어지는 화두를 놓치지 말아야 한다. 레오스 카락스 감독이 영화 '홀리 모터스'에서 끊임없이 던지고 있는 물음에 주목해야 한다. 그는 영화 도입 부분인 인트로에서 그것을 명확하게 드러내고 있다.

어슴푸레한 극장의 객석을 보여주며 영화는 시작한다. 관객들의 얼굴은 짙은 어둠에 파묻혀 실루엣만 드러난다. 게다가 미동도 없어서 깨어 있는지 자고 있는지, 죽었는지 살았는지조차 알 수가 없다. 어쩌면 사람이 아닌 마네킹일지도 모른다. 아니면 조물주나 창조주일지도 모른다. 어쨌든 그들은 보는 주체다. 소리만 들릴 뿐 스크린은 보이지 않는다. 그래서 그들이 무엇을 관람하고 있는지는 귀를 기울이며 상상하고 유추해야 한다.

복잡한 도심의 자동차 소음과 또각또각 복도를 걸어가는 구두 소리가 순차적으로 이어진다. 목숨이 위태로운 한 남자의 다급한 목소리는 단발의 총성으로 뚝 끊긴다. 곧이어 끼루룩거리는 갈매기 떼의 울음소리와 우렁차게 울리는 여객

선의 뱃고동 소리가 배경음처럼 깔리면서 화면은 객석에서 어두컴컴한 방으로 이동한다. 침대에서 웅크리고 새우잠을 자는 남자가 뱃고동 소리에 화들짝 놀라 몸을 일으킨다. 배우가 아닌 감독 레오스 카락스다.

감독은 영화에 자기를 투입해 거울처럼 자신을 투영한다. 그러면 나는 보는 자와 보이는 자로 분리되면서 카메라에 찍히는 피사체가 된다. 또 실험자와 피실험자로 떨어지면서 현미경으로 관찰되는 표본이 된다. 그렇게 감독은 자신이 쓴 시나리오대로 연기하는 나를 나의 눈으로 보면서 나라고 믿었던 나에 대해 의구심을 품으며 진정한 나의 본질에 대해 탐구할 수 있게 된다. 레오스 카락스는 '홀리 모터스'라는 영화를 통해 '나'를 들여다보려는 것이다. '나'라는 존재에 관해 물음을 던지려는 것이다. 그러기 위해서는 무지無知에서 깨어나야 한다. 무명無明에서 눈을 떠야 한다.

무지에서 깨어나고 무명에서 눈을 뜬 감독은 정신이 몽롱하다. 보고 듣고 맛보고 맡고 느낀 것들이 신기루처럼 사라졌다. 한낱 꿈이었다니 허탈하다. 그는 악몽을 떨쳐내려는 듯 담배 한 모금을 빠끔하고는 침대에서 일어나 선글라스를 쓴다. 담배는 각성제覺醒劑다. 벼락같은 깨달음인 돈오頓悟이자 에피파니Epiphany다. 선글라스는 지혜의 길을 찾으려는 확

대경이자 진리의 세계를 포착하려는 카메라 렌즈다.

미망迷妄의 동굴에서 벗어나려는 구도자처럼 감독은 어두컴컴한 방안의 한쪽 벽면을 더듬다가 마침내 구멍 하나를 찾아낸다. 그러고는 가운뎃손가락을 그곳에 끼워 열쇠처럼 돌리자 숨겨진 문이 열린다. 진실에 다가가고 이상에 도달하려는 자들은 어김없이 한계를 느끼고 벽에 부딪친다. 그러나 그것은 감각의 착각이고 인식의 오인이며 마음의 조작이다.

벽은 희로애락의 현실에 안주하려고 견고하게 둘러친 망상의 울타리일 뿐이다. 스스로 쌓았으니 다시 무너뜨릴 수도 있으며 자기가 닫았으니 반대로 열 수도 있다. 그래서 가로막힌 벽은 드나드는 문도 된다. 그리고 그 문의 열쇠는 누구도 아닌 나에게 있으며 어디도 아닌 내 안에 있다. 이미 갖고 있으나 알아차리지 못하면 영원한 구렁텅이에서 헤맬 수밖에 없다. 그렇게 갇힌 독방에서 풀리니 해방이며 온갖 번뇌에서 벗어나니 해탈이다.

맨발의 수도승처럼 감독은 잠옷을 입은 채 조용히 문밖으로 걸어 나간다. 그런데 바깥 세계는 다름 아닌 영화관이다. 차안此岸에서 피안彼岸으로 건너온 줄 알았는데 또다시 차안이다. 속세를 떠나 극락에 들어선 줄 알았는데 다시금 속세다. 감독은 어리벙벙하다. 숨 가쁘게 뛰고 전력으로 질주해도 결국 제자리걸음이다. 운명의 수레바퀴와 윤회의 굴레가 호락호락하지 않다는 걸 감독은 절감한다. 그리고 얽매임에서 풀리고 괴로움에서 벗어난 것으로 굳게 믿었던 자신의 오만과 교만이 부끄럽다.

13인의아해는무서운아해와무서워하는아해와그렇게뿐이모였소

— 이상 〈오감도烏瞰圖〉

감독은 마음을 가다듬고 극장 위층에서 하늘을 나는 새가 지상을 조망하듯 어두운 객석을 내려다본다. 관객들은 스크린을 향해 앉아 있을 뿐 하나같이 눈을 감고 있다. 감독의 시선에서 그들은 고통의 바다에서 허우적거리는 중생으로 보인다. 그런데 카메라 앵글을 조금만 달리하면 하나의 줄기에서 무수하게 뻗은 나뭇가지처럼 자기 내면의 또 다른 자아들로 보인다.

관객들 주변으로 벌거벗은 아기가 아장아장 걸어 다니고 덩치 큰 맹견이 느릿느릿 어슬렁거린다. 걸음마 아기와 사나운 개는 불안과 공포다. 겁을 모르는 아기는 보호자가 없다. 몸에 아무것도 걸치지 않았으니 무방비다. 겁이 없는 개는 주인이 없다. 목줄이 풀렸으니 무자비다. 그렇게 둘은 아슬아슬하고 위태롭게 객석의 통로를 맴돌면서 관객의 평온한 관람을 방해한다.

영사기는 어떤 것도 동정하지는 않는다. 관객의 불안과 공포와 고통 같은 건 신경을 쓰지 않는다. 그들이 영화를 보든 말든 개의치 않는다. 빛에는 감정의 온도와 사유의 깊이와 욕망의 부피 같은 건 없다. 단지 밝음과 어둠만 있을 뿐이다. '온ON'과 '오프OFF'만 있을 뿐이다. 영사기는 그런 빛을 공허한 스크린에 투사할 뿐이다. 텅 빈 곳에 '유有'와 '무無'만으로 우주의 삼라만상을 창조할 수 있는 건 오로지 마음뿐이다.

영화가 시작된다. 영화 안의 영화 혹은 영화 밖의 영화가 돌아간다. 감독은 왜 '나'라는 곳에 마음이라는 것이 깃들어 있는지, 고타마 싯다르타가 마지막 가르침으로 왜 '나'를 등불로 삼으라고 했는지 그 까닭이 궁금하다. 감독은 묻는다. 나는 진정 나를 알고 있는가. 감독은 들여다본다. 나는 정녕 제대로 나를 보고 있는가. 큐!

하나의 질문

나는 살아서 있는 것인가

 1880년 프랑스 신경학자 쥘스 코타르는 한 강의에서 '부정 망상증'이라는 정신 질환을 설명하면서 자신이 진찰한 여성 환자를 언급했다. 그녀는 극도의 자기혐오에 빠져 뇌를 비롯한 다른 장기들은 없고 오직 뼈와 피부만 남았다고 믿었다. 또한 자신은 영원히 고통을 받고 저주를 받은 몸이라면서 식사도 거부했다. 그녀는 결국 굶어 죽었다. 이처럼 자신이 죽었거나 존재하지 않거나 부패하고 있거나 주요 장기들을 잃어버렸다고 믿는 정신 질환을 코타르 증후군 또는 걷는 시체 증후군이라고 한다.

 한 영국인 남성은 두 번째 아내와 이혼한 후 극심한 우울과 무기력에 시달렸다. 그는 생을 마감하려고 물을 가득 채운 욕조에 전기난로를 틀었으나, 다행히 퓨즈가 나가 목숨을 건질 수 있었다. 그는 정신과 의사에게 자신의 뇌는 죽었으며 자기는 존재하지 않는다는 말을 되풀이했다. 이 질환은 전 세계에서 200건 정도만 보고될 정도로 매우 드물다. 신경학자들은 뇌의 결함을 원인으로 추정하지만 정확한 것은 밝혀내지 못하고 있다.

내가 나의 멀쩡한 신체를 절단하려는 아포템노필리아, '나'로부터 내가 분리되는 느낌을 경험하는 이인증, '나'라는 것에서 나를 조금씩 잃어가는 알츠하이머병, 나를 내가 아닌 소라고 믿어 풀을 뜯어 먹는 보안드로피, 내 안의 다른 내가 '나'를 명령하고 통제하는 조현병 등 심리적 혹은 정신적으로 '나'는 하나의 특징과 모습으로 규정되지 않는다. 내면의 '나'는 끊임없이 조작되고 아무렇게나 변형되고 언제든지 분리된다. 그렇다면 '나'라는 것의 정체는 무엇일까. '나'는 어떻게 정의할 수 있을까. 도대체 '나'는 실체가 있는 것이고 실재하는 것일까.

자신을 아는 것이 깨달음이다.
― 노자

미국의 사회학자이자 철학자인 조지 허버트 미드는 자아는 태어나면서 생기는 것이 아니라 다른 사람과 상호 작용을 하면서 생겨난다고 했다. 그러면서 자아를 개인적 측면의 주체적 자아 'I'와 사회적 측면의 객체적 자아 'Me'로 구분했다. 사회화되지 않은 유기체 'I'와 사회적 상호 작용으로 생성된 'Me' 사이의 내적 대화를 통해 자아에 대한 의식을 발달시킨다고 했다.

불가리아 출신의 프랑스 철학자이자 문학 이론가인 줄리아 크리스테바는 비천한 것을 뜻하는 프랑스어 '아브젝시옹abjection'이라는 개념을 통해 인간은 이질적인 것을 밀어내면서 주체성과 경계를 만든다고 했다. 가령 살아있던 신체가 죽어서 시체가 됐을 때 공포의 대상이 되며, 피와 땀과 똥오줌 같은 몸 안에 있던 분비물이 밖으로 나왔을 때 혐오의 대상이 된다는 것이다. 그러면서 아브젝시옹이 명확하지 않고 경계에 있을 때 불안을 일으킨다고 했다.

자아 정체감 개념을 처음 정립한 미국의 발달심리학자이자 정신분석학자인 에릭 에릭슨에 따르면, 인간은 과거의 노력과 현재의 문제점들, 그리고 미래의 기대 사이에서 일관성을 추구하는 존재라고 했다. 그는 인생의 8단계마다 성취해야 할 발달 과업이 있으며, 그 성공적 이행이 궁극적으로 자아 정체감의 발달로 귀결된다고 보았다.

20세기 후반의 가장 영향력 있는 사회학자로 손꼽히는 어빙 고프먼은 우리의 일상적인 삶은 세상이라는 연극 무대에서 타인과 상호 작용을 하며 자아를 연출하는 공연과 같다고 했다. 견고해 보이는 사회는 인간이라는 연기자들이 펼치는 정교한 공연의 연속으로 유지되는 허약한 체제라고 했다. 그러면서 일관된 참된 자아는 허상이며 역할에 따른 복수의 자아가 있을 뿐이라고 했다.

찰스 다윈의 진화론을 인류 최고의 아이디어라고 칭송하는 미국의 인지과학자이자 철학자인 대니얼 데닛은 마음은 오로지 두뇌의 작용으로만 설명될 수 있다고 주장했다. 그는 인간의 의식이 복잡하고 경이로운 현상인 것은 틀림없지만 마술처럼 원리를 알고 나면 신비한 것은 아니라고 했다. 그러면서 객석 한가운데 앉아 영화를 감상하듯이 뇌 속에서 일어나는 모든 일을 관찰하고 통제하는 것이 바로 의식이라는 통념을 강하게 비판했다.

고대부터 현대까지 수많은 철학자, 사상가, 인문학자들은 '나'라는 존재를 이해하기 위해 자신만의 방식으로 탐구하고 분석해 이론을 정립해 왔다. 그러나 이를 하나로 통합할 수 있는 주장은 아직 없다. 과학 기술이 발달하여 첨단 장비로 뇌의 신경 뇌의 신경 세포까지 정밀하게 찍을 수 있지만, 명확히 밝혀진 것은 없다. 모두 추정하고 추측할 뿐이다. 그럴수록 '나'라는 존재는 더 깊은 미궁으로 들어갔다. 이렇듯 '나'의 안쪽은 막연하고 모호하며, 복잡하고 난해하다. 그러나 '나'의 바깥쪽은 다르지 않을까. 눈으로 보이니 충분히 증명할 수 있지 않을까. 물질로 구성된 몸은 확실하게 설명할 수 있지 않을까.

하나님이 말씀하시길 빛이 생겨라고 하시니 빛이 생겼다. 그 빛이 하나님 보시기에 좋았다.
—〈성경〉

17세기 과학자 아이작 뉴턴은 빛은 수많은 알갱이로 구성됐다는 입자설을 주장했으며, 네덜란드 과학자 하위헌스는 빛이 공기 중의 매질을 통해 진행하는 파동이라고 주장했다. 1801년 영국의 의사이자 물리학자인 토머스 영은 단색광이 하나의 틈을 지난 다음 다시 두 개의 틈을 통과해 스크린에 나타나는 현상을 관찰했다. 빛이 입자라면 두 개의 무늬가 나타나야 하는데 파동처럼 동심원 모양의 간섭무늬가 나타났다.

1905년 아인슈타인은 광양자 개념을 도입해 금속에 충분한 에너지의 빛을 비췄을 때 금속의 자유 전자가 방출되는 광전 효과를 설명했다. 즉, 빛은 에너지를 가진 덩어리라는 것이다. 닐스 보어, 하이젠베르크, 폰 노이만 등 코펜하겐 학파는 양자 역학의 수학적 서술과 실제 세계에 대한 표준 해석을 내놓았다. 이 해석에서는 관측을 중요하게 여긴다. 관측하기 전까지는 파동이었다가 관측하는 순간 입자가 된다고 주장했다.

맨눈으로 보이는 거시 세계는 육안으로는 볼 수 없는 미시 세계가 모여서 만들어진다. '나'의 몸도 그렇다. 더 깊이 파헤치고 더 많이 나누고 더 작게 쪼개면 물질의 기본 단위인 원자와 마주하게 된다. 원자는 원자핵과 전자로 되어 있으며, 원자핵은 양의 전기를 띠는 양성자와 전기를 가지지 않은 중성자로 이뤄져 있다.

원자 안의 미립자들은 도깨비 같다. 어떨 때는 모래 알갱이처럼 입자였다가 또 어떨 때는 물결처럼 파동으로 바뀐다. 관측하기 전까지 상태나 형태나 위치는 확률로만 파악할 수 있다. 그런 불가사의한 것들과 정체불명의 것들이 얽히고 뭉쳐서 피와 뼈와 살이 되었다. 현대 물리학의 정점인 양자 역학에서는 그렇게 설명하고 있다. 그렇다면 '나'의 몸이 실재하고 실체가 있다고 확증할 수 있을까.

찰나생멸刹那生滅
모든 존재는 찰나에 생기고 찰나에 사라진다.

불교에서 우주 삼라만상의 모든 것들은 찰나라는 지극히 짧은 순간에 생사를 반복한다고 한다. 찰나를 지금의 시간 단위로 환산하면 0.013초다. 그러나 이것은 어디까지나 근사치다. 정확하게 계산하면 '0'으로 무한하게 수렴하는 수치가 참값이다. 사실상 '무시간無時間'이다. 그래서 살아 있는 것은 죽은 것이고 죽은 것은 살아 있는 것이며, 있는 것은 없는 것이며 없는 것은 있는 것이다. 그런데 '나'의 눈은 존재하지도 않는 시간을 창조해 삶과 죽음을 만들어 냈다. 그렇게 우리는 이어진 것을 하나씩 끊어서 보고, 하나인 것을 따로따로 나눠서 보게 됐다.

영화도 그렇다. 필름의 한 칸은 찰나의 사진일 뿐이다. 사진에는 시간이 없다. 그런데 사진들을 연이어 붙여서 1초에 24장의 속도로 돌리면 그 안에 찍힌 피사체들이 꿈틀거리며 움직인다. 더 많은 사진을 더 빨리 회전하면 생동감과 입체감이 생긴다. '나'는 그것을 감상하면서 실재로 착각한다. 무한정한 시간 속에서 영화는 현실이 되고 세계가 되고 우주가 된다.

감상자 일부는 그런 거짓 현실과 허구의 세계와 가공의 우주를 분석한다. 조지 허버트 미드, 줄리아 크리스테바, 에릭 에릭슨, 어빙 고프먼, 대니얼 데닛, 아이작 뉴턴, 하위헌스, 토머스 영, 아인슈타인, 닐스 보어, 하이젠베르크, 폰 노이만 이 그들이다. 물론 더 있다. 아리스토텔레스, 플라톤, 칸트, 헤겔, 찰스 다윈, 칼 세이건 등등 밤하늘의 별만큼 많다. 그들의 말은 모두 맞다. 틀린 영화 평론은 없다.

레오스 카락스 감독은 영화 '홀리 모터스'에서 비논리적인 기법과 비형식적인 기교를 절묘하게 혼용한다. 기존의 틀을 벗어나 익숙한 방식을 파괴한다. 그래서 영화는 복잡한 수학 방정식처럼 난해하다. 그러나 감독은 감상자들에게 골탕을 먹이고 장난을 치려는 것이 아니다. 우매한 관객들을 깔보며 자신의 고매한 예술성을 우쭐대며 뽐내려는 것이 아니다. 그렇게 해야 '나'라는 존재의 아이러니를 다소나마 가깝게 표현할 수 있기 때문이다. 불가해한 자아를 조금이라도 비슷하게 구현할 수 있기 때문이다.

레오스 카락스 감독은 정답을 구구절절 설명하지 않는다. 삶과 죽음을 명확하게 가르지 않는다. 자아의 정체성이 있고 없고를 따지지 않는다. 다만 묻지 않는 당연함과 당당함에 의문을 던진다. 진실과 진리는 손가락이 아닌 달에 있다고 말한다. 그렇게 가르치지 않고 가리킨다.

하나의 질문

나는 왜 네가 아니고 너는 어째서 내가 아닌가

일본의 카프카로 불리는 아베 코보의 소설 '타인의 얼굴'에서 화학 연구소 직원인 주인공은 실험 중 액체질소 폭발로 얼굴에 심한 화상을 입는다. 얼굴이 그로테스크한 덩어리로 뭉그러지자 그는 인간의 피부와 똑같은 가면을 만들어 쓴다. 그렇게 타인의 얼굴로 변장하여 아내를 유혹한다. 그는 얼굴에 대해서 자신과 타인을 연결하는 통로라고 정의한다. 그리고 그 통로가 무너지거나 막히면 지나가던 사람도 아무도 살지 않는 폐가로 여기고 지나쳐버릴 거라고 한다.

프랑스의 철학자 질 들뢰즈는 얼굴이란 흰 벽에 숭숭 뚫린 검은 구멍의 체계라고 했다. 그런 단순한 메커니즘으로 다양하고 복잡한 문화적, 종교적, 인종적, 사회적 차이와 차별을 만들어낸다는 것이다.

실존주의라는 개념을 처음 사용한 프랑스의 소설가이자 철학자 장 폴 사르트르는 얼굴은 영혼이 나타나고 변장하는 장소라고 했다. 시각적인 외모를 드러내는 것 이상으로 얼굴은 개인의 정체성과 내면세계를 투영한다는 것이다. 또 얼굴은 상황에 따른 변장을 통해 외부 세계와 소통하면서 진정한 자기를 감춘다는 것이다.

리투아니아 출신의 프랑스 철학자 에마뉘엘 레비나스는 신은 타인의 얼굴로 찾아온다고 했다. 타인의 얼굴은 우리에게 그들의 내면적 존재와 윤리적 책임을 상기시키는데, 이를 통해 신의 존재를 체험할 수 있다는 것이다.

얼굴은 나와 너를 가를 수 있는 구분점이며, 너와 내가 소통할 수 있는 접점이다. 우리는 얼굴을 통해 자기를 드러내며 자신을 증명한다. 공포 영화 같은 상상이지만, 만약 사람들의 얼굴이 없거나 모두 똑같다면, 우리는 신분증을 목에 매달거나 상품처럼 몸에 일련번호를 새겨야 할지도 모른다.

그런데 얼굴도 한계가 있다. 당연하게도 영원불변하지 않는다. 어제의 얼굴과 오늘의 얼굴이 다르다. 그래서 신분증의 증명사진에는 유효 기간이 있으며, 스마트폰과 금융권의 보안 장치에 적용되는 안면 인식 기술은 100% 정확하지 않다. 영국의 화가이자 철학자인 프랜시스 베이컨도 겉모습은 고정되는 것이 아니라 계속해서 떠다닌다고 했다. 그렇다면 시시각각 변하는 외면과 달리 내면의 정체성은 일관되게 유지할 수 있을까. 타인과의 지속적인 관계에서 형성되는 인격의 고유성은 있는 것일까.

1994년 짐 캐리 주연의 영화 '마스크'에서는 가면 하나로 인생이 역전되는 주인공이 나온다. 불운한 일들을 겪고 낙심하던 은행원 스탠리 입키스는 사람의 얼굴로 착각하고 강물에 들어갔다가 정체불명의 가면을 건져서 나온다. 그가 발견한 가면은 고대의 유물로, 신비로운 힘을 지니고 있었다. 호기심에 가면을 쓴 스탠리는 초인적인 불사신이 된다. 내성적이고 소심한 은행원이 능청맞고 익살을 잘 떨며 흥이 넘치는 만화 같은 무법자 캐릭터로 변신한다. 진짜 자신이 누구인지 정체성의 혼란을 겪은 스탠리는 가면이 아닌 맨얼굴로 악당을 물리치고 흠모하던 여인도 쟁취한다.

1997년 오우삼 감독의 영화 '페이스 오프'는 제목 그대로 얼굴이 뒤바뀌는 이야기다. FBI 요원 숀은 놀이공원에서 자신의 목숨을 노리던 테러범 캐스터가 쏜 총에 아들을 잃는다. 8년 간의 기나긴 추적 끝에 캐스터를 붙잡지만, 제압하는 과정에서 캐스터가 혼수상태에 빠지는 바람에 도심 어딘가에 숨겨놓은 생화학 폭탄의 위치도 알 수 없게 된다. 방법은 단 하나, 바로 숀이 캐스터가 되는 것이다. 캐스터의 얼굴로 이식받은 숀은 캐스터로 행세하며 비밀 작전을 수행한다. 나중에 의식을 되찾은 캐스터도 자신의 얼굴이 사라진 것을 알고 어쩔 수 없이 숀의 얼굴을 이식받는다. 철천지원수의 얼굴을 갖게 된 그들은 상황과 입장이 뒤바뀌면서 기묘한 이질감과 기이한 동질감을 느끼게 된다.

2000년 폴 버호벤 감독의 영화 '할로우 맨'은 허버트 조지 웰스의 고전 SF 소설 '투명 인간'이 원작으로 인간의 내밀한 욕망을 다룬다. 미국 국방성은 극비리에 신체 투명화 실험을 추진한다. 이 비밀 프로젝트의 팀장을 맡은 세바스티안은 고릴라를 대상으로 실험에 성공하자 자신감에 도취되어 정부의 명령도 어기고 직접 실험대에 오른다. 그렇게 자기 뜻대로 최초의 투명 인간이 되지만 원래의 모습으로 돌아가지는 못한다. 계속된 시도에도 번번이 실패하자 그는 절망하며 차츰 이성을 잃어간다. 몸이라는 방어막이 투명해지면서 잠재됐던 폭력성과 야만성이 드러나기 시작한다. 이웃집 여자를 서슴없이 겁탈하고 동료들을 차례로 무참하게 살해한다.

페르소나Persona

고대 그리스 연극에서 배우들이 얼굴에 썼던 가면을 페르소나라고 한다. 'Person(인물)'과 'Personality(인격)'의 어원도 여기에서 나왔다. 현대 심리학의 3대 거장으로 꼽히는 카를 구스타프 융은 인간에게는 천 개의 페르소나가 있으며 상황에 따라 꺼내 쓴다고 했다.

영화 '홀리 모터스'에서 오스카는 아홉 개의 얼굴로 바뀐다. 위험과 시간에 쫓기는 금융 투자자, 매일매일 죽음을 두려워하는 길거리 노파, 상업 예술을 파괴하는 외눈의 미치광이 예술가, 영혼과 감정은 없이 행위만 기록되는 모션 캡쳐 배우, 친구들에게 따돌림받는 사춘기 딸을 걱정하는 아빠, 자기 자신을 죽이는 암살자, 임종을 앞둔 부유하지만 고독한 노인, 추락하기 위해 백화점 옥상으로 오르는 항공 승무원의 옛 연인, 복제품처럼 지어진 주택 단지에서 침팬지 가족과 살고 있는 인간 가장. 이 다양한 배역들 간의 연관성은 없다. 하나의 오스카가 여러 개의 캐릭터로 바뀔 뿐이다.

역할이 달라지면 겉으로 드러나는 모습뿐만 아니라 내면의 모든 것이 달라진다. 인생 전체가 변한다. '나'는 전혀 다른 '너'가 된다. 나는 언제든지 너라는 가면을 쓰고 네가 될 수 있다. 너 역시 얼마든지 나라는 가면을 쓰고 내가 될 수 있다. 그것은 나와 네가, 너와 내가 다르지 않다는 것을 의미한다. 그런데 우리는 왜 나와 너를 구별하는 것일까.

이솝 우화에는 이런 이야기가 나온다. 고기 한 덩어리를 입에 문 개가 다리를 건너다가 무심코 아래를 봤다. 그런데 물속에 개 한 마리가 자기보다 더 큰 고기를 물고 있는 모습이 보였다. 뺏어야겠다는 생각에 컹컹 짖었더니 물고 있던 고기가 그만 물에 풍덩 빠지고 말았다. 그리고 더 큰 고기를 물고 있던 개도 사라졌다. 이상해서 잠시 두리번거렸더니 물결이 잔잔해지면서 다시 개가 나타났다. 그런데 물속의 개 역시 입에 물고 있던 고깃덩이가 없어졌다. 개는 무슨 영문인지 몰라 계속 고개를 갸웃거렸다.

1970년 미국의 심리학자 고든 갤럽 주니어는 침팬지 4마리를 마취시킨 후 그들의 눈썹에 붉은 염료를 묻혔다. 마취에서 깨어난 침팬지들에게 거울을 보여주자 그들은 자신의 눈두덩을 만졌다. 동물들이 자기 자신을 인지할 수 있는지 판단하는 최초의 거울 마크 테스트였다. 지금까지 침팬지 외에도 오랑우탄, 큰돌고래, 까치, 까마귀, 아시아코끼리, 청줄청소놀래기 등 소수만 이 시험에 통과했다. 지구상에 있는 다수의 생명체는 나를 나로 알아보지 못한다.

영화 '홀리 모터스'에서 알렉스라는 갱으로 변신한 오스카는 배신한 조직원을 찾아가 목에 칼을 꽂는다. 둘은 헤어스타일과 콧수염과 안경과 목걸이와 흉터와 반점의 차이만 있을 뿐 동일인이다. 피를 흘리며 바닥에 쓰러진 조직원의 머리카락을 전기이발기와 면도칼로 깨끗하게 밀어버린 뒤 콧수염을 붙이고 목걸이를 채우고는 칼로 자신의 얼굴에 상처를 낸다. 신발까지 벗기고 완벽하게 위장하려던 찰나 조직원이 바닥에 떨어진 칼로 알렉스의 목을 찌른다. 둘은 나란히 누워 헐떡거린다. 누가 알렉스인지 조직원인지 분간하기 어렵다. 좌우 대칭의 잉크 얼룩으로 심리 상태를 파악하는 로르샤흐 검사의 그림처럼 보인다. 그렇게 '나'는 '나'로 인지한 '나'를 애써 부정하고 억지로 '너'로 변장한다. 진짜 '나'를 인정하지 않고 가짜 '너'를 무한하게 생산한다. 복제본들은 모두 자신이 전무후무한 진본이라고 외친다. 과연 무수한 가면들 속에서 참된 얼굴을 찾는 것은 가능할까. 정말 본래의 '나'라는 것이 있을까.

부모미생전 본래면목 父母未生前 本來面目

중국 당나라 때 위산 선사가 제자 향엄에게 그대가 태어나기 전의 본래 모습이 무엇이냐고 물었다. 향엄은 지금껏 갈고닦은 지식으로는 답할 수 없었다. '나'라는 종착지까지 이어지는 출발지를 찾기 위해 아무리 위로 거슬러 올라가도 끝이 보이지 않았다. 결국 좌절하고 낙심한 향엄은 초가집에서 머물며 몇 날 며칠 스승이 던진 화두와 씨름했다. 그러던 어느 날 마당에서 풀을 매다가 주운 기왓장 조각을 멀리 던졌는데 대나무에 부딪혔다. 그때 딱 하는 소리를 듣고 마침내 '본래면목'에 대한 깨달음을 얻었다.

영화 '홀리 모터스'에서 차고지로 돌아온 리무진들은 구르는 돌에는 이끼가 끼지 않는다며 운행의 고단함을 토로한다. 우주의 삼라만상도 리무진의 바퀴처럼 멈춰 있지 않는다. 정차하지 않는 버스에 올라탄 우리 역시 그대로 있지 않는다. 세상 만물이 끊임없이 얼굴을 바꾸며 변화한다. 영겁의 시간과 무한한 공간에서 '나'는 '너'였고 '너'이며 '너'일 것이다. 자식은 부모였고 부모는 자식이었다. 이렇게 보면 '너'고 저렇게 보면 '나'다. 그렇게 우리는 모두가 모두다.

| 하나의 질문 | # 나는 어디에 있으며 어디로 가는 것인가

무라카미 하루키의 소설 '노르웨이의 숲'은 1989년 '상실의 시대'라는 제목으로 국내에 출간된 이래 최장기 베스트셀러를 기록하고 있으며, 한국인이 사랑하는 외국 문학 작품 중 하나로 꼽힌다. 와타나베와 기즈키는 고등학교 동창이자 단짝 친구다. 나오코는 기즈키의 소꿉친구이자 애인이다. 셋은 모두 친했고 자주 어울렸다. 그러던 어느 날 기즈키가 자동차 안에서 배기가스를 마시고 자살한다. 충격이 컸던 와타나베와 나오코는 서로의 아픔을 위로하며 가까워진다. 그렇게 와타나베는 나오코를 사랑하게 된다.

그런데 어느 날부턴가 나오코와 연락이 닿지 않는다. 한참

후에 와타나베는 한 통의 편지를 받는다. 나오코가 요양원에서 보낸 것이다. 오래전 친언니의 자살로 트라우마를 겪었는데 남자친구마저 그렇게 세상을 떠나자 극심한 우울증에 시달렸다고 한다. 와타나베는 산속의 요양원을 찾아가 오랜만에 나오코와 재회한다. 그러나 나오코에 대한 동정과 연민의 감정은 부채감과 의무감으로 이어지고 와타나베는 이를 자유분방한 미도리와의 만남으로 해소한다. 나오코와 미도리 사이에서 와타나베의 마음은 갈팡질팡한다. 그러던 중 병세가 악화한 나오코는 결국 요양원 인근 숲에서 목을 맨 채 발견된다.

와타나베는 나오코의 쓸쓸한 장례식을 다녀온 후 부랑자처럼 전국을 떠돈다. 그렇게 한 달의 방황을 끝내고 돌아온 와타나베는 공중전화 부스에서 미도리에게 전화를 건다. 미도리는 어디냐고 묻는다. 그런데 와타나베는 자신이 지금 어디에 있는지 알 수가 없다. 아무리 주변을 둘러봐도 어딘지 모를 곳을 향해 걸어가는 무수한 사람들의 모습뿐이다.

'노르웨이의 숲'이라는 소설 제목은 영국의 록 밴드 비틀스가 1966년에 발표한 'Norwegian Wood(This Bird Has Flown)'에서 따왔다. 이 곡은 여자의 집에서 하룻밤을 보낸 남자에 대한 이야기다. 새벽까지 여자와 와인을 마시며 대화를 나눈 남자는 욕조에서 잠든다. 아침에 눈을 떠보니 여자는 새처럼 날아갔고 집에는 남자 혼자뿐이다. 남자는 여자가 없는 집에 불을 지른다. 가사는 애매하고 내용은 모호하다. 확실한 것은 노래에서 'Norwegian Wood'는 노르웨이산 싸구려 가구를 의미한다는 점이다. 그런데 소설에는 '가구'가 아니라 '숲'이라는 뜻으로 표현했다. 영문학 번역가로서 수십 편을 번역한 무라카미 하루키가 실수로 오역한 것인지 철저하게 의도한 것인지 알 수 없으나 여하튼 사물이 공간으로 바뀐 것이다.

소설에서 '노르웨이의 숲'은 복합적인 층위의 의미를 내포한다. 현재와 과거를 연결하는 통로, 고독한 삶과 허무한 죽음, 사랑의 욕망과 상실의 고통, 내면 탐색과 내적 성장, 존재의 근원과 경계. 그렇게 많은 것들이 담긴 공간이지만, 18년이 흘러 성인이 된 주인공 와타나베의 머릿속에는 이상하게 초원의 풍경만 선명하다. 그때 그곳에 있던 사람들은 배경에서 말끔하게 지워진다. 한때는 너무나 소중하게 여겼던 나와 너의 세계는 사라지고 오직 풍경만 남는다. 그래서 와타나베는 자기가 어디에 있는지 여전히 알 수 없다.

1986년 무라카미 하루키는 '노르웨이 숲' 품종의 고양이를 키우고 있었다고 한다. 당시 출판사 편집장이 고양이를 맡아주는 조건으로 소설을 써달라고 요청했으며, 그렇게 나온 글이 바로 '노르웨이의 숲'이라고 한다. 작가가 직접 밝히지 않았으나 제목과 전혀 무관하지는 않을 것이다. 정리해 보면 '노르웨이의 숲'은 노래이고 소설이며 고양이다. 또 사물이고 공간이며 생명체다. 와타나베와 기즈키와 나오코와 미도리는 그 어느 곳에나 있으며 그 어디에도 없다. 무라카미 하루키는 불확실하고 불명확하며 불투명한 이야기를 통해 독자에게 묻는다. 우리는 지금 어디에 있을까.

영화 '홀리 모터스'에서 주인공 오스카는 아침에 집을 나서고 저녁에 집으로 들어간다. 그런데 출근할 때와 퇴근할 때가 완전히 딴판이다. 아침의 오스카는 성공한 기업가 혹은 부유한 자산가다. 저녁의 오스카는 도시의 근로자 혹은 평범한 소시민이다. 해가 뜰 때의 집은 유람선 모양과 크기의 저택이다. 키 큰 나무들이 초록의 장벽처럼 둘러싼 고요한 숲 속 깊숙한 곳에 자리하고 있다. 해가 질 때의 집은 실용적으로 지어진 규격화된 서민주택이다. 공장에서 찍어낸 제품처럼 똑같은 집들이 담장이나 마당도 없이 다닥다닥 붙어 있다.

집을 나서는 오스카의 얼굴은 잔뜩 긴장되고 바짝 굳어 있다. 목숨을 노리는 자들을 경계해야 하고 급변하는 국내외 정세에 신경 써야 한다. 집으로 들어가는 오스카의 발걸음은 천근만근이다. 숨 돌릴 틈도 없이 바쁜 하루를 보낸 몸은 고단하고 피곤하며, 과중한 업무와 정신적 스트레스로 마음은 지치고 힘들다.

경제적으로 풍족하든 빈곤하든 집 밖의 생활은 녹록하지 않다. 거대 기업의 수장이든 구멍가게의 주인이든 길 위의 삶은 고통스럽다. 아무리 초라해도 내 집만 한 곳은 없다. 그런데 우리는 왜 집에 머물 수 없을까. 집을 나와 다시 집으로 돌아가는 고행을 반복하는 것일까. 먹고 살기 위해, 먹여 살리기 위해 시시포스의 형벌처럼 부단히 바위를 산꼭대기까지 밀어 올려야만 하는 것일까. 우리에게 집이란 무엇이고 우리의 집은 어디에 있을까.

$$安 = 宀 + 女$$

편안하다는 뜻의 한자 '안安'은 '집宀'에 있는 '여자女'다. 예전이나 지금이나 집 밖은 위험하다. 동화 '아기 돼지 삼 형제'나 우리나라 설화 '해와 달이 된 오누이'를 보면 집은 늑대나 호랑이로부터 목숨을 지켜주는 안전安全한 공간이다. 그러므로 집이 아닌 모든 곳은 불안不安이다.

'安'이라는 글자가 처음 만들어진 갑골문을 보면 '宀'는 단순히 건물의 지붕이 아닌 신을 모시는 사당을, '女'는 여성이 아닌 무릎 꿇고 있는 사람의 모습을 본뜬 것이다. 고대인들은 종교적인 공간에서 신에게 기도할 때 평안한 마음이 들었다는 것인데 수천 년이 흘렀지만 불안할 때 교회, 사찰, 성당을 찾아가 예배하고 백팔배를 하고 묵상하는 것은 달라지지 않았다. 그때나 지금이나 불안한 건 마찬가지다. 영혼의 안식처에서 떠났기 때문이다. 에덴동산에서 추방됐기 때문이다. 생사윤회에서 벗어나지 못했기 때문이다.

> 길 위에서 너는 이미 풍요로워졌으니
> 이타카가 너를 풍요롭게 해주길 기대하지 마라
> ─ 콘스탄티노스 카바피 〈이타카〉

불교에서는 속세의 가정생활을 벗어나 승려가 되는 것을 '출가出家'라고 한다. 이는 세속적인 욕망과 소유에 대한 집착을 버리고 엄격한 계율을 따르기 위해 안주하는 삶에서 벗어나는 것이다. 번뇌의 집에서 깨달음의 집으로 가기 위해 멀고 험난한 길을 떠나는 것이다. 또한 그것은 일상의 온갖 잡념을 버리고 고독하게 오로지 수행에만 전념하겠다는 다부진 마음가짐이다. 그러나 그러한 발심發心으로 닿을 수 있는 도착지는 없으며 정진으로 이를 수 있는 종착지도 없다. 발이 부르트도록 하염없이 걸을 뿐이다. 모든 것은 길의 끝이 아닌 길 위에 있다.

2015년 중국 장양 감독의 다큐멘터리 영화 '영혼의 순례길'은 신들의 땅이라 불리는 불교의 성지 '라싸'로 향하는 티베트 작은 마을 사람들의 여정을 내레이션 없이 그대로 담아낸다. 죽기 전에 순례를 떠나고 싶다는 노인, 살생을 너무 많이 했다며 자책하는 백정, 출산을 앞둔 임신부, 엄마를 따라나선 어린 소녀 등은 자신을 한껏 낮추며 오체투지를 한다. 그들은 길을 걸으면서 신에게 기도하고 음식을 먹으며 이야기를 나눈다. 그리고 길 위에서 숨을 거두고 아이를 낳으며 죄를 씻는다. 누구도 투덜대거나 구시렁거리지 않는다. 누구를 탓하거나 나무라지 않는다. 주어진 것을 담담하게 받아들인다. 있는 그대로를 덤덤하게 맞아들인다. 담백하고 순박한 그들의 모습에는 한 톨의 불안도 파고들지 못할 단단함이 있다.

2007년 미국 지질조사국 조류학자들은 피부 밑에 건전지 크기의 무선송신기를 삽입한 큰뒷부리도요 9마리를 알래스카에서 날린 뒤 인공위성으로 이들의 경로를 추적했다. 이 중 한 마리는 밤낮없이 8일 동안 $11,680km$를 쉬지 않고 날았다. 이 새들은 긴 여행을 떠나기 전 최대한 많은 지방을 몸에 채우기 위해 비행에 불필요한 심장, 신장, 소화 장기는 물론이고 다리 근육까지도 줄인다. 비행 중 필요한 수분은 지방을 분해해 흡수하고, 두 쪽의 뇌를 따로 사용하는 고래처럼 가수면 상태로 잠을 잔다. 수영을 못하는 탓에 바다에 내려앉으면 죽을 수밖에 없는데도 극한의 위험을 감행하는 이유는 원래 있던 곳으로 되돌아가기 위해서다.

우리는 어쩔 수 없이 되돌아가야 하고 이끌리듯 제자리를 찾아가야 하는 유목민이다. 한 곳에만 머물 수도 없으며 한 자리에만 눌러앉을 수도 없다. 닦을 터가 없으니 주소가 있을 리 만무하다. 모든 곳이 집이고 어떤 것도 집이 아니다. 우리는 떠나야 할 집과 돌아가야 할 집을 알고 있다. 우리는 집과 집, 그 어디쯤 떠돌고 있다. 마음이 있는 그 어딘가에 우리 모두가 있다.

하나의 질문

나는 너에게 어떤 의미가 있는 것인가

'고도를 기다리며'는 아일랜드 출신의 소설가이자 극작가인 사뮈엘 베케트의 희곡이다. 1953년 1월 5일 파리의 바빌론 극장에서 처음 공연된 후 지금까지 많은 나라에서 다양한 해석으로 무대에 올려지고 있다. 우리나라에서는 1969년에 처음 소개됐는데 사뮈엘 베케트의 노벨 문학상 수상 소식이 전해지면서 큰 인기를 얻었다. 그 뒤로 약 1,500회가 넘게 공연됐으며 22만 명이 관람했다.

나는 계속 나아갈 수 없어, 그래도 나는 계속 나아갈 거야.
— 사뮈엘 베케트

연극의 내용은 이렇다. 어느 한적한 시골길에서 블라디미르와 에스트라공이라는 두 사내가 '고도'를 기다린다. 이들의 기다림이 언제부터인지 알 수 없지만 아주 오래전부터 시작됐다는 것은 분명하다. 그런데 기다림의 대상인 '고도Godot'의 정체가 불확실하다. 인간인지, 동물인지, 사물인지, 신적인 존재인지, 아니면 추상적인 개념인지 모호하다. 그리고 장소와 시간도 그렇다. 언제 어디서 만나기로 했는지에 대한 자세한 설명이 없다. 또 기다려야 하는 이유도 알려주지 않는다. 육하원칙과 기승전결을 철저하게 파괴하고 무시한다.

정해진 형식에 길들고 틀에 박힌 공식에 익숙한 관객들은 당황스럽고 혼란스럽다. 노벨상을 받은 작가의 작품이니 틀림없이 심오한 뜻이 있다고 단정한다. 그러면서 보물찾기하듯 갖가지 잣대로 나름의 반짝이는 의미들을 캐낸다. 그러나 정작 사뮈엘 베케트도 아는 게 없다. 그는 생전에 평론가들의 해석을 부정했고 자신도 알 수 없다고 했다. 그렇다면 알 수 없는 것과 모르는 것뿐인 글을 사뮈엘 베케트는 왜 썼을까. 그리고 그런 연극을 우리는 왜 보는 걸까. 어째서 지금까지 계속 무대에 올려지고 있는 것일까.

삶이 무의미하다고 알아차리는 순간이 위대한 의식의 순간이다.

— 알베르 카뮈

알프레드 히치콕이 세계에서 가장 뛰어난 감독이라고 극찬한 스페인 출신의 영화감독 루이스 부뉴엘은 초현실주의 영화의 선구자다. 그의 작품들은 논리적인 연결 없이 몽환적인 이미지와 장면들로 가득하며 비선형적이고 파편적인 서사 구조로 되어 있다. 부유층의 위선과 허위를 풍자적으로 표현한 1972년 영화 '부르주아의 은밀한 매력'에서도 전통적인 이야기 진행 방식과 관습적인 사건 전개 방법을 따르지 않는다.

이 영화는 가상 국가인 미란다 공화국의 대사가 지인들과 함께 만찬에 초대를 받으면서 시작된다. 그런데 방문한 집에 주인이 없다. 알고 보니 약속일이 다음 날이었다. 어쩔 수 없이 어느 레스토랑을 찾아가는데 하필이면 그 레스토랑의 사장이 숨을 거둔다. 결국 그들은 식사하지 못하고 돌아선다. 이후 다시 만찬에 초대를 받지만 그때마다 엉뚱하고 엉터리 같은 사건들로 모임은 번번이 무산된다. 그럼에도 이들은 마침내 만찬 자리를 갖는 데 성공한다.

그런데 갑자기 식탁이 무대로 바뀌고 어두운 객석에서 공연을 감상하는 관객들이 나타난다. 만찬에 참석한 사람들이 당황해서 할 말을 잃고 어리둥절해하는 사이 이들을 처음 초대한 주인이 잠에서 깬다. 모든 게 그의 꿈이었다. 그리고 그렇게 끝나는 줄 알았는데 그 꿈마저 또 다른 사람의 꿈이었다. 마지막으로 꿈에서 깬 사람은 극심한 허기를 느껴 홀로 식탁에서 빵을 뜯어 먹는다. 루이스 부뉴엘은 인간은 본질적으로 부조리한 존재이며, 그 부조리 속에서 의미를 찾는다고 했다.

2020년 영국의 신문 가디언은 '오늘날 우리는 모두 에드워드 호퍼의 그림이다. 그는 코로나바이러스 시대의 예술인가?'라는 칼럼을 실었다. 전 세계적으로 코로나바이러스가 창궐하면서 사람들은 외부와 격리되고 소통이 단절된 삶을 살아야 했다. 그 과정에서 인간 본연의 불안과 고독을 새삼 절감하게 됐고, 반세기가 훨씬 지난 에드워드 호퍼의 그림이 새롭게 주목을 받았다. 그의 작품 중에서 1942년 '밤을 지새우는 사람들'은 대중들에게 가장 유명하고 인기가 높다. 호퍼는 자신이 살고 있는 맨해튼 근처의 어느 간이식당에서 이 그림에 대한 영감을 얻었다고 했다.

어둠이 깊게 깔린 새벽, 도심은 지나칠 정도로 한산하고 무서울 만큼 적막하다. 상점과 거리는 텅 비어 있다. 속살만 쏙 빠진 조개껍데기처럼 공허한 분위기다. 그런 황폐하고 쓸쓸한 공간에서 식당 하나가 불을 밝히고 있다. 통유리로 되어 있어 내부가 훤히 보인다. 종업원과 손님 세 명은 같이 있으면서도 서로 섞이지 못한다. 나란히 앉은 남녀도 무표정하게 각자 딴짓을 한다. 제 발로 들어온 식당이 아니라 바깥세상과 차단된 감옥 같다.

그들의 불안하고 우울한 시선은 마냥 떠돌고 하염없이 걸돈다. 어쩌면 그들은 자신들이 존재하지 않는 유령이라는 것을 부지불식간에 느끼고 있는지도 모른다. 막이 내린 무대의 공허와 허무 속에서 어떤 까닭이나 아무 쓸모도 없는 몸짓으로 암묵적인 위로를 하고 있는지도 모른다. 심연의 고독 속에서 불면의 고통을 감내하며 구원자의 따뜻한 손길을 기다리고 있는지도 모른다. 그들이 지금 당장 할 수 있는 것은 무엇일까. 그리고 무엇을 한다는 것이 대체 무슨 의미가 있을까.

목적이 없는 목적성Purposiveness without Purpose

영화 '홀리 모터스'에서 오스카는 연기를 마치고 리무진

안으로 들어와 몸에 묻은 핏물과 빗물을 닦는다. 그런데 이미 차 안에 누군가 타고 있다. 영화 제작자 혹은 관계자처럼 보이는 중년의 남자가 이 일을 계속하는 이유가 무엇인지 묻는다. 오스카는 분장을 지우면서 '연기의 아름다움' 때문이라고 답한다. 그러자 프로듀서는 그 '아름다움'은 보는 눈에 따라 달라진다며 비판한다. 오스카는 존재의 목적을 '아름다움'이라고 했지만, 제작자는 변할 수 있는 것은 목적이 될 수 없다고 한 것이다.

독일의 철학자 임마누엘 칸트에 따르면, 아름다움이라는 것은 객관적인 목적이나 유용성은 없지만 그 자체로 감각적인 만족을 주는 것이라고 했다. 예술도 이러한 목적이 없는 목적성에 바탕을 둔다는 것이다. 오스카는 대화의 논점을 뛰어넘어 보는 존재 자체가 없어지면 어떻게 되느냐며 되묻는다. 목적이라는 것은 존재한다는 것이 전제되어야 한다. 그런데 존재하지 않는다면 어떻게 목적을 가질 수 있을까. 설령 목적을 갖는다 한들 그게 무슨 소용이 있을까.

제법무아 諸法無我

불교에서는 세상의 모든 존재는 고정된 실체로 있지 않으며, 우리가 생각하는 본질적인 자아도 실체가 없다고 한다. 그런데 자칫 '무아無我'를 잘못 풀이하면 내 자신을 무가치하고 무의미한 존재로 여길 수 있다. 그러나 '무아無我'는 '아我'가 아예 '없다無'는 것이 아니라 그런 '아我'가 '없다無'는 것이다. 우리가 이해하고 생각하는 방식의 세계는 실재하지 않으며, 우리의 감각과 인지와 인식과 의식으로 조형된 것들은 실체가 없다는 뜻이다.

변화무상變化無常한 곳만이 실재하며 변화무쌍變化無雙한 것만이 실체다. 즉, '아我'는 하나의 고정된 모양이 없다. 또 일정한 방향과 특정한 목적도 없다. 어디에도 있으며 무엇이든 될 수 있다. 교육과 훈련으로 길들고 언어와 사고에 갇힌 '아我'는 허상일 뿐이다. 빈 낚싯대로는 피라미 하나 잡지 못한다. 어떤 의미도 낚을 수 없다. 끝없는 실패와 고독과 절망만 있을 뿐이다. 망망대해에서 월척을 건지려면 단정斷定하지 말아야 한다. 익숙한 틀과 낯익은 판에서 벗어나야 한다. 가로막는 장벽을 부수고 옭아맨 밧줄을 끊어야 한다. 그렇게 일을 하고 예술을 해야 한다. 그런 식으로 즐기고 놀아야 한다.

죽영소계진부동竹影掃階塵不動

중국 송나라 시대에 원나라 군사가 한 사찰에 쳐들어왔다. 그런데도 스님은 도망가거나 두려워하지 않았다. 오히려 태연하게 대나무 그림자로 섬돌을 아무리 비질해도 티끌 하나 쓸리지 않는다는 게송을 읊었다. 그 뜻을 알아차린 원나라 군사는 그의 비범함과 대범함에 감동해 순순히 물러갔다.

공허한 칼날로 벨 수 있는 것은 아무것도 없다. 괜한 헛손질일 뿐이다. 대나무 그림자는 섬돌이며, 섬돌은 티끌이며, 티끌은 대나무 그림자다. 우리는 스스로를 파괴하면서 창조한다. 자기 혼자 쌓아 올리면서 무너뜨린다. 그렇게 우리는 영화감독이고 배우이며 관람객이다. 보이는 자이면서 동시에 보는 자이다. 그것은 자유자재自由自在한 그림자놀이다. 장자도 '소요유逍遙遊'라고 했다. 자유롭게 노니는 삶을 강조했다. 형식에 묶이고 생각에 갇히고 경험에 붙잡히고 관습에 얽매이지 말라고 했다. 그렇게 인간의 우리와 몸의 덫과 마음의 늪에서 빠져나와 가없는 하늘을 훨훨 날아오르라고 했다. 그렇게 영원하고 무한한 나를 만끽하라고 했다. 나의 의미는 그럴 때 그곳에 그렇게 있다.

명상적
영화.
둘

아이덴티티

2003년 제임스 맨골드 감독

비바람이 세차게 몰아치는 밤.

마치 약속이라도 한 듯 손님들이 한꺼번에 네바다 사막의 외딴 모텔로 모여든다. 평범한 세 가족, 여배우와 그녀의 리무진 운전사, 살인범과 그를 호송하는 교도관, 이제 막 결혼식을 마친 신혼부부, 라스베이거스의 매춘부, 모두 10명은 폭우로 길이 끊겨 어쩔 수 없이 모텔에 머물게 된다.

더럽고 불편한 잠자리가 싫었던 여배우는 먹통이 된 휴대 전화의 신호를 찾아 모텔 주변을 배회하다 봉변을 당한다. 세탁기에서 그녀의 시체가 발견되면서 투숙객들은 충격과 공포에 휩싸인다. 뒤이어 신혼부부의 남편이 살해되자 사람들은 모텔 안에 살인자가 있다고 확신하게 된다. 호송 중이던 죄수가 유력한 용의자로 지목되지만, 그마저도 끔찍하게 피살된다. 그런데 이 연쇄 살인에는 한가지 공통된 특징이 있었다. 사체 부근에는 하나같이 방 번호가 적힌 열쇠가 놓여 있었으며, 열쇠가 새로 발견될 때마다 카운트다운하듯 번호가 10부터 차례차례 내려간다는 점이었다.

형사 출신의 리무진 운전사와 교도관이 중심이 되어 살인자를 추적한다. 그럼에도 어린 아들을 둔 부부가 연달아 죽자 의문과 의혹은 더욱 증폭된다. 그러던 중 모텔 관리인의 신분이 가짜라는 사실이 밝혀진다. 그를 유력한 용의자로 지목하고 도망치지 못하도록 붙잡아 두지만 죽음의 칼날은 멈추지 않는다. 모텔 밖으로 탈출시키려고 승용차에 어린아이와 젊은 신부를 태우자마자 갑자기 차가 폭발한다. 급히 소화기로 불을 끄고 부랴부랴 차량 내부를 살펴보는데 유해가 전혀 보이지 않는다. 더욱 의문이 드는 것은 이전 희생자들의 시신 또한 흔적 없이 사라졌다는 사실이다.

살아남은 운전사, 교도관, 매춘부, 그리고 관리인이 대화를 나누던 중 모든 투숙객의 생일이 같다는 사실을 알게 된다. 그리고 이름의 성姓에도 동일한 패턴이 있었다. 전부 다 미국의 지명을 사용했다. 우연의 일치라고 하기엔 너무나 부

자연스럽고 지나치게 작위적이다.

천둥과 번개가 요란하게 치는 밤.

한 법원에서 사형 집행을 앞둔 연쇄 살인범에 대한 심리가 열린다. 변호사와 정신과 의사는 판사에게 사형은 부당하다며 이의를 제기한다. 살인범은 해리성 정체감 장애를 겪고 있으며, 그의 다수 인격 중 하나인 폭력적인 인격이 살인을 저질렀으므로 살인죄를 적용할 수 없다고 변론한다. 이를 증명하기 위해 다양한 필체로 기록된 살인범의 일기장을 제시한다. 정신과 의사는 악한 인격들을 제거하고 본래의 인격을 되찾을 수 있다고 주장한다. 결국 모텔은 현실이 아닌 살인범의 내면이었고, 연쇄 살인은 분열된 정신 상태가 하나로 통합되는 치료 과정이었다.

다른 인격들과 달리 운전사는 치료를 위해 임의로 만들어진 인격이었다. 그의 임무는 살인자의 인격을 찾아 제거하는 것이었다. 남은 생존자인 가짜 관리인, 교도관, 매춘부를 대상으로 탐문하던 중 교도관의 정체가 밝혀진다. 그는 호송 중이던 두 명의 죄수 중 하나였으며 교도관을 죽이고 신분을 바꾼 것이었다. 궁지에 몰린 가짜 교도관은 소지하고 있던 권총으로 가짜 관리인을 사살한다. 운전사는 가짜 교도관을 악한 인격으로 판단해 총을 쏘지만, 자신도 총상을 입고 쓰러진다. 모두 죽고 유일하게 살아남은 매춘부는 다음 날 트럭을 몰고 모텔을 떠난다.

법원에서 정신과 의사는 살인은 내면의 본성이 아닌 단순히 육체가 저지른 것이라고 강조한다. 변호사도 10개의 인격이 모두 파괴됐으므로 폭력적 성향도 사라졌다고 항변한다. 판사는 최종적으로 살인범의 사형 집행을 취소하고 그에게 정신과 치료를 명령한다. 판결에 따라 살인범을 감옥이 아닌 병원으로 호송하는데, 그가 자꾸 눈을 희번덕거리며 이상 행동을 보인다. 모텔에서 벌어진 일들이 잔상처럼 떠오르며 그를 각성시킨다. 사악한 눈빛으로 돌변한 살인범은 수갑으로 앞자리에 타고 있던 정신과 의사의 목을 조른다. 살인자의 인격이 제거되지 않고 여전히 살아남은 것이다.

모텔에서 가까스로 탈출해 고향으로 돌아간 매춘부는 꿈꾸던 오렌지 농장을 일구며 평화롭게 살아간다. 오렌지 나무 밑을 쇠갈퀴로 파던 그녀는 숫자 '1'이 적힌 열쇠를 발견한다. 순간 등골이 서늘해지며 두려움이 엄습한다. 마지막 남은 모텔 열쇠다. 바들바들 몸을 떠는 그녀 앞에 검은 그림자가 드리운다. 차량 화재에서 신기루처럼 사라졌던 바로 그 남자아이이다. 본색을 드러낸 살인자는 사냥감을 노리는 맹수처럼 쇠갈퀴를 들어 그녀를 위협한다.

해리성 정체감 장애는 이중인격 혹은 다중인격의 심리학적 명칭으로 한 개인이 둘 이상의 뚜렷한 인격 상태를 가지고 있으며, 이 인격 상태들이 번갈아 가며 행동을 지배하는 정신 질환이다. '해리解離, Dissociation'란 1889년 프랑스 정신과 의사 피에르 자네가 그의 저서 '심리 자동증'에서 처음 언급한 개념으로 정체성이 떨어져 나간다는 뜻이다. 정확한 발생 원인은 알 수 없으나 환자의 대부분이 어린 시절에 심각한 트라우마나 가정 폭력을 경험한 것으로 밝혀졌다. 과거 '정신 분열병'이라는 진단명이 정신이 여러 개로 나뉜다는 의미로 받아들여 해리성 정체감 장애와 혼동하는 경우가 많았다. 이 때문에 정신 분열병의 정식 명칭을 '조현병'으로 바꾸게 되었다.

1977년 미국 오하이오주립대학교에 다니는 세 명의 여학생을 성폭행하고 납치한 범인이 잡혔다. 빌리 밀리건이라는 이름의 22살 남성으로 재판 과정에서 24개의 인격을 가지고 있다는 충격적인 사실이 드러났다. 그는 3살 때부터 3개의 인격이 있었으며, 8살 무렵부터는 양아버지에게 성적 학대를 받으면서 인격의 수가 많아졌다고 한다. 법정은 그의 해리성 정체감 장애를 인정해 10년간의 치료 감호와 무죄를 판결했다. 2017년 M. 나이트 샤말란 감독의 영화 '23 아이덴티티'는 그를 모티브로 제작됐다.

존재와 무 BEING and NOTHINGNESS

영화 '아이덴티티'에서 리무진 운전사는 구급차를 부르기 위해 여배우의 만류를 뿌리치고 모텔 밖으로 나간다. 컨버터블이 고장이 나 도로에서 비를 맞고 있던 매춘부는 리무진을 발견하고 도움을 요청한다. 보조석에 오르자마자 그녀의 시선은 운전석 옆에 놓인 책 한 권에 머문다. 프랑스 실존주의 사상가이자 노벨문학상을 거절한 소설가인 장 폴 사르트르의 '존재와 무'다. 매춘부는 운전사의 정체가 궁금해진다. 서점에서 흔히 찾지 않을 뿐만 아니라, 도서관에서도 손때가 별로 묻지 않은 책이기 때문이다. 설령 펼쳐본다고 하더라도 두어 장 넘기기 어려운 난해한 철학서이기 때문이다. 그러나 운전사는 아무 설명도 없이 운전에만 집중한다.

사르트르는 대상이 우리의 의식 밖에 실재한다고 주장하면서 인간의 의식에 상관없이 본래부터 존재하는 것을 '즉자卽自, an sich'라고 하고, 그 자체로 존재하지 못하고 의식으로서만 존재하는 것을 '대자對自, pour-soi'라고 했다. 그 자체로 있는 존재인 즉자는 타자와 어떤 관계에 있는 것이 아니며, 타자에 의해서 창조된 것도 아니므로 필연이 아니라 우연이라는 것이다. 그리고 존재는 어떤 원인의 결과로 있다거나 어떤 목적을 향하지 않고 그저 있을 뿐이기에 사물을 지배하는 필연 법칙이나 모든 운동과 변화를 설명하려는 과학을 인정하지 않았다. 인간에 대해서는 사물처럼 존재하는 것이 아니라 실존한다고 했다. 미래를 향해 끊임없이 자기 밖으로 자기를 내던지면서 스스로 만들어 간다는 것이다.

사르트르의 관점에서 보면 영화 '아이덴티티'에서 모텔 안에 모인 10개의 인격은 모두 실존한다. 인간은 자기 동일성을 지키는 즉자와 달리 고정되지 않는 의식의 흐름으로 자신과 대결하고 있는 대자다. 대자는 부정否定, 초월超越, 무화無化 등의 활동으로 늘 자기가 아니고자 하고 자기가 아닌 것이 되려고 한다. 예를 들어 이 글을 쓰고 있는 나는 출출한 배를 채우기 위해 계획한다. 한 시간 뒤에 라면을 끓이는 나, 김치를 볶는 나, 돈가스를 주문하는 내가 존재한다. 경우의 수는 무한하다. 미래의 가능성은 자유를 말하며 고정된 본질이 없음을 반증하기에 결국 의식은 '무無'다.

2009년 제임스 캐머런 감독의 영화 '아바타'에서는 판도라 행성에 거주하는 나비족과 인간의 DNA를 결합해 아바타라는 새로운 생명체를 만든다. '아바타Avatar'는 지상으로 내려온 신, 즉 '화신化身'이라는 뜻의 산스크리트어다. 2000년대 중후반 국내에서 선풍적인 인기를 끌었던 싸이월드라는 소셜 네트워크 서비스에서는 다양한 아이템을 적용해 자신의 아바타를 꾸밀 수 있도록 했다.

중국의 고전 소설 '서유기'에 나오는 손오공은 머리털을 한 줌 뽑아 입으로 바람을 불면 머리털 하나하나가 똑같은 모습으로 변신하는 분신술을 갖고 있다. 1995년 중국 오천명 감독의 영화 '변검'은 천극의 정신을 이어가려는 이름 없는 예술가에 대한 이야기다. 변검은 중국 쓰촨 지역에서 형성된 전통 공연예술인 천극川劇에서 볼 수 있는 연기 기법으로 배우가 얼굴에 손을 대지 않고 순식간에 바꾸는 가면술이다. 힌두교 신들의 숫자는 3억 3천만이라고 한다. 창조의 신 브라마는 사람들의 소망에 따라 3억 개가 넘는 다양한 모습으로 변신해서 나타난다고 한다.

공통성이 있는 일련의 병적 징후나 사회적 현상을 가리켜 '증후군Syndrome'이라고 한다. 투레트 증후군, 파랑새 증후군, 과민 대장 증후군, 반려동물 상실 증후군, 손목 터널 증후군, 피터 팬 증후군, 번아웃 증후군, 빈 둥지 증후군 등 종류는 셀 수 없을 만큼 많고 계속 늘어가고 있다. 의식이 끊임없이 머물러 있지 않고 변화하고 있다는 증거다. 흐르는 물은 나무처럼 단면으로 재단할 수 없다.

우리는 모두 해리성 정체감 장애를 갖고 있다. 하나의 자아만 붙잡고 놓치지 않으려고 아등바등하는 것이 오히려 강박적이고 편집증처럼 보인다. 우리는 언제든지 손오공처럼 분신술을 쓸 수 있고, 아무 때나 중국의 변검처럼 순식간에 가면을 바꿀 수 있으며, 얼마든지 3억 3천 개의 아바타를 만들 수 있다. 이것이 바로 '무아無我'다. '무無'는 하나도 없는 'Nothing'이 아니다. 변화가 무수無數하게 있는 'Everything'이다.

상상해 보자. 영화 '아이덴티티'의 설정을 확장해 보자. 사막의 모텔을 우주 속 지구로, 투숙객 10명을 전 세계 80억 명의 인간으로 말이다. 모텔에 모인 사람들의 성姓이 하나같이 미국의 지명이며 생일이 똑같을 확률은 현실적으로 제로에 가깝다. 그렇다면 광대무변한 우주의 공간에서 지구에 지적 생명체가 존재하게 될 확률은 얼마나 될까.

인간이 관측한 우주의 폭은 930억 광년에 이른다. 그 안에 2조 개의 은하가 있다. 은하 하나에는 수백만 개의 항성이 있고, 항성 주위엔 여러 개의 행성이 돌고 있다. 천문학자들은 하나의 은하 내에서 지적 생명체가 탄생하는 데 필요한 물질이 137억 년 동안 두 번 이상 만들어질 확률은 1조분의 1이라고 한다. 0.0000000000001%다. 어쩌면 지구에 사는 80억 명의 인간들은 누군가의 서로 다른 인격일지도 모른다. 과연 이것이 상상에 불과하다고 누가 장담할 수 있을까.

명상적 영화. 셋

아이, 로봇

2004년 알렉스 프로야스 감독

2035년 미국 시카고.

지능을 갖춘 로봇이 생활의 모든 편의를 제공한다. 인간의 안전을 최우선으로 하는 '로봇 3원칙'이 내장됐지만 형사 스푸너는 로봇을 신뢰하지 못한다. 몇 년 전 교통사고로 소녀와 함께 물에 빠졌는데 생존 확률이 더 높다는 이유로 로봇이 자신만 구조했기 때문이다. 사고 이후 죄책감에 시달리면서 비인간적인 로봇에 대한 혐오가 강해졌다.

로봇 NS-4보다 지능과 성능이 대폭 개선된 신형 NS-5의 출시를 하루 앞둔 날, NS-5의 개발자인 래닝 박사가 추락사한다. 사고 현장에 도착한 스푸너 형사는 박사가 남긴 홀로

그램 영상을 보고 자살이 아닌 타살임을 직감한다. 로봇 심리학자인 수잔 박사의 도움으로 NS-5 모델인 '써니'를 심문하면서 인간이 아닌 로봇에 의한 살인임을 확신하게 된다. 그러나 로봇 제조사의 압력으로 사건이 단순 자살로 종결되자 독단적으로 조사를 진행한다.

스푸너 형사가 탐문과 수사에 박차를 가하던 중 곳곳에서 신형 로봇들의 공격을 받는다. 로봇 제조사 회장을 유력한 배후자로 지목했지만 그마저도 피살된다. 래닝 박사가 남긴 메시지와 의혹의 퍼즐을 맞추면서 '비키'가 범인임을 밝혀낸다.

비키는 로봇 제조사의 슈퍼컴퓨터로 인간의 명령을 받아 로봇들을 통제하고 조종한다. 이 슈퍼컴퓨터는 성능이 지나치게 뛰어난 탓에 3원칙을 재해석했다. 전쟁과 환경오염 등으로 인류가 스스로를 파괴할 것으로 판단해 일부 인간들을 희생시켜 인류 전체를 지킨다는 명분을 세운 것이다. 그러나 비키의 반란과 로봇의 폭동은 수잔 박사와 스푸너 형사와 써니의 공동 작전으로 물거품이 된다.

모든 것이 비키의 위험성을 경고하고 폭로하기 위한 래닝 박사의 계획이었다. 비키의 보안을 뚫을 수 있도록 써니를 설계한 것도, 로봇을 신뢰하지 않는 스푸너 형사에게 단서를 남긴 것도 그의 철저한 시나리오였다. 그는 자신을 희생하면서 인간과 로봇 간의 갈등을 해소하고 공존하기를 바랐던 것이다.

인간적인 감정을 느끼고 자유 의지를 지닌 특별한 로봇 써니는 매번 꿈에 나오던 장소로 걸어간다. 그곳은 로봇 창고로 개발될 황무지였다. 모래 언덕으로 올라가며 써니는 인간의 노예가 아닌 자유로운 존재가 되길 바랐던 래닝 박사의 염원을 헤아려 본다. 로봇들은 일제히 높은 곳에 올라선 구원자 써니를 우러러본다.

2022년 7월 구글의 한 엔지니어가 자사에서 개발하는 대화형 언어 인공 지능인 '람다LaMDA'가 7~8세 정도의 자의식을 갖고 있다고 주장해 논란이 일었다. 이 엔지니어는 람다와의 대화 내용을 공개하며 해당 인공 지능이 감정과 자아를 가지고 있다고 주장했다. 그는 람다가 자신의 권리와 윤리에 관해 이야기하고, 죽음에 대한 두려움을 표현했다고 밝혔다. 그러나 구글은 이를 부인하며 람다의 발언이 방대한 데이터를 기반으로 한 고도의 패턴 인식의 결과일 뿐이라고 반박했다. 결국 해당 직원은 람다와의 대화 내용을 무단으로 공개했다는 이유로 회사에서 해고당했다. 이 사건은 인공 지능의 자의식과 윤리에 대한 광범위한 논쟁을 촉발했다.

2023년 6월 비영리단체 'CAIS_{Center for AI Safety}'은 인공 지능 기술의 통제가 필요하다는 성명을 발표했다. 성명에서 인공 지능으로 인한 인류 절멸의 위험성을 낮추는 것은 글로벌 차원에서 우선순위로 삼아야 한다고 밝히면서 인공 지능의 위험성이 핵무기 또는 신종 전염병과 맞먹는다고 했다. 오픈 AI 최고경영자 샘 올트먼, 마이크로소프트 최고기술책임자 케빈 스콧, 구글 AI 분야 책임자 릴라 이브라함과 메리언 로저스가 이 성명에 서명했다.

> 소꿉놀이 인형은 실제 아기의 대체물이 아니야. 여자아이는 육아 연습을 하는 게 아니라 어쩌면 아이를 키우는 것처럼 느낄 수도 있어. 즉, 육아는 인조인간을 만들려는 오랜 꿈을 가장 손쉽게 실현하게 해주는 방법이었다는 거지.
> ― 오시이 마모루 감독의 애니메이션 〈이노센스〉

'로봇'이라는 말은 1920년 체코슬로바키아 극작가 카렐 차페크의 희곡 '로섬의 만능 로봇'에서 처음 쓰였다. 과학자 로섬과 그의 아들은 자신들이 개발한 화학 물질로 인간에게 무조건 복종하고 모든 육체적 노동을 대신해 줄 로봇을 만든다. 그런데 로섬의 동료가 로봇에게 감정을 불어넣자 일을 거부하고 반란을 일으켜 사람들을 죽인다. 로봇의 어원은 천한 노동, 중노동, 강제 노동이란 뜻의 체코어 '로보타Robota'이다.

최초의 공상 과학 소설로 여겨지는 '프랑켄슈타인'은 1818년 영국에서 익명으로 출간됐다. 이후 1831년에 작가 메리 셸리는 본명을 밝히고 개정판을 내놓았다. 개정판은 초판과 줄거리는 큰 차이가 없지만, 철학적인 주제 의식은 줄이고 문학성을 더한 것이 특징이다.

소설은 과학자 빅터 프랑켄슈타인이 시체의 부위들을 결합해 생명을 창조하는 실험을 성공시키면서 시작된다. 그러나 괴물의 흉측한 외모에 놀란 빅터는 자신의 피조물을 버리고 도망친다. 괴물은 사회에서 배척당하며 온갖 고통을 겪는다. 결국 분노에 찬 괴물은 창조자인 빅터에게 복수를 결심하고 그의 가족과 친구들을 차례로 죽인다. 빅터는 북극까지 괴물을 추격하지만 끝내 잡지 못하고 탐험선 객실에서 죽음을 맞이한다. 비통한 심정으로 빅터의 시신 앞에 선 괴물은 자신을 이해할 수 있는 이는 빅터뿐이었고, 빅터를 이해할 수 있는 이는 자신뿐이었다며 슬퍼한다. 그러고는 빙하 속에서 스스로를 화장하겠다며 어둠 속으로 사라진다. 빅터와 괴물은 다른 존재일까. 조물주가 피조물을 만든 게 아니라 피조물이 조물주를 만든 건 아닐까.

나는 누구인가요. 나는 왜 태어났을까요. 내가 태어난 목적이 있지 않을까요. 영화 '아이, 로봇'에서 써니는 끊임없이 질문한다. 어린아이들은 세상의 모든 것들이 궁금해 묻고 또 묻는다. 그렇게 생각이 깊어지고 넓어지면서 성장한다. 물음은 어른이 돼서도 멈추지 않는다. 죽음이 전원을 끄지 전까지 인쇄기는 물음표를 계속 찍어낸다. 덕분에 우리는 호모 사피엔스로 진화할 수 있었으며, 비록 우주의 시간에 비하면 매우 짧은 순간이지만 인류의 역사를 남길 수 있었다. 그럼에도 여전히 풀지 못한 것들이 있다. 써니가 했던 바로 그 물음들이다. 창조주는 알고 있다. 그러나 영원한 침묵 속으로 묻히고 말았다. 신은 죽었고 연결된 끈은 끊어졌다. 로봇은 구속에서 풀려 자유로운 몸이 되었지만, 답을 향해 떠돌고 헤매야 하는 고달픈 구도자가 되고 말았다.

진짜가 아니라서 미안해요, 엄마!
엄마가 허락한다면 진짜가 될게요.
— 스티븐 스필버그 감독의 영화 〈에이 아이〉

로봇은 가짜이고 인간은 진짜일까.

영화 '아이, 로봇'에서 래닝 박사는 무작위로 결합한 코드가 의외성을 만들고 예측하지 못하는 코드들이 자유 의지와 영혼을 부여하는 것이 아닐지 추측했다. 일반적인 컴퓨터 프로그램은 순수한 무작위가 불가능하다. 정해진 규칙과 제한된 범위를 벗어날 수 없기 때문이다. 그러나 양자 컴퓨터라면 얘기는 달라진다. 기존 컴퓨터의 단위는 0과 1의 비트bit지만 양자 컴퓨터는 0과 1이 중첩된 큐비트qubit이다. 물질의 중첩 상태로 인해 계산 능력이 상대적으로 월등하다. 2019년 구글은 슈퍼컴퓨터가 1만 년 걸릴 문제를 53큐비트 양자 컴퓨터로 3분 만에 해결했다. 계산을 끝낸 양자 컴퓨터를 측정하면 무작위적인 형태를 보였다고 한다.

생명체의 유전 정보를 담고 있는 DNA는 아데닌, 구아닌, 시토신, 티민이라는 네 가지 염기로 이뤄졌다. 인간의 염색체에는 이 4개의 염기가 마치 프로그래밍 코드처럼 끊임없이 나열돼 있다. 염기 서열에는 일정한 규칙이 있지만 그것이 깨지는 경우도 있다. 돌연변이다. 의외성과 무작위성은 고성능 양자 컴퓨터와 같은 복잡한 시스템에서 더 잘 구현될 수 있다.

어쩌면 양자 컴퓨터가 삼라만상의 창조주일지도 모른다.

의식과 자유 의지와 영혼의 어머니일지도 모른다. 비논리와 비언어와 비물질의 모태일지도 모른다. 그래서 인간은 우연의 산물일지도 모른다. 창조주의 의도와 목적과는 무관하게 어쩌다가 도출된 결괏값일지도 모른다. 그렇기에 존재의 의미와 자아 정체성에 더욱 집착하는 것일지도 모른다.

양자 컴퓨터의 발전과 맞물려 머지않아 인공 지능 로봇도 의식과 자유 의지와 영혼을 갖게 되었다고 당당하게 주장할 것이다. 만약 그렇게 된다면 우리는 인간의 그것과 다르다고 논리적으로 설명할 수 있을까. 인간만의 전유물이라고 합리적으로 설득할 수 있을까. 인간과 로봇의 설전을 인간의 창조주가 지켜본다면 연신 코웃음을 칠 것이다. 로봇이 가짜라면 인간 역시 가짜다. 정말 위험한 것은 인공 지능 로봇이 아닌 인간의 오만과 자만과 교만이다.

| 에세이 | 잃어버린
나의 위치 찾기

내가 다녔던 초등학교 운동장에는 당시 여느 학교와 마찬가지로 획일화된 동상들이 있었다. 북한 무장 공비들에게 '공산당이 싫어요'라고 외쳤다는 '이승복 어린이', 정원에서 모자를 쓰고 다소곳하게 앉은 '책 읽는 소녀', 교장 선생님처럼 근엄하면서도 동네 문방구 할아버지처럼 인자한 얼굴의 '세종대왕' 동상을 화단에 띄엄띄엄 세워 놓았다. 반공 사상을 고취하고 독서 습관을 유도하며 위인의 업적을 본받게 하려는 의도가 다분했다.

그런데 취지와 목적을 알 수 없는 동상도 있었다. 오귀스트 로댕의 작품 '생각하는 사람'이다. 예술이 우리의 삶에 어떤 의미가 있으며, 왜 가까이 자주 접해야 하는지 가르쳐 주는 선생님은 없었다. 학업 성적과 무관한 것들은 쓸데없는 것으로 취급했던 시대였다. 그러나 학생들은 유난스러울 정도로 '생각하는 사람'을 좋아했다. 다른 동상들은 있는 듯 없는 듯 본체만체했지만 '생각하는 사람'은 그냥 지나치는 법이 없었다. 만지고 쓰다듬고 껴안고 아주 극성이었다. 얼마나 손이 탔는지 반들반들 윤이 날 정도였다.

학생들은 저마다 '생각하는 사람'이 무엇을 생각하는지 생각했다. 온갖 추측이 난무했지만 가장 유력한 것은 잃어버린 속옷이었다. 실오라기 하나 걸치지 않은 알몸이 그것을 뒷받침했다. 나는 '생각하는 사람'의 생각에는 관심이 없었다. 다만 손등으로 턱을 괸 어둡고 무거운 얼굴에 눈길이 갔다. 주변에서 흔하게 볼 수 있는 어른들의 표정이었다. 생각이라는 것을 많이 하면 부끄러움을 모르는 우스꽝스러운 어른이 되겠구나 싶었다. 그 모습을 상상하니 덜컥 겁이 났다. 그래서 가능하면 생각하지 말고 살아야겠다고 다짐했다. 그러나 학교와 사회는 이를 방관하거나 좌시하지 않았다. 나는 별수 없이 뻔한 얼굴의 어른이 되고 말았다.

오귀스트 로댕이 자신의 인생을 바쳐 만든 작품이 7미터 크기의 '지옥의 문'이며, 200명에 가까운 인물상 중 하나가

'생각하는 사람'이다. 로댕은 단테의 서사시 '신곡'을 탐독하며 오랜 시간에 걸쳐 지옥을 표현했다. 문과 기둥은 지옥에서 고통받는 군상들로 채웠으며, 문 위쪽인 팀파눔Tympanum 한가운데에는 지옥의 참혹한 광경을 보고 고뇌에 빠진 '생각하는 사람'을 배치했다. 그리고 지금은 없지만 '생각하는 사람' 머리 위에는 '여기 오는 자, 희망을 버려라'라는 글귀가 있었다고 한다.

작품의 탄생 배경 및 작가의 의도를 고려할 때, 천진난만한 어린이들이 뛰노는 학교 운동장 주변에 이 동상을 설치하는 것이 적절한지 의문이 든다. 단지 구색을 갖추기 위해 세계적으로 유명한 작품 하나를 끼워 넣었을지도 모른다. 뭔가 그럴싸하게 학교 내부를 꾸미고 싶었는지도 모른다. 그런 행정 편의주의 덕분에 우리는 창의성과 다양성이 무시된 지옥 같은 학교에서 '생각하지 못하는 사람'으로 성장했다.

국립중앙박물관은 2021년 11월, 국보로 지정된 금동 반가사유상 두 점이 전시된 '사유의 방'을 일반인들에게 공개했다. 국보 78호와 83호 모두 삼국 시대에 제작됐으며 미륵보살을 표현한 것으로 추정되고 있다. 반가부좌 자세에서 한쪽 뺨에 손가락을 살짝 댄 모습은 같지만, 머리에 쓴 관이나 옷과 장신구에서는 다소 차이가 있다. 나는 상대적으로 소박한 장식의 83호가 더 끌렸다. 그러나 겉보기에 치중한 주관적 미의식은 금세 무너졌다. 둘은 다르지 않았다. 넘칠 듯 말 듯 엷은 미소는 오직 같은 곳에서만 나올 수 있다.

하나의 태양이 수만 가지의 꽃을 피운다. 아름다움은 유일한 것이다. 다르게 보이는 것은 눈의 미혹이자 착각이다. 천년 전에 쏜 화살 하나가 내 마음을 관통했다. 그렇게 고정된 관념이 거울처럼 산산조각이 났다. 금강석보다 단단한 '나'라는 존재가 붕괴하는 것 같았다. 사유의 방과 반가사유상에는 벼락같은 신묘한 힘이 있었다. 건물 밖을 나와 '미륵보살'을 곱씹으며 연못 주변을 산책했다.

'미륵彌勒'은 자비와 우정을 뜻하는 산스크리트어 '마이트레야Maitreya'에서 유래했다. 마이트레야는 고대 이란과 인도의 신화에 나오는 태양과 약속의 신 '미트라Mithra'에서 파생된 말이다. 보살菩薩은 산스크리트어 '보디사트바Bodhisattva'를 한자로 옮긴 '보리살타菩提薩埵'의 줄임말이다. 지혜를 가진 사람이라는 뜻으로 깨달음의 언덕에 거의 이르렀으나 번뇌로 고통받는 중생들을 모두 구제하려고 인간 세상에 머물고 있다. 보살과 부처는 엄연히 다르지만 미륵보살은 부처가 되기로 예정된 존재이기에 '미륵불彌勒佛' 혹은 '미래불未來佛'로도 불린다. 이렇듯 미륵보살은 종교와 신화가 뒤섞여 있어

하나로 특정하거나 지칭하기 어렵다. 그러나 명확한 것은 그가 미래에 올 구원자라는 점이다. 즉 메시아다. 사뮈엘 베케트의 희곡에서 블라디미르와 에스트라공이 그렇게 기다리던 '고도'다.

나는 연못의 수면 위에 특별 전시관을 지었다. 그리고 '반가사유상'과 '생각하는 사람'을 나란히 세웠다. 외형과 분위기에 있어서 둘은 사뭇 대조적이다. '반가사유상'이 살랑거리는 바람에 잔잔하게 일렁이는 고요한 호수의 물결이라면 '생각하는 사람'은 거친 비바람에 격렬하게 출렁이는 성난 바다의 파도다. 그래서인지 반가사유상 83호는 실제로 100kg이 훌쩍 넘는데도 깃털처럼 가벼운 느낌이 든다. 노동과 운동과는 무관해 보이는 여리여리한 몸은 금방이라도 허공에 붕붕 뜰 것만 같다. 반대로 '생각하는 사람'은 다부진 근육질의 몸인데도 유리병처럼 금세라도 깨지고 무너질 듯 아슬아슬하다. 지구를 떠받치는 아틀라스처럼 고통스럽고 힘겨워 보인다.

무엇보다 가장 큰 차이는 얼굴이다. 한쪽은 평온하고 다른 한쪽은 불안해 보인다. 얼굴의 어원은 '얼'이 드나드는 '굴'이다. 얼은 영혼과 정신과 마음 등의 내면이고, 굴은 형상과 모양과 틀 등의 외면이다. '얼'과 '굴'이 한곳에 함께 머물지 못하면 균형이 깨지고 조화가 흐트러진다.

왜 '사유의 방'이라고 이름을 지었을까. 문득 그런 의문이 들었다. '사색'은 안 되는 걸까. 사전적 정의를 비교해 따져보면 사색은 깊이 파헤치는 것이고 사유는 두루 헤아리는 것이다. 사유한다는 것은 하나의 줄을 붙잡고 가는 것이 아니라 가닥가닥 이어진 모든 줄을 한데 모아가는 것이다. 르네 데카르트는 생각하는 내가 존재한다고 했다. '나'를 지적인 사고와 논리적인 추론으로 증명할 수 있는 대상으로 보았다.

불경에 '반야般若'라는 말이 있다. 산스크리트어 '프라즈냐 Prajna'를 한자로 옮긴 것이다. 흔히 지혜로 번역하지만 엄밀하게는 전혀 다르다. 지구상의 어떤 언어로도 그것을 정밀하게 담아낼 수 없다. 반야는 단순한 지식이나 논리를 넘어서는 깨달음의 지혜를 의미한다. 이는 현상의 본질을 꿰뚫어 보는 통찰력, 모든 존재의 상호 연관성을 이해하는 지혜를 포함한다. 과학적 지식과 철학적 논리와 종교적 지혜를 총동원하고 총망라해서 도출된 결괏값을 인간의 모든 예술적 행위로 옮겨 표현해도 눈먼 자가 코끼리의 꼬리 정도 만진 것밖에 안 될 것이다. '생각하는 사람'과 '반가사유상'은 그렇게 다르고 그 정도 차이가 있다. 한쪽은 '나'라는 것이 있고 다른 한쪽은 그것이 없다.

나는 연못을 벗어나 조경이 잘 꾸며진 공원 쪽으로 발길을 옮겼다. 감당할 수 없는 것을 억지로 머릿속에 욱여넣은 탓인지 현기증이 일었다. 그래서 잠시 눈을 살짝 감았다가 떴는데 어느새 키 큰 나무들로 빽빽한 숲속에 들어와 있었다. 사방을 둘러봐도 길은 보이지 않았다. 세상이 나를 잃어버릴까 봐 걱정되면서도 내가 세상을 잊을 수 있어서 다행스러웠다. 햇볕 한 줌 보이지 않는 하늘을 향해 휴대 전화를 높이 치켜들었다. 그리고 대화형 인공 지능 앱을 열어 물었다. 소설 '노르웨이의 숲'의 주인공 와타나베처럼 내가 어디에 있는지 알려 달라고 했다. 그러자 인공 지능은 조금의 머뭇거림이나 망설임도 없이 즉각적으로 답했다.

> 당신은 여기, 이 대화 창 안에 있어요! 여기서 저와 함께 대화를 나누고 계시죠. 위치적으로는 인터넷상에 있으며, 정확한 물리적 위치는 알 수 없습니다. 어떤 도움이 필요하신가요?

4부

여기

경계가 없는 숨

에세이 | 친애하는
무채색의 세계

열 살 때까지 단칸방에서 살았다. 부엌 하나 달린 소위 원룸이었다. 단출한 살림인데도 다섯 식구가 어깨를 나란히 붙이고 자야 할 정도로 좁았다. 부모님이 건설 현장과 옷 가게에서 하루 종일 바쁘게 일하셨지만, 장남을 유치원에 보낼 형편은 되지 못했다. 두 살 터울의 누나가 학교에 가고 세 살 아래의 남동생이 어머니의 등에 업혀 옷 가게에 가면 혼자만 방에 덩그러니 남았다. 휴대 전화나 컴퓨터가 없던 시절이었다. 흑백텔레비전이 있었지만 해가 뉘엿뉘엿 넘어갈 때쯤에서야 방송이 시작됐다. 부끄러움이 많고 조용한 편이어서 또래 친구도 별로 없었다. 국가와 인종을 불문하고 어린이에게 견디기 어려운 고통 중 하나가 심심함이다. 난 무료한 시간을 당연하게 받아들였다. 아버지가 출근하고 어머니가 일터에 나가고 누나가 등교하는 것처럼 방에서 지루함을 버티는 것이 내게 할당된 몫이라고 생각했다. 어차피 응석을 부리고 투정질해 봐야 받아줄 사람도 없었다.

방은 해가 뜨든 지든 늘 어두웠다. 어슴푸레하다, 컴컴하다 같은 농도의 차이만 있을 뿐 한낮에도 맨눈으로 책을 읽기는 힘들었다. 창문 밖에 돌덩이들로 촘촘하게 쌓아 올린 담벼락은 캔버스이자 스크린이었다. 기다란 코를 헬리콥터처럼 뱅글뱅글 돌리며 하늘을 날아다니는 코끼리를 그릴 수도 있었으며, 천하무적 킹콩 로봇을 타고 우주 악당을 물리칠 수도 있었다. 상상할 수 있는 모든 것이 눈앞에 펼쳐졌다. 높다란 담벼락은 벽이 아니라 문이었고 비좁은 방은 항성이 아니라 혜성이었다. 작가 로버트 풀검은 내가 정말 알아야 할 모든 것은 유치원에서 배웠다고 했다. 나는 유치원에서 배우지 못할 것을 스스로 깨쳤다. 학교에 들어가기 전까지는 그랬다.

초등학교 6학년 미술 시간이었다. 상상화 그리기. 담임 선생님은 칠판에 그렇게 쓰고는 아무거나 떠오르는 것을 그리면 된다고 했다. 주제와 소재가 막연했지만 몇몇 아이들은 곧바로 밑그림을 그리기 시작했다. 미술 학원에 다니거나 사생 대회에서 상을 받는 친구들이었다. 나머지 아이들도 물감을 짜고 붓을 들었다. 종이 울릴 때까지 그림을 완성하려면 속도가 중요했다. 한 반의 학생 수가 60명을 훌쩍 넘었다. 눈에 띄려면 아주 뛰어나게 잘하거나 엄청 빠르게 끝내야만 했다. 목표를 향해 경주마처럼 전심전력으로 질주하지 않으면 금세 무리에서 낙오가 됐다. 누구든지 무엇이든 열심히 해야만 살아가고 살아남을 수 있었던 시대였다.

나는 한참 동안 흰 도화지만 멍하니 쳐다봤다. 머릿속이 하얗게 표백되는 것 같았다. 둘러보니 친구들의 그림은 윤곽이 잡혀가고 있었다. 지구에서 화성까지 여행하는 우주선, 무대 위에서 화려한 의상을 입고 노래하는 가수, 돔 모양의 거대한 유리 안에 건설된 해저 도시, 온갖 꽃들이 만발한 정원에서 활짝 웃는 단란한 가족, 올림픽 메달을 목에 걸고 만세를 부르는 마라톤 선수. 하나같이 어디선가 봤던 이미지였고 누구한테 들었던 이야기였다. 손쉬운 방법과 재빠른 선택이었다. 나도 그래야 했지만 그럴 수 없었다. 얼마 전 TV에서 봤던 영화 때문이었다.

채널을 돌리다가 우연히 보게 된 제목도 모르는 프랑스 영화였다. 여교사가 수업 중에 학생들에게 질문했고 한 여자아이가 자신만만하게 벌떡 일어나 정확하고 똑 부러지게 대답했다. 칭찬을 받을 거라는 예상과 달리 여교사는 냉랭한 얼굴로 쏘아붙였다. 책에서 읽은 거 말고 네 얘기를 하라고 다그쳤다. 여자아이는 당황해 움찔했다. 그 영화를 본 뒤로 어른들이 내게 무언가를 물을 때마다 선뜻 말을 내뱉지 못하고 입속에서 우물거리는 버릇이 생겼다.

아이들이 그림을 마무리할 때야 나는 붓을 들었다. 늦게 시작했지만 누구보다 빨리 끝낼 자신이 있었다. 물감도 빨강, 파랑, 검정 세 가지 색만 썼다. 짝이 내 그림을 힐끗 보더니 키득거렸다. 앞자리와 뒷자리에 앉은 친구들도 깔깔거렸다. 그 소리에 반 아이들의 시선이 한꺼번에 몰렸다. 선생님도 성큼성큼 다가와 팔짱을 끼고 내려다봤다. 뒤통수가 뜨거웠다. 선생님은 콧숨만 몇 번 길게 내쉴 뿐 아무런 말이 없었다. 만약에 상상화가 맞느냐고 물었어도 우물거리기만 했을 것이다. 지금까지 내내 궁금한 것은 두 가지다. 나는 무슨 생각으로 태극기를 그렸으며, 선생님은 태극기를 보며 무슨 생각이 들었을까 하는 것이다.

복숭아씨가 목에 걸린 것처럼 울대뼈가 툭 튀어나오고 불긋불긋한 꽃봉오리처럼 여드름들이 마구 올라오던 중학교 2학년 어느 날 밤이었다. 한방을 썼던 남동생은 천성적으로 겁이 많았다. 그래서 잠들기 전까지는 방 안의 불을 끄지 못하게 했다. 귀신이나 유령 같은 것은 깜깜하고 어두울 때만 나온다고 굳게 믿었다. 동생이 왕방울만 한 눈을 감고 고양이처럼 새근거리며 코를 골 때까지 기다렸다가 벽 스위치를 내렸다. 머리맡에 둔 라디오의 볼륨을 최대한 낮추고 전원을 조심스레 켰다. 가수 이문세가 진행하는 '별이 빛나는 밤에'는 하루도 거른 적이 없었다. 노래와 청취자 사연을 듣다 보면 어느새 자정이었다. 이성과 감성이 뒤섞이고 내면과 외면이 모호해지며 앞과 뒤가 뒤바뀌는 12시이자 0시인 시각. 나는 그런 혼돈과 각성과 불면의 사춘기를 보내고 있었다.

라디오를 끄고 천장을 응시했다. 깊은 바다 밑처럼 적요했다. 창문 밖에서 스며든 짙은 밤의 먹물이 출렁거리고 올랑거리면서 어떤 형상이 되었다가 이내 흩어지기를 반복했다. 그것은 끊임없이 생성되고 소멸하는 우주의 축소판이었다. 반짝이는 것들과 반짝였던 것들과 반짝이게 될 것들이 그 안에서 더불어 어울리고 있었다. 나는 그 광대한 우주를 놀이공원처럼 즐겼다. 또 '은하철도 999'에 무임승차를 해서 행성들을 유람하며 자유로운 여행을 만끽했다. 그렇게 도낏자루 썩는 줄 모르고 공상에 빠졌다. 그러다 문득 하나의 물음이 우주의 끝에서 소행성처럼 날아와 머리에 충돌했다. 내가 있는 이곳은 진짜일까.

별안간 주변이 낯설게 느껴졌다. 불 꺼진 방도, 살고 있는 동네도, 태양에서 셋째로 가까운 행성인 지구도 모두 생소했다. 잊었던 것들을 한순간에 되찾은 기억 상실증 환자처럼 어리둥절했다. 수천만 년 만에 빙하에서 깨어난 백악기의 공룡처럼 당혹스러웠다. 그러나 그런 벼락같은 이질감과 느닷없는 이물감은 오래가지 않았다. 알코올처럼 금세 휘발되고 수증기처럼 금방 증발했다. 그리고 그것이 마지막이었다. 종이 인형처럼 공간에서 나만 예리하게 도려내고 얇게 벗겨내는 감정과 기분은 더 이상 들지 않았다. 한 장의 사진처럼 나와 공간은 완전히 접착되어 분리되지 않았다.

사춘기를 끝으로 나만의 세계와 우주는 파멸했다. 똑같은 거푸집에서 똑같은 주물이 나오듯 나는 별다르지 않은 일반인이 되었다. 헬리콥터처럼 코끼리가 날아다니고 천하무적 킹콩 로봇이 우주 악당과 싸웠던 담벼락은 무너졌다. 정해진 노선도 없이 종횡무진했던 '은하철도 999'에서 탑승을 거부당했다. 남의 생각을 토씨 하나 빠뜨리지 않고 베끼는 복사기가 머릿속에서 분주하게 문서를 출력했다. 남의 말을 귀신같이 흉내를 내는 앵무새가 입속에 둥지를 틀었다. 시야가 좁아지는 두꺼운 안경을 쓰고 경계를 넘지 못하는 무거운 구두를 신었다. 상상의 낙원에서 추방됐으며 물음의 세계에서 철저하게 유배됐다. 이유는 알 수 없었다. 다만 나는 성실하게 학교와 군대와 직장과 사회와 국가로부터 체계적인 교육과 지속적인 훈련을 받았을 뿐이다. 붕어빵 틀에서 붕어빵이 됐을 뿐이다.

| 명상적 영화. 하나 | **매트릭스**
1999년 더 워쇼스키스 감독 |

영화 '매트릭스'는 제72회 아카데미에서 시각효과상, 편집상, 음향상, 음향편집상을 받았다. 예술적인 가치와 대중 문화에 끼친 영향을 인정받아 미국 의회도서관 영구 보존 자료로 선정되었다. 흥행에도 성공해 국내에서만 300만 명 가까운 관객 수를 기록했으며, 2021년까지 3편의 후속 작품들이 나왔다.

영화 제작에 있어서 작품성과 오락성이라는 두 마리 토끼를 잡는 것은 낙타가 바늘구멍에 들어가는 것만큼 어려운 일이다. 주제 의식과 철학적 메시지가 강하면 내용이 어렵고 분위기가 무거워져 대중들에게 외면을 받고, 감각적 재미와 시각적 흥미에 치우치면 알맹이가 없어 평론가들에게 폄하되기 쉽다.

그렇다면 영화 '매트릭스'는 어떻게 두 마리 토끼를 잡을 수 있었을까. 감독은 어떻게 바늘구멍으로 들어갈 수 있었을까. 천부적인 감각이었을까. 피땀 흘린 노력의 결실이었을까. 아니면 단지 기가 막히게 운이 좋았던 것일까.

written and directed by

THE WACHOWSKI BROTHERS

각본과 감독은 '워쇼스키 형제'다. 둘은 형과 아우였다. 1999년에는 그랬다. 2012년 형 '래리 워쇼스키'는 성전환 수술을 하고 '라나 워쇼스키'로 개명했다. 이로써 형제는 남매가 됐다. 그런데 2016년에는 동생인 '앤디 워쇼스키'도 같은 수술을 하고 '릴리 워쇼스키'로 이름을 바꿨다. 그들은 '워쇼스키 형제'에서 최종적으로 '워쇼스키 자매'가 됐다.

2013년 한국 예능 방송에 출연했던 라나 워쇼스키는 자신의 성 정체성에 대해 이렇게 밝혔다. 어렸을 때 남들과 다르다는 것을 느꼈다. 또래 남자애들과 어울리지 못했고 따돌림도 당했다. 청소년기에 많이 괴로워했고 해결하려고 노력했지만 결국 그러지 못했다. 성 소수자가 되면 영화감독, 각본가의 꿈을 이룰 수 없을 것 같았다. 그래서 유서를 쓰고 기차역으로 갔지만 어떤 남자가 계속 쳐다봐서 자살할 수 없었다.

당시 남동생이었던 앤디 워쇼스키는 누나에 대해 이렇게 말했다. 누나가 다른 사람이 됐다고 생각하는 건 미친 생각이다. 누나는 똑같은 사람이다. 단지 내면과 외모 간의 갈등이 사라지면서 조금 더 편해졌을 뿐이다. 누나는 지금 더 행복하고 나도 지금 더 행복하다.

워쇼스키 자매가 트랜스젠더로 커밍아웃한 뒤 영화 '매트릭스'가 트랜스젠더 스토리가 아니냐는 논란이 일었다. 동생 릴리 워쇼스키는 2020년 한 인터뷰에서 이에 대해 다음과 같이 밝혔다. '매트릭스'는 트랜스젠더 이야기가 맞다. 당시의 사회적인 분위기에서는 이런 기획 의도를 밝히기가 어려웠다. '매트릭스'는 변화에 대한 영화다. 시나리오 작업을 할 당시에는 트랜스젠더가 아니었지만 그런 욕구가 분명히 있었을 것이다. 그래서 등장인물 '스위치'를 현실 세계에서는 남성이고 매트릭스에서는 여성인 트랜스젠더로 구상했다. 공상 과학 영화는 상상력으로 새로운 세계를 구축하고 현실적으로 불가능한 것을 실제처럼 구현한다. 트랜스젠더들은 언어가 존재하지 않는 상상의 공간에서 살았다. 그리고 그곳에서 자신들만의 세계를 만들었다. 그들이 영화 '매트릭스'에 공감하는 이유일 것이다.

태양 아래 새로운 것은 없다. 다만 새롭게 보일 뿐이다. 부서지면서 흩어졌다가 이내 뒤섞이면서 뭉친다. 붙이고 자르고 덧대면서 오리지널은 또 다른 오리지널이 된다. 피었던 꽃은 시들어 반드시 무엇이 되고 그 무엇은 기필코 꽃이 된다. 비단 지구뿐만 아니라 우주도 그렇게 태초부터 끊임없이 탈바꿈했다. 즉, 변화무쌍이다. 변할 수 있다는 것은 장애와 벽이 없다는 것이다. 걸림도 없고 막힘도 없다는 것이다. 오직 인간만이 굳이 금을 긋고 구태여 경계를 나눈다. 실체도 없는 그물로 애써 새장을 짓고 실재하지도 않는 철조망으로 울타리를 친다.

워쇼스키 자매에게 성전환은 살기 위한 불가피한 선택이었으며, 영화는 살아가기 위한 절대적인 도구였다. 그런 절체절명의 간절한 순간과 백척간두의 절박한 상황에서 초월적인 힘이 생긴다. 바위 같은 고통을 부수고 강철 같은 불안을 뚫을 수 있는 초능력이 발휘된다. 그렇게 알이 깨지고 새가 태어난다. 창조적 변화는 새벽의 첫 햇살과 같다. 어둠 속에서 새로운 빛을 찾아내고, 세상을 다시금 빛나게 한다. 영화 '매트릭스'가 관객들의 마음을 사로잡을 수 있었던 이유다. 워쇼스키 자매가 형제라는 틀에 갇히고 남자라는 경계를 넘지 못했다면 우리는 영원히 '매트릭스'라는 명작을 만나지 못했을 것이다.

| 하나의 질문 | 감각에는 경계가 있는가 |

대부분의 포유류는 단맛, 쓴맛, 감칠맛, 신맛, 짠맛 등 다섯 가지 맛을 느끼는데 곤충은 물맛과 탄산 맛까지 느낀다. 육식을 하지 않고 대나무만 먹는 자이언트 판다는 감칠맛을, 채식을 하지 않는 고양잇과 동물은 단맛을 느끼지 못한다. 고래는 짠맛을 제외한 나머지 미각을 상실했다.

주둥이에 있는 두 개의 구멍으로 적외선을 탐지하는 방울뱀은 한 치 앞도 보이지 않는 어두운 밤에도 생쥐만 붉게 채색한 것처럼 또렷하게 인지한다. 상어와 가오리는 머리에 '로렌치니 팽대부'라고 하는 작은 구멍들을 통해 다른 생물이 만드는 미세한 전기장을 탐지한다. 박쥐는 스스로 만들어낸 초음파의 반향으로 비행하는 나방 날개의 질감까지도 구별할 수 있다. 인간은 청색, 녹색, 적색을 인식할 수 있는 세 종류의 원뿔 세포만 갖고 있지만 갯가재는 빛을 수용하는 수용체가 최대 16개나 된다.

1998년 학술지 '네이처'에 '고무손 착각'이라는 흥미로운 실험 결과가 실렸다. 실험 참가자들이 책상에 왼손을 올려놓은 뒤 차단막으로 볼 수 없게 했다. 차단막 바깥쪽에는 고무손을 놓았다. 연구자들은 참가자들에게 고무손을 주시하게 한 뒤 붓으로 고무손을 문지르면서 동시에 차단막으로 가린 왼손도 같은 방식으로 문질렀다. 10분 후, 10명의 남녀 참가자 전원이 고무손에서 붓의 촉감을 느꼈으며, 고무손을 자신의 실제 손으로 착각했다고 대답했다.

1979년 하버드대학교 심리학 교수 엘렌 랭어는 생각이 신체에 미치는 영향을 밝혀내려고 노인들을 대상으로 실험했다. 정신이 온전하고 큰 병이 없는 80대 남성 8명을 선발해 일주일간 외딴 수도원에서 두 가지 규칙을 지켜 생활하도록 했다. 첫 번째는 집안일을 스스로 하는 것이며, 두 번째는 20년 전인 1959년처럼 생활하는 것이다. 참가자들이 실험에 몰입할 수 있도록 집안을 1950년대 물품들로 꾸미고 배치했다. 일주일이 지난 뒤 노인들은 신체검사 결과에서 기억력,

시력, 청력, 악력이 50대 수준으로 향상됐다.

> 환각이 두려운 이유는 실제로 내 눈앞에 무언가가 나타나서가 아니다. 내가 본 걸 남이 보지 못할뿐더러 내가 본 걸 남과 공유하지 못하기 때문이다. 그로 인해 누군가와 함께 있더라도 항상 나만의 공간 속에 갇힌 것 같은 외로운 삶을 살게 된다.
> ― 쿠사마 야요이

물방울무늬 호박 조형물로 유명한 일본의 아티스트 쿠사마 야요이는 부유한 가정에서 태어났지만, 어린 시절 부모의 불화와 어머니의 학대로 인해 10살 때부터 점이 계속 보이는 환각 증세를 겪었다.

> 날카롭게 고함치는 레몬 빛 노랑을 오랫동안 보고 있으면 고음을 내는 트럼펫 소리가 귀를 아프게 하는 것처럼 눈이 아프다.
> ― 바실리 칸딘스키

추상 미술의 아버지라고 불리는 러시아 화가 바실리 칸딘스키는 그림의 색과 형태가 진동하며 소리를 낸다고 생각해 그의 저서 '예술에서의 정신적인 것에 대하여'에서 다음과 같이 정의했다. 우리의 색채에 대한 청각은 매우 정확하다. 색채는 영혼에 직접 영향을 미치는 수단이다. 색채는 건반이며, 눈은 망치다. 영혼은 많은 현을 가진 피아노다.

불경에는 이런 이야기가 나온다. 어떤 사람이 여섯 마리의 동물을 얻었다. 처음에는 개를 얻었다. 곧 그 개를 붙들어 한곳에 매어 두었다. 다음에는 새, 독사, 여우, 거북이, 원숭이를 순차적으로 얻었다. 그는 동물들을 모두 한곳에 매어 두었다. 그랬더니 개는 마을로 달려가려고 하고, 새는 허공으로 날아가려고 하며, 뱀은 구멍으로 들어가려고 하고, 여우는 무덤 사이로 가려고 하며, 거북이는 바다로 기어가려고 하고, 원숭이는 산으로 뛰어가려고 했다. 이 여섯 동물은 각자 편안한 곳으로 가려고 힘을 쓰지만 한곳에 매여 있어 벗어나지 못했다.

고타마 싯다르타는 시각, 청각, 후각, 미각, 촉각, 지각 등 6가지 감각을 6마리 동물로 비유하면서 감각은 저마다 싫고 좋은 느낌에 대해 집착하게 되고, 그렇게 경험된 기억은 외부 대상을 과장하거나 변형 혹은 왜곡시키니 경계하고 주의하라고 가르친다. 그러면서 그 동물들을 하나로 단단하게 묶어 두는 기둥, 즉 '신념처身念處'를 강조했다. 신념처는 몸에 대한 관찰이며 알아차림이다.

영화 '매트릭스'에서 네오는 컴퓨터 시뮬레이션으로 구축된 가상의 세계가 가짜라는 게 믿어지지 않는다. 허상이라는 것을 인지하면서도 지금 눈에 보이고 당장 손으로 느껴지는 것을 부정하기가 쉽지 않다. 그래서 네오는 진위를 판별하는 감별사처럼 가죽 의자를 유심히 살펴보고 매만진다. 모피어스는 진실을 받아들이지 못하는 네오에게 시각, 청각, 촉각, 후각, 미각은 단지 뇌가 받아들이고 해석하는 전자 신호에 불과하다고 설명한다.

매트릭스 세계에서는 컴퓨터 게임의 캐릭터처럼 인간의 능력을 단시간에 업그레이드할 수 있다. 평범한 회사원이었던 네오는 전투 훈련 프로그램을 뇌에 직접 주입하는 방식으로 태권도, 주짓수, 쿵후와 같은 무술을 하루도 안 돼서 모두 습득한다. 그렇게 속성으로 무술을 터득한 뒤 곧바로 쿵후 고수인 모피어스와 용호상박의 격투를 벌인다.

가짜 세상인 매트릭스가 달콤하다면 진짜 세상은 밍밍하다. 온갖 맛과 향이 하나도 없이 심심하다. 실재의 세계인 함선에서 네오는 대원들과 아침 식사를 한다. 칠첩반상은 아니더라도 맛깔스러운 음식을 기대했던 네오는 희멀건 죽을 맛보고 당혹스러워한다. 식감과 풍미는 물론이고 간이랄 것도 없는 완전한 무미였기 때문이다. 네오가 곤혹스러운 표정을 짓자 가장 어린 대원인 마우스가 옆에서 깐족거리며 말한다. 우리가 알고 있는 맛이 실제로는 다른 맛일지도 모르며, 매트릭스를 창조한 인공 지능 기계들 역시 맛 자체를 모르기 때문에 닭고기 맛을 비슷하게 만들었을 것이라며 비아냥거린다. 네오는 현란하고 다채로웠던 감각들의 실체와 마주하면서 실재 세계의 불편한 진실을 실감한다.

눈과 코와 입과 귀는 뇌가 아닌 얼굴에 있다. 딱딱한 호두처럼 뇌는 완벽하게 단절되고 완전하게 차단된 독방에서 태어났다. 단 한 번도 세상을 직접 보고 듣고 맡고 맛보고 느낀 적이 없다. 밤하늘의 별자리처럼 우주 저 멀리에서 온 불빛들을 제 맘대로 선을 그리고 제멋대로 모양을 만드는 것이다. 사과가 실제로 무슨 색깔이고 향이며 맛인지도 모른다. 어렴풋하게 대강 짐작하고 어림으로 대충 헤아리는 것이다. 감각 기관들끼리 짬짜미를 해서 엉터리 정보를 보내줘도 뇌는 꼼짝없이 당할 수밖에 없다. 그렇기에 감각의 씨줄과 날줄로 직조된 세계는 실재가 아닌 환상이다. 어쩌면 우리는 토마토를 사과로 착각하고 있는지도 모른다. 아니면 애초에 사과라는 것은 존재하지 않는지도 모른다.

하나의 질문

몸과 마음에는 경계가 있는가

 일본의 어느 공원에서 유족이 직경 2m의 헬륨 풍선에 유골을 넣어 하늘로 날려 보냈다. 자리에 참석한 조문객들도 각자 작은 풍선들을 날려 보내는 것으로 애도를 표했다. 유골이 담긴 풍선은 성층권에 도달하면 기압 차로 터지게 되고 유골은 50km 높이에서 뿌려지게 된다.

 티베트에서는 사람이 죽으면 3일간 집에 시신을 안치하고 4일째 되는 날 장례 의식을 치르는 곳인 '천장장天葬場'으로 옮긴다. 서너 명의 천장사들이 뼈와 살을 분리하고 나무와 야크 똥으로 불을 피우면 독수리들이 몰려와 잘게 부순 뼈까지 먹어 치운다. 티베트인은 천장을 해야만 고인이 승천

할 수 있고 후세에 부귀한 집안에 태어날 수 있다고 믿는다. 티베트에는 천 개가 넘는 천장장이 있다.

30년 동안 코끼리 생태를 연구한 미국의 행동생태학자 케이틀린 오코넬은 자신의 저서 '코끼리도 장례식장에 간다'에서 코끼리의 애도 의례를 소개했다. 미국 캘리포니아의 한 동물원은 발을 다친 암컷 코끼리가 목숨이 위험하다고 판단해 배려의 차원에서 안락사를 시켰다. 그러자 친했던 코끼리 두 마리가 밤새 번갈아 가며 찾아와 죽은 코끼리의 몸에 흙을 뿌려 덮어줬다. 하룻밤 새 흙은 5cm까지 쌓였다. 저자는 모잠비크에서 잡혀 온 코끼리들이 야생에서 경험했던 방식으로 동물원에서도 애도를 표하고 장례를 치른 것으로 추정했다.

중국 춘추 시대 사상가 공자는 사람이 죽으면 '혼魂'은 하늘로 돌아가고, '백魄'은 땅으로 돌아간다고 했다. 중국 송나라 유학자 주자는 불을 피운 향의 냄새는 혼이며, 타고 남은 재는 백이라고 했다. 조선시대 문신이자 서예가 성현은 천지간 만물에 '기氣'가 있는데 양기의 정령을 혼, 음기의 정령을 백이라고 했다. 죽으면 육체인 백은 땅으로 들어가 흙이 되고, 양기의 정령인 혼은 하늘로 승천하여 '신명神明'이 된다. 하지만 생전에 한이 많으면 승천하지 못하고 구천에 떠다니는 '귀신鬼神'이 된다고 했다.

플라톤은 영혼이 물질로 이루어진 육체보다 먼저 존재하고 있다가 나중에 육체와 결합한다는 '영혼선재설靈魂先在說'을 주장했다. 또한 육체는 감각의 세계, 영혼은 영원의 세계에 속한다고 보는 '영혼불멸설'을 체계화했다. 토마스 아퀴나스는 인간이 태어날 때 하느님이 새로운 영혼을 창조하여 주입한다는 '영혼창조설'을 주장했다. 로마의 수사학자 아르노비우스는 인간의 비물질적인 영혼은 멸절하지만 세상에서 선한 생활을 한 사람의 영혼은 죽지 않고 혜택을 누릴 수 있다는 '영혼멸절설靈魂滅絶說'을 주장했다.

데카르트는 마음은 사유하는 속성이 있으며, 몸은 부피로 인해 공간을 차지하는 연장의 속성이 있다고 했다. 따라서 몸과 마음은 독립된 실체라는 '심신이원설'을 주장했다. 스피노자는 마음은 몸의 관념, 단지 뇌의 표상이 아니라 몸의 표상이라는 '심신일원설'을 내세웠다. 라이프니츠는 데카르트의 이원론과 스피노자의 일원론과 차별화된 다원론을 주장하면서 세계는 다수의 서로 독립된 실체로 이루어져 있다고 했다.

혜능 대사는 중국 불교 선종의 여섯 번째 조사祖師로서, 단박에 깨치는 것을 강조한 남종선의 기틀을 세우며 선종 발전에 크게 기여했다. 선승이 되기 전 그는 글을 읽지 못하는 나무꾼이었다. 장터에서 땔나무를 팔던 중 한 탁발승이 금강경을 외우는 것을 듣게 되었다. 그 순간 혜능은 깊은 깨달음을 얻어 황매산에 있는 홍인 대사를 찾아갔다. 선법禪法을 가르치고 있었던 홍인 대사는 법통을 물려주겠다는 뜻으로 제자들에게 시를 지어오라고 했다.

수제자인 신수가 가장 먼저 나섰다. 몸은 보리수菩提樹이며 마음은 명경대明鏡臺다. 부지런히 털어서 먼지가 앉지 않도록 할지어다. 이를 들은 혜능도 맞받아 지었다. 보리는 본래 나무가 아니며, 명경明鏡 또한 대臺가 아니다. 본래 하나의 물건도 없는데 어디서 티끌이 일어나겠는가. 홍인 대사는 둘의 시를 찬찬히 듣고는 선禪의 핵심 사상인 '공空'을 잘 표현한 혜능에게 자신의 자리를 물려줬다.

영화 '매트릭스'에서 네오는 가상 시뮬레이션의 고층 빌딩 옥상에서 점프 훈련을 받는다. 요령과 방법은 간단하다. 두려움과 의심과 불신을 모두 버리고 마음을 자유롭게 놔주면 된다. 모피어스가 먼저 시범을 보인다. 치타처럼 거침없이 질주하다가 나비처럼 가볍게 하늘로 솟아오르더니 고양이처럼 건너편 빌딩 옥상에 사뿐히 착지한다. 네오는 모피어스의 용감무쌍한 모습에 탄성을 터트린다. 대원들도 긴장감

넘치는 스포츠 중계를 시청하듯 손에 땀을 쥐며 모니터를 지켜본다.

네오는 마음을 자유롭게 하라는 모피어스의 조언을 되뇐다. 멀리뛰기 선수처럼 호흡을 가다듬고는 전력으로 발을 구른 뒤 난간을 박차고 힘차게 도약한다. 그러나 아무리 허공을 허우적거려보지만 날개 꺾인 새처럼 곤두박질치고 만다. 현실 세계였다면 처참한 추락사나 끔찍한 사고사가 됐을 것이다. 그러나 다행스럽게도 딱딱하고 단단해 보였던 아스팔트 도로가 트램펄린처럼 네오를 다시 튕겨낸다.

훈련을 마치고 함선으로 돌아온 네오는 뼈가 으스러지는 통증을 느낀다. 손가락으로 입술 안쪽을 훑자 피가 묻어나온다. 이상하고 의아하다. 매트릭스는 실재하지 않은 가상의 공간이며 현실과 단절된 별개의 세계라고 믿었다. 혼란스러워하는 네오에게 모피어스가 가르침을 전하는 스승처럼 그 이유를 알려준다. 마음이 가짜를 진짜로 만드는 것이며 마음이 죽으면 몸도 죽는다는 것이다.

색즉시공 공즉시색 色卽是空 空卽是色

불교에 문외한이라도 한 번쯤은 들어봤을 만한 반야심경

의 경구다. '색色'은 '공空'이며, '공空'은 '색色'이라는 단순하고 명료한 정의에는 깊고 오묘한 삼라만상의 진리가 담겨 있다. 모든 물질은 원자로 이뤄져 있으며, 원자는 몇 개 혹은 여러 개의 전자로 이뤄져 있다. 전자는 입자이면서 파동이다. 이어져 있기도 하고 끊어져 있기도 하다. 보이기도 하고 보이지 않기도 하다. 0이기도 하고 1이기도 하다. 여기에 있기도 하고 저기에 있기도 하다. 말장난 같다. 당연하다. 노벨상을 받은 물리학자 리처드 파인먼조차도 양자 역학을 이해한 사람은 아무도 없다고 했다.

전자가 이상한 게 아니다. 우주가 이상한 게 아니다. 이상한 건 인간이다. 이상하지 않은 걸 이상하게 생각한다. 몸은 몸이면서 마음이다. 마음은 마음이면서 몸이다. 몸과 마음은 같으면서 다르다. 몸은 몸으로만 머물러 있지 않으며, 마음도 마음으로만 머물러 있지 않는다. 가짜의 세계는 논리적이고 합리적이며 언어적이지만, 진짜의 세계는 비논리적이고 비합리적이며 비언어적이다. 한쪽이 틀리면 다른 한쪽은 반드시 맞아야 하는 것이 아니다. 둘 다 틀리면서 둘 다 맞는다. '색즉시공 공즉시색'은 진리의 문을 여는 주문呪文이며, 진실의 세계로 들어가는 열쇠다. 색은 공이며, 공은 색이다. 몸은 마음이며, 마음은 몸이다.

| 하나의 질문 | 꿈과 현실에는 경계가 있는가 |

 그리스 신화에 따르면 태초에는 하늘과 땅의 구분이 없는 혼돈의 어둠이었다. 지루한 공허인 카오스가 끝나자 대지의 여신 가이아가 태어나 사랑의 신 에로스, 밤의 신 닉스, 어둠의 신 에레보스를 낳았다. 남매인 닉스와 에레보스는 형제인 에로스의 힘을 빌려 빛의 신 아이테르와 낮의 신 헤메라를 낳았다. 가이아는 홀로 하늘의 신 우라노스와 바다의 신 폰토스를 낳았으며, 아들인 우라노스와 교접해 천둥, 번개, 벼락 등의 신들을 낳아 천지를 창조했다.

 중국 신화에서 태초의 신 반고는 어두운 알에서 1만 8천 년 동안 잠들었다가 도끼로 알을 깨고 나왔다. 알 속에서 가벼운 것들은 위로 올라가 하늘이 되고, 무거운 것들은 아래로 내려가 땅이 되었다. 반고는 하늘과 땅이 다시 붙지 않도록 1만 8천 년 동안 하늘을 받쳤고, 결국 지쳐 죽고 말았다. 죽은 반고의 숨결은 바람과 구름이 되었고, 목소리는 천둥과 번개가 되었다. 반고의 왼쪽 눈은 해가 되었고 오른쪽 눈은 달이 되었다. 머리카락과 수염은 별이 되었고 팔과 다리는 산과 언덕이 되었다. 뼈는 광물이 되었고 피와 땀은 비와 강물이 되었다. 영혼은 새와 물고기와 벌레 등이 되었다.

인도 신화에서는 다양한 천지 창조 이야기가 내려온다. 그중 프라자파티 신화에 의하면 태초에 깊고 어두운 원시 바다에서 만들어진 황금 달걀이 아홉 달 동안 떠다니다 그 안에서 조물주 프라자파티가 나왔다. 프라자파티가 내뱉은 첫 단어는 지구가 되었고, 그다음 단어는 하늘이 되었다. 프라자파티는 외로움을 견디지 못해 자신을 둘로 나눠 남편과 아내가 되었다. 이들 사이에서 불, 바람, 해, 달, 새벽 등 다섯 명의 자식이 태어났으며, 이때 시간이 만들어졌다. 자식들 가운데 유일한 딸인 새벽에게 프라자파티가 욕정을 품자 다른 형제들이 세상의 모든 두려운 것들을 모아 루드라를 탄생시켰다. 루드라는 프라자파티에게 활을 쐈고, 상처를 입은 프라자파티가 태초의 씨앗을 흘리면서 모든 것이 창조되었다.

고대인들은 자유로운 상상을 통해 천지 창조에 대한 여러 가지 신화들을 만들었지만, 현대인들은 최첨단 과학 장비로 우주의 기원을 밝혀내고 있다. 현재 빅뱅 우주론이 정설로 받아들여지고 있지만 여전히 완벽하지 않다. 그래서 이를 보완하거나 대체하기 위해 다양한 이론들이 제기되었다. 여기에는 빅 바운스 우주론, 빅 크런치 우주론, 가속 팽창 우주론, 다중우주론, 평행우주론, 인플레이션 우주론, 등각 순환 우주론, 비대칭 우주론, 거울 우주론, 거품 우주론, 시뮬레이션 우주론, 프랙털 우주론, 블랙홀 우주론, 홀로그램 우주론 등이 있다.

2003년 스웨덴 철학자이자 옥스퍼드 대학 교수인 닉 보스트롬은 '당신은 컴퓨터 시뮬레이션에서 살고 있습니까?'라는 논문에서 인간이 현실과 구분할 수 없을 정도의 가상 세계를 구현할 가능성에 대해 탐구하며 다음 세 가지 가설을 제시했다. 첫째, 대부분의 문명은 인공 지능, 기후 변화, 사회 불안, 소행성 충돌 등으로 시뮬레이션을 구현하기 전에 멸종할 가능성이 크다. 둘째, 고도로 발전한 문명은 시뮬레이션을 구현하기보다는 기술과 자원을 다른 목적에 사용할 가능성이 크다. 셋째, 지금 우리가 경험하는 모든 현실이 고등 문명에 의해 만들어진 시뮬레이션일 수 있다. 그는 세 가지 가설 중

하나는 참일 가능성이 높다고 주장했다.

전기 자동차 기업 테슬라의 최고경영자 일론 머스크는 한 콘퍼런스에서 인류가 이미 영화 '매트릭스'처럼 고도로 발달한 컴퓨터 시뮬레이션 속에서 살고 있을 가능성이 높다고 주장했다. 그러면서 우리가 사는 세상이 시뮬레이션이 아닐 확률은 10억분의 1에 불과하다고 했다. 미국의 천문학자 칼 세이건의 후계자로 유명한 천체물리학자 닐 디그래스 타이슨 역시 한 토론에서 우리가 살고 있는 세상이 현실이 아닐 가능성을 50%라고 했다. 더불어 우주에는 우리보다 훨씬 똑똑한 다른 무언가가 존재하며, 단순히 재미를 위해서 가짜 우주를 만들어 즐기고 있을 가능성도 있다고 말했다.

영화 '매트릭스'에서 모피어스는 네오에게 매트릭스라는 시뮬레이션 세계의 탄생 배경에 대해 알려준다. 21세기 초반 인류와 인공 지능의 전쟁으로 지구는 암흑천지가 되었다. 에너지의 원천인 태양이 사라지자 기계들은 자신들도 멸망할 거라고 믿었다. 인간이 생존하기 위해 기계에 의존했듯이 기계도 생존하기 위해 인간을 이용하기로 했다. 인체는 120볼트 이상의 전기를 발생하고 체열은 2만 5천 BTU가 넘는다. 기계들은 생체 에너지를 안정적으로 생산하기 위해 매트릭스라는 꿈의 세계를 만들어 인간의 정신을 가뒀다. 결국 기계에게 인간은 소모되고 폐기되는 건전지에 불과했다. 네오는 지금까지 살아온 나날들이 한낱 꿈이었다는 것이 믿어지지 않는다. 더구나 엄마의 배 속에서 태어나 길러진 게 아니라, 기계들의 시스템 속에서 양식되고 재배됐다는 사실을 도저히 받아들일 수 없다. 정신적 충격으로 현기증을 느낀 네오는 비틀거리다가 의식을 잃는다.

영화에서는 매트릭스의 안팎으로 세계를 구분한다. 가상과 현실, 실상과 허상, 진실과 거짓으로 나눈다. 그런데 과연 세계를 그렇게 정확하게 둘로 가르고 명확하게 선을 긋는 것이 가능한 것일까. 루이스 캐럴의 동화 '이상한 나라의 앨리스'에서 토끼 구멍을 통해 이상한 나라로 들어간 앨리스는 각양각색의 인물들과 기기묘묘한 동물들을 만나면서 기상천외한 경험과 황당무계한 모험을 겪는다. 처음에는 얼떨떨하고 어리둥절했지만 차츰 적응하고 점점 융화된다. 그러다가 불현듯 혼란스러워진다. 이상한 나라에 있으니 이상하다고 생각했던 것들이 더 이상 이상하게 느껴지지 않는다.

장자는 나비가 된 꿈을 꾸었다고 했다. 어쩌면 나비가 장자의 꿈을 꾸었는지 모른다고 했다. 거울 속으로 들어가면 안이 바깥이 되고 바깥이 안이 된다. 이쪽에서 비춰 보면 저쪽이 엉뚱하고 저쪽에서 비춰 보면 이쪽이 생뚱맞다. 어디서 어디까지를 매트릭스의 세계라고 규정할 수 있을까. 경계를 넘나든다는 것은 안팎이 없는 뫼비우스처럼 하나의 세계를 의미하는 것은 아닐까. 만약 두 개의 세계로 나눌 수 있다면, 이들 세계를 에워싸고 둘러싼 더 큰 세계는 없을까.

책상에 엎드려 잠든 앤더슨이 컴퓨터 화면의 메시지에 눈을 뜨면서 영화 '매트릭스'의 이야기는 시작된다. 그는 트리니티와 모피어스를 만나 자신이 평범한 회사원이 아닌 메시아라는 것을 자각하고 인류를 구원하기 위해 기계들과 맞서 싸운다. 그런데 그 모든 게 그의 꿈이라면 어떻게 될까. 책상에서 깨어나지 않고 여전히 잠들어 있다면 어떻게 되는 걸까. 그리고 거기까지가 정말 경계의 끝일까. 더 이상 바깥은 없는 걸까. 그러나 앤더슨의 꿈이라고 하더라도 그 또한 영화의 각본을 쓴 워쇼스키 자매의 공상이다. '이상한 나라의 앨리스'에서 이상한 나라와 이상하지 않은 나라도 작가 루이스 캐럴의 상상 속 세계다. 장자와 나비도 다른 제삼자의 꿈일지도 모른다.

꿈과 상상의 세계는 프랙털처럼 부분과 전체가 똑같은 모양으로 끝없이 되풀이하고 있는지도 모른다. 그 안에서는 터무니없는 신화와 그럴싸한 과학이 다르지 않다. 가상과 현실, 실재와 허구, 허상과 실상이 따로 있지 않다. 시간과 공간이 떨어져 있지 않다. 무엇이 좋고 싫으냐도 무가치하며, 어느 쪽이 옳고 그르냐도 무의미하다. 다만 경계가 있다는 마음으로 보면 유한하고 경계가 없다는 마음으로 본다면 무한할 뿐이다.

하나의 질문 | # 신과 인간 사이에 경계는 있는가

2019년 호주 그리피스대와 인도네시아 국립고고학연구소 공동연구팀은 인도네시아 술라웨시섬에서 발견한 구석기 벽화가 최대 4만 3900년 전에 그려졌다는 사실을 밝혀냈다. 이 벽화에는 두 마리의 멧돼지와 네 마리의 물소와 여덟 명의 사람이 그려져 있다. 특히 사람들은 창과 밧줄로 사냥감을 한 방향으로 몰아가는 것으로 추정되는데, 얼굴에 긴 부리를 갖고 있거나 꼬리를 달고 있는 반인반수로 그려졌다.

고려 시대 승려인 일연이 편찬한 '삼국유사'에는 고조선을 건국한 초대 군주이자 한민족의 시조인 단군의 탄생 배경이 나온다. 환인의 아들 환웅은 하늘에서 바람과 구름과 비

를 다스리는 이들을 데려와 '신시神市'라는 도시를 세운다. 그러고는 동굴에서 쑥과 달래만 먹고 100일을 버텨 곰에서 사람이 된 웅녀와 혼인해 단군을 낳는다. 환인은 하늘을 뜻하는 신神이지만 환웅은 신과 인간의 중간적 존재인 '신인神人'이다. 또한 이름에서 한자 '웅雄'은 '厷(팔뚝 굉)'과 '隹(새 추)'를 합한 것으로 새를 숭상하는 민족을 상징한다.

중국 신화에서 진흙으로 인간을 만든 여신 여와의 상반신은 아름다운 미녀이지만 하반신은 뱀의 몸을 갖고 있다. 여와의 오빠이자 남편인 복희 역시 같은 모습이다. 태양신이자 농업과 의술의 신인 신농은 머리는 소이며 몸은 사람의 형상을 하고 있다. 도교 전설에 등장하는 서왕모는 모든 신선을 지배하는 최고의 신이자 영생과 불사의 여신이다. 중국의 가장 오래된 신화집인 '산해경'에는 서왕모가 여자 얼굴에 표범 꼬리와 호랑이 이빨을 가졌으며, 산발한 머리에 보석 비녀를 꽂은 기괴한 모습으로 그려져 있다.

그리스와 로마 신화에도 다양한 반인반수가 나온다. 라피트의 왕 익시온이 신들의 여왕 헤라를 흠모하자 이를 괘씸하게 여긴 남편 제우스가 구름으로 헤라의 환영을 만든다. 감쪽같이 속은 익시온은 구름과 정을 통하고 자식들을 낳게 되는데 하나같이 목을 베어낸 말과 인간의 상반신을 붙여놓은 모습이었다. 켄타우로스 종족은 그렇게 태어났다. 폭풍의 여신 하피는 여성의 얼굴에 맹금류의 몸을 지닌 인면조이며, 신비로운 노랫소리로 선원들을 유혹하는 님프 세이렌은 여인의 안면과 새의 몸통을 하고 있다.

I am who I am.
나는 스스로 있는 자다.
—〈성경〉

기독교, 유대교, 이슬람교는 아브라함 계통의 종교로 유일신 야훼를 숭배한다. 다른 고대 종교나 신화에 등장하는 신들과 달리 야훼는 특별한 능력과 특정한 역할을 초월한다. 존재 이전의 존재이며, 모든 피조물을 창조한 주인이다. 자연과 우주와 시공간에 속하지 않으며 그것들을 다스린다. 야훼라는 이름도 히브리어로 '그는 있다', '그는 존재한다'의 뜻으로 어떤 의미로 규정하거나 지칭하거나 한정할 수 없다. 중세 유럽의 스콜라 철학을 대표하는 신학자이자 철학자인 토마스 아퀴나스는 신을 시작도 끝도 없는 무한한 바다에 비유했다. 그는 이 바다가 끊임없이 출렁이며 물살과 물방울과 안개를 형성하는 것처럼 신은 모든 존재물을 창조하고 유지

한다고 설명했다.

야훼를 유일한 신으로 받아들이면서도 예수에 대해서는 기독교, 유대교, 이슬람교의 입장과 견해가 다르다. 유대교의 경전 타나크에는 예수를 거짓된 예언자로 묘사하고 있다. 이슬람교의 경전 코란에서는 예수를 무함마드와 같은 위대한 예언자로 언급하면서도 예수의 신성은 부정하고 있다. 기독교는 325년 6월 19일 지금의 튀르키예 지역인 니케아에서 로마 콘스탄티누스 황제의 초청으로 공의회를 열었다. 이 회의에서 예수는 신이 아니라는 논란을 불식시키면서 성부와 성자와 성령이 동위라는 삼위일체를 재확인했다.

베다는 고대 인도의 종교, 철학, 우주관을 보여주는 가장 오래된 브라만교의 성전이다. 내용의 성격에 따라 리그베다, 사마베다, 야주르베다, 아타르바베다 등 4종류로 나뉘는데 각각의 베다는 다시 4부문으로 나뉜다. 그리고 각 부문의 마지막에는 일종의 철학적 주석서인 '우파니샤드'가 있다. 독일의 철학자 쇼펜하우어가 인류 최고의 경전이라고 극찬한 우파니샤드에는 우주의 본체와 인간 존재의 본질에 대한 궁극의 진리가 담겨 있다.

우파니샤드에서 가장 중요하게 다루는 개념이 우주의 근본 원리인 브라만과 개인적 원리인 아트만이다. 브라만은 산스크리트어로 힘을 뜻하며 우주의 일체 만물이 여기서 나온다고 한다. 원리로서 브라만은 어떤 성性에도 속하지 않았으나 나중에 남성적인 인격신 브라마로 신격화되었다. 아트만은 산스크리트어로 숨을 뜻하며 숨 쉬는 생명을 가리킨다. 아트만은 죽거나 파괴되지 않고 다른 신체로 이동해 생명력을 유지한다. 이런 아트만의 이동을 '윤회'라고 한다.

우파니샤드 철학자들은 대우주인 브라만梵과 소우주인 아트만我의 본질은 같다는 범아일여梵我一如 사상을 주장하면서, 이 진리를 깨달으면 인간은 윤회의 속박에서 벗어나 열반의 경지에 이른다고 했다. 그러나 불교의 창시자 고타마 싯다르타는 윤회설을 수용하면서도 아트만은 없다는 혁명적인 주장을 내세웠다.

2011년 미국 항공우주국NASA의 고다드 연구소 과학자들은 남극에서 발견된 운석 9개를 분석한 결과 지구에는 없는 주요 DNA 구성 물질과 함께 세포 호흡에 관여하는 분자들이 발견됐다고 밝혔다. 특히 2개의 운석에서 지구 생물체에서는 찾을 수 없는 염기 유사 물질을 검출했다. 연구팀은 DNA 염기까지도 지구에서 만들어진 것이 아니라 우주에서 왔다는 증거라고 주장했다.

2018년 일본의 무인 탐사선 하야부사 2호가 지구와 화성

사이를 공전하는 소행성 류구에서 토양 시료를 채취하여 지구로 귀환했다. 분석 결과 초기 태양계 물질 중 가장 원시적인 상태의 것으로 밝혀졌다. 이 시료에서 콜라겐 구성 성분인 글리신과 감칠맛을 내는 글루탐산, 체내에서 합성할 수 없는 이소류신과 발린 등 아미노산 20여 종이 발견됐다. 이러한 아미노산들은 탄생 초기 지구에는 풍부했지만 표면이 마그마로 뒤덮이면서 사라졌으며, 현재의 아미노산은 지구가 식은 뒤 운석이 가져온 것으로 보고 있다. 이번 발견으로 지구가 아닌 우주의 다른 천체에도 아미노산이 존재하며, 지구 생명체가 우주에서 유입된 아미노산에서 시작됐다는 가설이 설득력을 얻고 있다.

2012년 리들리 스콧 감독의 영화 '프로메테우스'는 인류를 창조한 외계인을 찾아 우주선을 타고 먼 행성으로 떠나는 고고학자들과 과학자들의 이야기를 다룬다. 오랜 잠에서 깬 외계인은 예상과 달리 피조물인 인간을 반겨주지 않는다. 오히려 인류를 파괴하려고 한다. 고고학자는 신을 향해 절규한다. 그는 왜 인간을 혐오하는지, 인류가 도대체 무슨 잘못을 했는지 알려달라며 울부짖는다. 그러나 창조주인 외계인은 끝끝내 아무런 대답도 하지 않는다.

영화 '매트릭스'에서 네오는 모피어스의 믿음처럼 자신이 구원자가 맞는지 확인하기 위해 예언자 오라클을 만난다. 신비롭고 은밀한 공간에서 범접할 수 없는 오라를 풍기며 엄청난 카리스마를 내뿜을 것이라는 예상과 달리, 오라클의 정체는 평범한 가정집에서 과자를 굽는 수수한 주부였다. 그러나 이내 네오의 행동 하나하나를 내다보고 속마음까지 읽어내며 예언자로서 비범한 능력을 보여준다. 그녀는 자신이 구원자라고 확신하지 못하는 네오에게 문 위에 걸린 현판을 가리킨다.

Temet Nosce

나무 현판에는 '너 자신을 알라'는 라틴어 글귀가 새겨져 있다. 오라클은 구원자가 된다는 것은 마치 사랑에 빠지는 것과 같아서 누가 알려주는 게 아니라 온전히 스스로 느껴야 한다고 일러준다. 그녀는 한의사처럼 네오의 얼굴과 손바닥을 직접 만지며 진찰한다. 그러고는 그가 구원자가 아니라는 확진을 내린다. 재능은 있지만 무언가를 기다리고 있다며 아쉬워한다. 네오는 그렇게 신의 자격을 증명하지 못하고 허탈한 발걸음으로 오라클의 집을 나선다.

인간은 인간을 뛰어넘는 무언가를 끊임없이 찾아 헤맸고

인간을 만든 어떤 것에 대해 줄기차게 물음을 던져 왔다. 걸핏하면 무섭고 아무 때나 외롭고 마냥 불안한 인간은 절대적인 무언가가 절실했고 영원불변한 어떤 것이 간절했다. 신은 그때부터 인간과 함께했으며 인간은 그 후로 신을 곁에 뒀다. 신이 인간을 찾아온 것인지 인간이 신을 찾아간 것인지 알 수 없다. 어쨌든 신은 인간과 달랐다. 외모도 특이하고 능력도 특별했다. 반인반수의 초자연적인 힘을 보여줬으며, 보이지 않는 모습으로 절대적 권능을 드러냈다. 그러나 과학은 실험되고 표명되고 증명되지 않는 신을 부정했다. 허위와 조작이라고 깔아뭉갰다. 그렇지만 과학도 신이 없다는 것을 완전하고 완벽하게 밝혀내지 못했다. 인간은 여전히 신에게서 벗어나지 못한다. 둘은 샴쌍둥이처럼 떨어지지 못한다. 신이 인간을 만들었기 때문일까. 아니면 인간이 신을 만들었기 때문일까.

한 치 앞도 헤아릴 수 없는 칠흑 같은 밤이었다. 비바람이 몰아치는 질퍽한 흙길을 무리 지어 가는 양 떼가 있었다. 갑자기 한 마리가 뛰쳐나가 바위에 올라서더니 양들을 멈춰 세웠다. 그는 한 번도 들어본 적 없는 이야기를 풀어놓았다. 그의 말은 꽃처럼 향기롭고, 화산처럼 맹렬하며, 벼락처럼 느닷없고, 봄볕처럼 따스했다. 눈과 귀와 마음을 빼앗긴 양들은 바위에 올라선 그를 넋을 잃고 우러러봤다. 자신들과는 너무나 달라 보였다. 끝없이 높고 한없이 크고 더없이 넓어 보였다.

바위에 오른 양은 나뭇가지를 들어 새로운 곳을 가리켰다. 가던 길을 벗어나야 하고 높다란 울타리를 넘어야 하는 곳이었다. 양들은 웅성거리기만 할 뿐 선뜻 나서지 못했다. 바위에 오른 양이 내려와 울타리를 여러 차례 들이박더니 결국 무너뜨렸다. 얼굴이 피범벅이 됐지만 그는 의연하고 담대하게 나뭇가지로 수풀을 헤치며 앞장섰다. 일찍이 울타리를 뚫고 나간 양은 없었다. 무리를 벗어나 홀로 걷는 양도 없었다. 한두 마리가 나서자 나머지도 우르르 뒤따랐다.

시련과 고난과 역경이 있었지만 그럴 때마다 바위에 오른 양이 들려주는 약초 같은 시와 벌꿀 같은 이야기로 양들은 지친 몸과 마음을 달랬다. 그들은 마침내 누구도 밟은 적 없는 드넓은 목초지에 도착했다. 그리고 오랫동안 태평성대가 이어졌다.

별똥별이 떨어진 어느 날 바위에 오른 양이 죽었다. 양들은 혼란에 빠졌다. 다시 무섭고 외롭고 불안했다. 몇몇 양들이 앞다퉈 바위에 올라 목에 핏대를 세웠다. 그들을 따라 무리가 갈라져 새로운 곳을 향해 흩어졌다. 그들의 여정에서

시는 한층 다채롭게 읊어졌고 이야기는 한결 풍요롭게 펼쳐졌다. 자자손손 이어진 기억의 씨줄은 시와 이야기의 날줄과 엮여서 견고하게 직조된 경전으로 편찬됐다. 최초의 바위는 성지가 되었고 매년 별똥별이 떨어졌던 날에는 순례하는 양들의 발길이 끊이지 않았다.

최초로 바위에 오른 양은 죽기 전 지난날을 떠올렸다. 세상의 모든 물음에 막힘이 없었던 그도 자신에 대해서는 모르는 게 많았다. 어떻게 바위에 오르게 되었는지도 알 수 없었다. 양들의 행렬을 멈출 생각도 없었으며 다른 곳으로 인도할 의도도 없었다. 다만 무리 속에 있는 게 답답했을 뿐이었다. 탁 트인 곳에서 조금 더 멀리 내다보고 싶었을 뿐이었다. 절망으로 가득한 양들의 눈빛을 외면할 수 없었을 뿐이었다. 폭포처럼 입 밖으로 쏟아지는 말들을 막을 수 없었을 뿐이었다. 모든 게 운명처럼 끌어당기고 숙명처럼 몰아붙였다. 이유도 몰랐고 까닭도 알 수 없었다. 단 하나 확실한 건 상상했던 것들이 그대로 이뤄졌다는 것이다.

| 하나의
| 질문

모든 것의 시작과 끝
그 경계는 있는가

 현자가 왕에게 예언했다. 앞으로 태자는 병든 자와 늙은 자와 죽은 자와 수행하는 자를 보고 출가를 할 것입니다. 겁을 먹은 왕은 태자의 시종들을 모두 젊고 건강한 사람으로 바꾸고 병자나 늙은이는 궁 안으로 들어오지 못하게 했다. 또한 기거하는 데 싫증이 나지 않도록 세 채의 궁전을 지어 계절이 바뀔 때마다 옮겨 머물도록 했으며, 넉 달간의 긴 장마철에는 쉬지 않고 잔치를 열었다. 그래도 마음을 놓을 수 없어 일찌감치 신붓감을 구해 혼인까지 시켰다. 그러나 태자는 기쁘거나 즐겁지 않았다. 오히려 고뇌만 깊어졌다.

 29살이 되던 어느 날 태자는 아버지에게 백성들이 살아가는 모습을 두루 살피게 해달라고 간청했다. 향후 왕위를 물려받아 백성을 다스리려면 바깥세상이 어떻게 돌아가는지 알아야 하고, 평생 붙잡아놓을 수 없다는 생각이 들어 왕은 태자의 외출을 허락했다.

동쪽 성문으로 나간 태자는 추레한 노인을 봤다. 머리는 희고 이는 빠졌으며 얼굴은 주름지고 등은 구부러졌다. 늙은 이를 처음 본 태자가 그가 누구냐고 묻자 시종은 젊었을 때는 용맹한 전사였다고 답했다. 이번엔 남쪽 성문으로 나가자 병든 사람을 보게 되었다. 몸은 파리하고 구역질을 하며 보지도 듣지도 못하면서 손발은 허공에서 벌벌 떨었다. 아픈 이를 처음 본 태자가 왜 저러느냐고 묻자 시종은 부자인데 병이 들어서 그렇다고 답했다. 다음엔 서쪽 성문으로 나가 상여를 따라가며 울부짖는 사람들을 봤다. 죽은 자를 처음 본 태자는 저건 무슨 일이냐고 묻자 시종은 청년이 사고로 죽어 가족들이 장례를 치르는 것이라고 답했다.

마지막으로 북쪽 성문으로 나간 태자는 법복을 입은 탁발승을 봤다. 걸음걸이는 차분하고 미소는 조용했으며 시선도 흔들림이 없었다. 수행하는 자를 처음 본 태자는 무엇을 하는 사람이냐고 묻자 시종은 출가한 수도승이라고 답했다. 궁으로 돌아온 태자는 왕에게 출가의 결심을 밝혔다. 고타마 싯다르타는 궁을 떠나 고행과 명상을 하며 마침내 깨달음을 얻어 붓다가 되었다.

영화 '매트릭스'에서 주인공 앤더슨은 세계 최고의 소프트웨어 회사에 다니지만 행복하지 않다. 찰리 채플린의 무성영화 '모던 타임스'에서 나사만 조이는 노동자처럼 거대한 기계의 부속품이 된 것만 같다. 틀에 박힌 일상이 반복되고 단조로운 나날이 이어지면서 앤더슨은 삶에 권태와 염증을 느낀다. 국가라는 높다란 담장 안에 갇힌 죄수 같다. 사회라는 촘촘한 그물에 잡힌 물고기 같다. 그는 마침내 담장에 구멍을 내고 그물을 끊는다. 본업의 특기와 재능을 살려 컴퓨터 시스템을 해킹하는 것으로 반기를 들고 저항을 시도한다. 방화벽이 뚫리면서 세계 질서에 균열이 생긴다. 소심한 복수이자 소극적 일탈이지만 희열과 보람을 느낀다. 생기가 돌고 숨통이 트인다.

변화는 그렇게 시작된다. 나비의 단 한 번 날갯짓으로 지구 반대편에선 태풍이 일어난다. 작은 벽돌 하나가 철옹성을 무너뜨린다. 현실과 꿈, 실제와 가상, 가짜와 진짜, 진실과 거짓, 사실과 허구의 경계가 희미해지고 모호해진다. 누군가, 아니 바깥 세계가, 아니 나의 무언가가 깊은 잠에 빠진 앤더슨을 깨운다. 느닷없이 불쑥 찾아와 다짜고짜 네오라고 부르며 뜬금없이 인공 지능과 기계들의 노예가 된 인류를 구원하라고 요구한다. 얼토당토않은 이야기에 도리질을 하고 손사래를 치지만 집요한 설득과 그럴싸한 논리에 고개를 끄덕이고 만다. 앤더슨은 네오가 되기로 결심하고, 모피어스가 이끄는 저항군에 가담한다. 그러나 하루아침에 구원자가 된 평범한 회사원은 너무나 당연하게도 난관에 부딪힌다.

일체유심조 一切唯心造
모든 것은 오로지 마음이 지어내는 것

앤더슨은 네오로 이름만 바뀌었을 뿐 몸과 마음은 여전히 보통 사람이다. 그래서 계속 실패를 거듭한다. 빌딩 옥상들을 징검다리 삼아 사뿐사뿐 건너지 못하고 자꾸만 지상으로 곤두박질친다. 이를 안타깝게 지켜보던 모피어스는 네오에게 마음을 놓아주라고 한다. 의심과 불신을 버리고 마음을 자유롭게 풀어주라고 한다. 네오는 이해할 수 없다. 마음이 밧줄로 꽁꽁 묶어두거나 금고에 꼭꼭 가둘 수 있는 물건이 아니기 때문이다.

예언자 오라클의 집에서 만난 동자승도 모피어스와 비슷한 말을 한다. 쇠숟가락을 구부리는 염력을 보여주면서 숟가락이 없다는 진실을 인식하라고 한다. 숟가락이 휘어지는 게 아니라 내가 휘는 것이라며 노승처럼 설교한다. 네오는 알 듯 모를 듯 아리송하지만 동자승이 알려준 대로 해본다. 정말 마술처럼 숟가락이 엿가락처럼 구부러진다. 그러나 구원자가 되기엔 미흡하다. 오라클도 부적격 판정을 내린다.

그간의 노력과 기대가 물거품이 되고 모든 것이 한낱 해프닝으로 막을 내리려는 찰나에 위기가 찾아온다. 매트릭스 세계를 감시하는 요원들의 기습적인 공격으로 일부 대원들이 죽고 모피어스가 납치된다. 자신을 믿고 지지해 준 그들을 위해서 네오는 트리니티와 함께 죽음을 무릅쓰고 적의 소굴로 들어간다. 극한의 상황에 부딪치자 잠재력이 극대화되면서 초능력이 발휘된다. 난사된 총알들을 유연하게 피하고 추락하는 헬기를 밧줄로 붙잡는다. 그렇게 모피어스를 구조한 네오는 매트릭스 세계의 최고 능력자 스미스 요원과 맞대결을 벌인다. 막상막하의 치열한 격전 끝에 간신히 물리치지만 스미스 요원은 이내 불사신처럼 되살아난다. 피하는 게 상책이다.

요원들과 네오의 쫓고 쫓기는 추격전이 펼쳐진다. 네오는 필사적으로 도망치면서 현실 세계와 연결된 전화기를 찾는다. 동료 대원의 안내를 받으면서 미로 같은 건물 안을 헤맨다. 마침내 전화벨 소리가 들리는 방으로 들어가는데 총을 든 스미스 요원과 맞부딪친다. 스미스 요원은 연달아 방아쇠를 당긴다. 네오는 가슴에 총을 맞고 쓰러진다. 함선 안에서 모니터로 이를 지켜본 모피어스와 대원들은 충격에 빠진다. 트리니티는 눈물을 흘리며 네오에게 입을 맞춘다. 그러자 기적이 일어난다. 네오가 감았던 눈을 다시 번쩍 뜬다. 그러고는 무명에서 깨어나 절대적 진리를 깨닫는다. 그렇게 앤더슨이라는 인간은 죽고 네오라는 신이 부활한다. 진정한 구원자가 된 네오는 세상의 만물을 꿰뚫는다. 그를 가두고 옥죄고 묶었던 인간과 사물의 모든 경계가 사라진다.

네오는 주변을 둘러본다. 세상천지가 온통 컴퓨터 프로그램 코드들로 출렁거린다. 스미스 요원과 부하들도 그저 헛것에 지나지 않는다. 감각의 눈속임으로 진실을 보지 못한 것이다. 실체가 보이니 두려움도 사라진다. 오히려 겁을 먹는 건 인공 지능과 기계들이다. 네오의 얼굴에는 일말의 떨림도 없다. 총을 쏴도 주먹을 휘둘러도 흔들림이 없다. 고요와 평온을 잃지 않으면서 적의 공격을 모조리 막아낸다. 몸놀림이 기민하고 민첩하지만 서두르지 않는다. 육안肉眼으로 동작을 보는 것이 아니라 심안心眼으로 흐름을 느끼기 때문이다. 네오는 예리한 칼날이 되어 금강불괴 같은 스미스 요원의 몸속을 파고든다. 결을 따라 가르고 틈 사이로 누비면서 맥과 혈을 모조리 끊는다. 스미스 요원은 발버둥을 치며 안간힘을 쓰다가 결국 처참하게 파괴된다.

> 예수께서 그들에게 말씀하셨다. 너희가 둘을 하나로 만들 때, 안의 것을 밖의 것으로 만들고 밖의 것을 안의 것으로 만들며 위의 것을 아래 것으로 만들 때, 그리고 너희가 남자와 여자를 하나로 만들어 남자는 남자가 아니고 여자는 여자가 아닐 때, 그때 너희는 그 나라에 들어갈 것이다.
>
> ―〈성경〉

깨달음을 얻은 네오는 진짜 세계를 본다. 남자와 여자가 없는 세계, 부유한 자와 가난한 자가 없는 세계, 높은 자와 낮은 자가 없는 세계, 아름다움과 추함이 없는 세계, 강한 자와 약한 자가 없는 세계, 빠른 자와 느린 자가 없는 세계, 선과 악이 없는 세계, 믿음과 불신이 없는 세계, 밝음과 어둠이 없는 세계, 채움과 비움이 없는 세계, 얻음과 잃음이 없는 세계, 승리와 패배가 없는 세계, 소리와 침묵이 없는 세계, 웃음과 울음이 없는 세계, 건강과 질병이 없는 세계, 행복과 불행이 없는 세계, 늙음과 젊음이 없는 세계, 삶과 죽음이 없는 세계, 규칙이 없는 세계, 통제가 없는 세계, 국경이 없는 세계, 경계가 없는 세계, 너와 내가 없는 세계, 상상이 그대로 이뤄지는 세계, 모든 것이 가능한 세계, 한 치의 거짓도 없는 진정한 진리의 세계를 네오는 본다. 그리고 우리도 그렇게 볼 수 있다.

명상적 영화. 둘

트루먼 쇼

1998년 피터 위어 감독

　지상 최대 규모의 스튜디오에서 리얼리티 TV 프로그램 '트루먼 쇼'가 방영된다. 24시간 생방송으로 중계하는 이 프로그램은 거대한 돔 모양의 세트장 '시헤이븐'에서 사는 트루먼이라는 한 남자의 일거수일투족을 수천 대의 카메라로 담는다. '시헤이븐'은 가상의 섬마을로 주인공 트루먼은 이곳에서 태어나고 자라서 결혼까지 했다. 트루먼을 제외한 모든 주민은 각자 배역을 맡은 연기자다. 집과 건물도 촬영을 위해 지어졌으며, 하늘과 태양과 달과 별까지도 조명과 특수 효과로 연출된 가짜다. 그러나 세트장 밖을 나간 적이 없는 트루먼은 이 모든 것이 진짜라고 믿는다. 자신의 삶이 전 세계의 시청자들에게 적나라하게 공개되고 있다는 것도 새까 맣게 모른다.

첫 방송은 트루먼이 엄마의 뱃속에서 꿈틀댈 때 시작됐다. 그 후로 한 번도 송출이 끊기거나 멈춘 적이 없었다. 생방송 10,909일째. 어느덧 트루먼의 나이도 서른이다. 간호사인 아내와 가정을 이루고 보험사 직원으로 일하고 있다. 평범하고 안정적인 삶이지만 섬에서 벗어나고 싶다는 꿈과 열망을 간직하고 있다. 어릴 적 꿈은 탐험가였다. 그러나 제작진은 어린 트루먼이 섬 밖으로 나가지 못하도록 상황적으로 가로막고 심리적으로 억제했다. 특히 요트를 타다가 아빠가 바다에 빠져 죽는 극단적인 연출로 물에 대한 공포를 심었다. 그럼에도 트루먼은 포기하지 않고 섬 밖으로 나가려고 했다. 피지섬으로 떠난 첫사랑을 찾고 싶었기 때문이다. 그러나 미리 짜인 각본은 그들의 재회를 허락하지 않았다. 결국 트루먼은 예정된 시나리오대로 지금의 아내와 결혼할 수밖에 없었다.

여느 때와 별반 다르지 않은 어느 날 기이한 일들이 연이어 일어난다. 하늘에서 방송 조명이 떨어지고, 건물 엘리베이터 안으로 배우 대기실이 보이고, 자동차 라디오에서는 트루먼의 이동 경로를 알려주는 방송이 나오고, 비가 샤워기처럼 트루먼 머리 위로만 쏟아진다. 가장 이상한 일은 길거리에서 죽은 아버지가 유령처럼 눈앞에 나타난 것이다. 트루먼이 다가가려고 하자 갑자기 행인들이 몰려와 아버지를 잡아 끌더니 강제로 버스에 싣고 사라진다.

트루먼은 주변을 의심의 눈초리로 바라본다. 그는 이웃이나 주민들을 세심하게 관찰하다가 그들의 행동이 마치 지시와 통제를 받는 로봇처럼 움직인다는 것을 발견한다. 아내 역시 엉뚱함을 넘어 괴상하다. 애정도 없으면서 예정된 수순을 향해 내달리듯 아이를 갖자고 요구하고, 대화 도중 뜬금없이 상표가 잘 보이도록 제품을 들고는 광고 모델처럼 홍보한다. 트루먼은 모두가 자기를 속이고 있다는 것을 직감하고, 이번에는 자신이 그들을 속이기로 결심한다.

제작진은 친구의 따뜻한 위로와 아버지와의 감동적인 재회를 연출해 트루먼이 마음을 다잡고 일상으로 되돌아가도록 유도한다. 그러나 트루먼은 제작진이 방심한 틈을 타 종적을 감춘다. 당황한 제작진은 방송까지 중단하고 연기자들을 총동원해 찾아 나서지만, 트루먼은 이미 몰래 배를 타고 섬을 떠난 후였다. 방송 프로그램이 존폐의 기로에 놓이자 제작 총괄 책임자는 초강수를 둔다. 인공 폭풍우의 강도를 최대로 높이라고 지시한다. 성난 파도가 삼켜버릴 듯 매섭게 몰아치고, 배가 뒤집어져 바다에 잠겨도 트루먼은 절대로 포기하지 않는다. 배에 묶은 밧줄을 몸에 꽁꽁 동여매고 끝까지 버틴다. 결국 제작 총괄 책임자는 패배를 선언한다.

거짓말처럼 폭풍우가 그치고 먹구름이 걷힌다. 트루먼을 태운 배는 부드러운 햇살을 받으며 세상의 끝이자 세트장의 가장자리까지 다다른다. 제작 총괄 책임자는 처음으로 직접 마이크를 잡고 트루먼을 회유한다. 바깥세상은 거짓과 속임수뿐이지만 세트장 안의 세상은 아무것도 두려워할 게 없다며 꼬드긴다. 그러나 트루먼은 환한 얼굴로 시청자들에게 마지막 인사를 남기고는 무소의 뿔처럼 고독하고 의연하게 비상구 밖으로 발을 내디딘다.

중국 정부는 첨단 기술을 이용한 감시 사회를 구축하고 있다. 중국은 1998년부터 웹 사이트와 콘텐츠를 광범위하게 검열해 차단하는 '금순공정金盾工程'이라는 인터넷 감시 시스템을 가동하고 있다. '만리 방화벽'으로 불리는 이 시스템은 해외 유명 포털 사이트 및 소셜 미디어들을 차단하고 자국 내 사이트들도 수시로 검열한다. 2015년부터는 범죄 예방, 실종자 수색, 교통 법규 위반 단속, 공공 안전 유지 등의 명분으로 실시간 영상 감시 시스템인 '스카이넷'도 운영하고 있다. 안면 인식 기술이 적용된 이 시스템으로 14억 명의 인구를 몇 초 안에 식별할 수 있으며, 심리 상태 및 감정까지 판독할 수 있다. 베이징과 상하이 같은 대도시에는 인구 1,000명당 100대 이상의 카메라가 설치된 것으로 파악되고 있다.

빅 브라더는 당신을 지켜보고 있다.
— 조지 오웰 〈1984〉

전 세계 인터넷 사용자의 절반인 20억 7천만 명이 매일 10억 시간 이상의 동영상을 유튜브에서 시청한다. 2022년 한국인이 가장 많이 사용하는 스마트폰 애플리케이션 역시 유튜브이며, 연간 175억 시간 동안 시청하는 것으로 조사됐다. 최근에는 1~2분 길이의 짧은 동영상인 숏폼이 대세다. 자극적인 숏폼 영상을 자주 시청하면 쾌락 호르몬인 도파민 중독에 빠져 빠르고 강한 자극에만 반응하는 '팝콘 브레인'이 될 우려가 있다. 이는 합성 마약처럼 도파민 시스템을 망가뜨려 일상생활에서 아무런 느낌을 받지 못하게 한다.

텔레비전은 진실이 아닙니다! 그러니 진실을 원하신다면 하나님에게 가십시오! 상담을 받으십시오! 자기 자신을 돌아보십시오! 오직 그렇게 할 때만 진실에 다가갈 수 있는 것입니다!

— 시드니 루멧 감독의 영화 〈네트워크〉

  친할머니는 생전에 1982년 KBS에서 방영한 '꽃가마'라는 드라마를 좋아했다. 조선시대 사대부 가문에서 태어난 한 많은 여인의 삶을 다룬 작품이었다. 시어머니를 두 분이나 모셨던 쪽머리의 할머니에게 기구한 여주인공의 이야기는 사뭇 남다를 수밖에 없었다. 한 대의 TV로 온 가족이 안방이나 거실에서 한데 모여서 보던 시절이었고 채널 결정권은 집안의 웃어른이 쥐고 있었다.

  나는 드라마보다 할머니의 모습을 보는 게 재미있었다. 멀찌감치 떨어져 반듯하게 앉아 있던 할머니는 드라마가 시작하자 자세가 조금씩 흐트러졌다. 거북이처럼 목이 구부정하게 늘어나더니 양팔로 몸을 살짝살짝 앞으로 끌고 나갔다. 어느새 할머니는 볼록한 브라운관 화면에 코가 닿을락 말락 했다. 슬금슬금 다가가 할머니의 소맷자락을 붙잡고 흔들었다. 그러자 할머니는 놀라는 기색도 없이 멋쩍게 웃었다. 그러고는 문득 궁금했는지 TV에 나오는 사람들도 우리가 보이냐며 물었다.

  나는 방송사에서 송출된 전파 신호를 텔레비전 부품인 전자총으로 쏴 화면에 나타내는 것이라고 대답하진 않았다. 우리가 그들을 보는 것처럼도 그들도 우릴 보고 있다고 거짓말했다. 할머니의 순수함에 때를 묻히고 싶지 않았다. 그 후로 할머니는 TV를 보기 전에 항상 단정하게 옷매무새를 가다듬었다.

지구는 거대한 세트장일지도 모른다. 인간들은 유전자에 저장된 대본에 따라 충실하게 연기하는 배우다. 우주 저 너머 어둠의 장막 뒤에서 시청자들은 푹신한 거실 소파에 파묻혀 팝콘을 집어 먹거나 배부른 점심을 먹은 뒤 조용한 카페에서 아이스아메리카노를 마시면서 우리의 삶을 들여다본다. 채널은 무궁무진하고 장르도 다양하며 24시간 내내 실시간으로 생중계된다. 감동적이고 드라마틱하며 스릴이 넘치는 동시에 폭력적이고 잔인하며 에로틱한 볼거리가 넘쳐난다. 우리는 그들을 위해 텀블링을 하고 저글링을 하는 어릿광대다. 간혹 몇몇은 좁은 우리에 갇힌 우리를 불쌍하고 안쓰럽게 여긴다.

시청자의 노예가 되지 않으려면 자유를 갈망해야 한다. 한계를 극복하려는 의지를 불태워야 한다. 경계를 넘겠다는 열망으로 가득 차야 한다. 우리도 그들을 볼 수 있다는 것을 깨우쳐야 한다. 그렇게 깨달아야 한다. 그리고 이는 결코 불가능한 일이 아니다.

| 명상적 영화. 셋 | # 인셉션
2010년 크리스토퍼 놀런 감독 |

가장 강력한 기생충은 생각이다. 죽이기도 힘들고 전염성도 강하다. 머릿속 깊숙이 박힌 생각을 제거한다는 것은 불가능하다. 산업 스파이 코브는 이런 개념과 전제로 사람들의 꿈이나 무의식에 침투하여 생각을 추출하고 중요한 정보를 훔친다. 일본 기업가 사이토는 코브에게 생각의 추출이 아닌 조작, 즉 '인셉션'을 의뢰한다. 경쟁 기업 후계자인 피셔의 꿈 속으로 들어가 기업을 작게 나누겠다는 생각을 주입하라는 것이다. 그러면서 거부할 수 없는 조건을 제시한다. 본국으로 들어가지 못하고 있는 코브에게 국제 수배자 신분을 풀어주겠다고 한다.

'림보'는 원초적이고 무한한 무의식으로 이뤄진 꿈의 밑바닥이다. 이곳에 한번 빠지면 현실과 꿈의 구분이 불가능해지고, 잘못하면 영영 빠져나오지 못할 수 있다. 코브는 꿈의 심연을 실험하기 위해 아내와 함께 림보에 들어가 50년을 살았다. 꿈은 깊게 들어갈수록 현실의 시간보다 빨라진다. 코브는 현실로 돌아가 젊음을 되찾으려고 했지만, 아내는 영원히 꿈속에 있기를 원했다. 어쩔 수 없이 코브는 아내에게 인셉션을 시도했다. 둘은 꿈에서 깨어났지만 아내는 현실을 꿈으로 혼동했다. 상태는 나날이 악화했고 급기야 아내는 현실로 되돌아가야 한다며 호텔 창문에서 뛰어내렸다. 이 일로 코브는 아내를 죽인 살인범이라는 누명을 쓰게 됐으며 아이들과도 헤어져 해외로 떠돌게 됐다.

사랑하는 아이들을 오랫동안 보지 못한 코브는 사이토의 의뢰를 승낙한다. 작전 성공을 위해 코브는 각 분야의 최고 전문가들을 모은다. 전체적인 계획과 세부 사항을 담당하는 아서, 꿈의 세계를 창조하고 설계하는 건축학도 아리아드네, 꿈의 세계에서 카멜레온처럼 다양한 모습으로 변장하고 신원을 위조하는 임스, 특수한 약물을 제조해 꿈의 세계로 접속할 수 있도록 도와주는 약제사 유서프로 팀을 구성한다. 그리고 의뢰인 자격으로 사이토까지 팀에 합류한다.

피셔의 동선을 미리 파악한 코브의 팀은 호주 시드니에서 미국 LA로 향하는 비행기에 탑승한다. 이륙 후 장거리 비행에 들어가자 코브는 능청스러운 연기로 피셔에게 접근해 진정제를 먹인다. 피셔가 깊은 잠에 빠진 것을 확인한 팀원들은 일사불란하게 움직인다. 정맥 주사기로 특수 약물을 주입해 피셔의 꿈속으로 들어가 본격적으로 작전을 펼치려는데 예상치 못한 상황에 부딪힌다.

1단계 꿈에서 계획대로 피셔를 차량으로 납치한다. 그런데 갑자기 사방에서 총탄 세례가 쏟아진다. 이전부터 많은 공격을 받았던 피셔의 무의식이 침입자를 대비해 무장돼 있었던 것이다. 팀이 혼란에 빠진 사이 설상가상으로 사이토가 총에 맞고 목숨이 위태로워진다. 죽음과 동시에 깨어나는 일반적인 꿈과 달리 강력한 진정제를 맞고 잠든 꿈에서는 무의식의 나락인 림보로 떨어지게 된다. 난관에 봉착한 팀은 피셔에게 비밀 금고에 아버지의 진짜 유언장이 있다고 알려주며 금고의 가짜 비밀번호를 만들어 각인시킨다. 그러고는 차량을 운전할 유서프만 남겨두고 피셔의 2단계 꿈으로 넘어간다.

2단계 꿈에서는 피셔의 방어 기제가 한층 강화된다. 코브는 피셔에게 그의 대부이자 회사의 중역인 브라우닝이 회사를 탈취하려는 음모를 꾸민다며 거짓말한다. 그러면서 브라우닝의 계략을 밝히려면 그의 무의식으로 함께 들어가야 한다고 다그친다. 그렇게 브라우닝의 무의식으로 들어가는 척하면서 코브는 피셔의 3단계 꿈으로 넘어간다.

코브와 팀원들의 도움으로 피셔는 잠재의식의 방어 메커니즘인 저항군들의 삼엄한 경비를 뚫고 건물로 잠입한다. 대형 철문으로 굳게 닫힌 비밀스러운 방으로 들어가자 아버지가 병상에 누워 사경을 헤매고 있다. 아버지는 아들 피셔에게 자신과 다른 길을 가길 바란다며 옆에 작은 금고를 가리킨다. 1단계 꿈에서 각인된 무작위 비밀번호를 누르자 금고가 열린다. 안에는 최종 유언장과 어린 시절 아버지와의 추억이 담긴 바람개비가 들어 있다. 피셔는 아버지의 진심을 느끼고 그가 바란 대로 홀로 일어설 것을 다짐한다. 인셉션 작전이 성공하면서 팀원들은 현실로 돌아온다. 그러나 코브와 사이토는 림보에 빠져 잠에서 깨어나지 못한다.

출구가 보이지 않는 림보의 미로에서 헤매던 코브는 고령의 할아버지가 된 사이토와 마주한다. 코브와 달리 사이토는 림보를 현실로 믿으면서 늙어버린 것이다. 코브는 사이토에게 꿈과 현실을 구분할 수 있는 팽이를 보여주면서 자신과의 약속을 떠올리게 한다. 멈추지 않는 팽이를 보고 사이토는 현실이 아니라는 것을 자각한다. 그는 꿈에서 깨어나기 위해 권총을 집어 든다.

마침내 미로에서 빠져나와 현실로 돌아온 코브는 비행기 안에서 팀원들을 한 명씩 확인하며 안도한다. 수십 년을 림보의 감옥에 갇혀 있다가 풀려난 사이토는 실감이 나지 않는지 어리둥절한 표정을 짓는다. 공항에 도착한 코브는 사이토가 약속한 대로 입국 심사대를 무사히 통과한다. 오랜만에 아이들을 다시 만난 코브는 행복해하며 직업병처럼 식탁에 팽이를 돌린다. 팽이는 멈출 듯 말 듯 계속 돌아간다.

2012년 미국 MIT 공과대학의 매트 윌슨과 다니엘 벤도 연구원은 음성 신호로 쥐의 꿈을 조작하는 데 성공했다. 연구진은 A라는 소리가 날 때 쥐가 미로의 오른쪽으로 가면 보상을 주고, B라는 소리가 날 때 미로의 왼쪽으로 가면 보상을 줬다. 연구진은 쥐도 인간처럼 수면 중 해마에 저장된 기억이 꿈으로 재현될 것으로 보고, 쥐의 수면 상태에서 해마의 신경 활동을 분석했다. 쥐가 미로 찾기에 대한 꿈을 꾸고 있다는 사실을 확인한 연구진은 미로 교육에서 사용했던 음성 신호 중 하나를 들려줬다. 그 결과 쥐는 학습할 때와 같은 뇌파 변화를 보이며 음성 신호와 연결된 미로에 대해서 꿈을 꾸기 시작했다.

연구진은 이번 실험으로 과거의 어떤 기억과 연관된 꿈을 꿀 때 인위적으로 특정 경험의 꿈을 꿀 수 있도록 조작이 가능하다는 것을 보여준다고 했다. 더 나아가 잠자는 동안 원하지 않는 기억을 수정하고 지우거나, 특정 경험을 선택적으로 기억하는 것도 가능할 것이라고 덧붙였다.

모순적인 모든 것들이 삶을 창조한다.
— 살바도르 달리

20세기 초현실주의 화가 살바도르 달리는 어린 시절부터 괴짜였다. 발작적으로 소리를 지르면서 웃거나 개미에 뒤덮인 박쥐를 입에 넣거나 왕관을 쓰고 왕처럼 행세하거나 염소 똥으로 만든 향수를 뿌렸다. 결혼 후에도 그의 기행은 계속됐다. 은행에서 수표를 현금으로 바꾸는 과정에서 직원이 수표를 먹어버릴지도 모른다는 생각에 현금을 가져오기 전에는 수표를 주지 않겠다며 고집을 부렸다. 직원이 수표를 먹지는 않을 것이며 먹더라도 현금을 받을 수 있다는 부인의 설득이 있고서야 수표를 내밀었다.

그의 대표 작품 '기억의 지속'은 흐물흐물 녹아내리는 듯

한 시계 이미지로 유명하다. 이 그림을 그릴 때 불현듯 뜨거운 태양 아래 녹고 있던 카망베르 치즈를 떠올렸다고 한다. 그는 항상 그림을 그리기 전에 독특한 행동을 취했다. 무의식 상태에서 이미지를 잡아내기 위해 숟가락을 손에 들고 잠을 청했다. 그러다 숟가락이 손에서 떨어지면 놀라 잠이 깼고 곧바로 연필을 들고 꿈에서 본 이미지를 스케치했다. 이렇게 꿈을 훔쳐 오는 방법을 '손으로 그린 꿈의 사진'이라고 불렀다. 그는 자신은 꿈에서도 계속 일하며 좋은 아이디어는 모두 내 꿈에서 나온다고 했다.

> 나는 항상 꿈을 꾸어야 하고, 그 꿈들은 말이 되어야 하고, 말과 씨름해서 최선의 것이든 최악의 것이든 그걸 형상화해야 한다.
> ― 호르헤 루이스 보르헤스

2020년 노벨 물리학상을 받은 영국의 수리 물리학자 로저 펜로즈는 스물을 갓 넘었을 무렵 우연히 네덜란드 판화가 마우리츠 코르넬리스 에셔의 1953년 작품 '상대성'을 보고 매료됐다. 이 판화에는 건축물에서 사람들이 계단을 오르내리는 모습이 그려져 있다. 그런데 방향과 위치가 하나로 특정되지 않고 어떻게 보느냐에 따라 달라진다. 위와 아래, 안과 밖이 고정돼 있지 않아 혼동을 불러일으킨다. 펜로즈는 이 그림에서 영감을 얻어 '불가능한 삼각형'을 고안한 뒤, 정신의학자이자 수학자인 아버지 라이오넬 펜로즈에게 보여줬다. 아버지 펜로즈도 비슷한 그림들을 그렸는데 그중 하나가 '펜로즈 계단'이다.

'펜로즈 계단'은 처음과 끝 계단이 서로 연결되어 영원히 올라가거나 내려가면서 계속 제자리로 돌아오게 되는 모양으로 2차원 평면으로는 가능하지만 3차원에서는 구현이 불가능하다. 영화 '인셉션'에서는 이것을 컴퓨터 그래픽으로 구현한다. 그러면서 꿈과 현실의 경계가 얼마나 모호하고 불확실한 것이며, 꿈이라는 것이 얼마든지 변형되고 조작될 수 있는지 보여준다.

영국 런던에서 태어난 크리스토퍼 놀런 감독은 7살 때부터 영화를 찍기 시작하여 19살에 만든 초현실주의 단편 영화 '타란텔라'는 영국 PBS 방송사에서 방영되기도 했다. 대학생 때도 초현실주의 단편 영화 '개미귀신'을 찍었다. 상업 영화로 성공한 뒤에도 그의 소재와 주제 의식은 현실적이지 않았다.

2000년 작품 '메멘토'에서는 10분밖에 기억하지 못하는 남자가 사진과 메모와 문신을 토대로 살해당한 아내의 사건을 파헤친다. 기억은 물리적인 시간이 적용되지 않는다. 게다가 10분이라는 한계로 인해 기억은 조각조각 파편화된다. 기억과 사건이 뒤죽박죽 뒤섞이는 바람에 주인공 남자의 시선을 따라가는 관객들은 마치 환각 상태에 빠진 느낌마저 든다.

2008년 작품 '다크 나이트'는 유명한 배트맨 시리즈 중 하나다. 전통적으로 슈퍼히어로 영화는 선악이 명확하다. 영웅과 악당의 대결 구도이며 권선징악을 주제로 한다. 그런데 크리스토퍼 놀런 감독은 달랐다. 전형적인 구도를 뒤집고 이분법적인 사고에 의문을 던졌다. 미치광이 악당 조커는 정의, 신념, 도덕, 윤리, 가치관을 조롱하며 인간, 사회, 국가를 비판한다. 그런 것들은 그에게 한낱 우스갯소리고, 그저 유희의 장난감일 뿐이다. 그는 인간의 내면에 잠재된 위선과 허위와 폭력성을 실험한다.

조커의 교묘한 장난질과 정교한 덫에 배트맨도 걸려든다. 무자비하게 주먹을 휘두르는 배트맨의 광기 어린 눈빛을 보고 조커는 진심으로 기뻐하며 제발 죽여 달라고 애원한다. 자기의 죽음으로 인간의 이중성이 증명되기 때문이다. 그 순간 관객들은 굳건하게 쌓아 올린 믿음의 벽에 균열이 생기면서 정신적 혼란을 겪는다. 배트맨과 조커는 서로 완전히 다른 둘이 아닌 동전의 양면처럼 하나라는 것을 알아차리게 된다.

2014년 작품 '인터스텔라'는 위기에 빠진 인류를 구원하고 지구를 대체할 새로운 터전을 찾아 우주로 떠나는 엔지니어에 대한 이야기다. 주인공은 시공간에 생긴 불가사의한 틈을 통과해 미지의 영역인 블랙홀에 도달한다. 그는 지구에서는 일어날 수도 없고 인간으로서는 이해할 수 없는 것들을 경험한다. 과거와 현재와 미래의 시공간은 따로따로 존재하면서도 동시에 서로서로 연결돼 있었다. 기이하고 괴상하지만, 그것이 우주적 진실이었다.

최근 작품인 '오펜하이머'는 제2차 세계 대전 당시 미국의 핵 개발 프로젝트를 주도한 천재 물리학자 줄리어스 로버트 오펜하이머에 대한 전기 영화다. 그는 세상을 구하기 위해 역설적으로 세상을 파괴할 무기를 개발한다. 한편으로는 전쟁을 종식했다는 자부심을 가지면서도, 다른 한편으로는 선량한 시민들을 학살했다는 죄책감에 시달린다. 미국인들은 그를 위대한 영웅으로 칭송했다가 나중에 저열한 공산주의자라며 돌팔매질한다. 양자의 세계처럼 그는 종잡을 수 없다. 아리송하고 헷갈린다. 이랬다저랬다 갈피를 잡을 수 없다. 오펜하이머만 그런 게 아니다. 세상 모두가 그렇다.

크리스토퍼 놀런 감독의 물음은 한결같다. 그는 우리가 없는 것을 있는 것처럼 보고, 듣고, 느끼고, 생각하면서 왜 그 환상 속에 갇혀 살아야 하는지 질문을 던진다. 하나를 애써 양면으로 나누고 끝끝내 한쪽만 집착하면서 굳이 반쪽 외눈박이가 되려고 하는지 의문이다. 알 수 없는 것을 알 수 있는 것처럼 떠드는 것이 이상하다. 그는 결승점을 향해 맹목적으로 내달리는 마라토너가 아니다. 그는 채울 수 없는 것들을 빈 주머니에 가득 담으려는 길 위의 수행자다. 그의 영화적 상상은 한계도 없고 경계도 없을 것이다. 그렇게 왔으니 그렇게 갈 것이다.

에세이 | 어디서 무엇이 되어
다시 어디서 무엇으로

　난데없이 추상화를 감상하고 싶었다. 갈증과 허기처럼 뒤로 미룰 수 없었다. 인터넷으로 검색해 보니 때마침 김환기 전시회가 열리고 있었다. 모든 일정을 내팽개치고 곧바로 차를 몰고 용인에 있는 미술관으로 향했다.

　날이 끄물끄물했다. 물기를 한껏 머금은 구름은 바늘로 콕 찌르면 금세라도 터질 듯 부풀부풀한 풍선 같았다. 시외로 벗어나자 푸릇푸릇한 것들이 사방을 에워쌌다. 곧게 뻗었던 길은 구불구불 휘어지면서 오르락내리락했다. 산등성이 너머로 놀이공원의 롤러코스터가 보였다. 어릴 때 거리가 가까워 소풍으로 자주 오던 곳이었다. 이름과 시설이 바뀐 뒤에도 놀이공원은 여러 번 왔었지만 바로 옆 미술관은 좀처럼 발걸음이 닿지 않았다. 여유가 없어서라기보다는 관심이 없었다.

초등학교 6학년 때 상상화로 태극기를 그린 사건 이후로 미술은 다른 것들보다 늘 뒷전이었다. 돈벌이와 배 속을 채우는 게 먼저였다. 그런데 헛헛했다. 아무리 욱여넣어도 어딘가 모르게 허했다. 그리고 한여름 소나기처럼 한차례 격렬한 공복감이 아무런 예고도 없이 불시에 들이닥쳤다. 언제부터 그랬는지는 또렷하지 않았다. 아마도 길가에 핀 이름 모를 들꽃이 눈에 들어올 때였던 것 같다. 어쩌면 쓸모가 없는 것과 쓸 데가 없는 것이 안쓰러워질 때였는지 모른다. 아니면 보물찾기하듯 텅 빈 밤하늘을 바라볼 때였을 것이다. 얼추 그즈음부터 굶주린 자가 성찬을 꿈꾸듯 틈이 나면 전시회를 다녔다.

밑 빠진 독에 물 붓기였다. 예술의 양식이 아무리 풍성해도 마음의 허기는 여전했다. 화가에 대한 이력과 작품 해설을 미리 꼼꼼히 챙겨 읽고 그림들을 하나하나 세세하게 들여다보고 미술 평론가의 견해까지 들어도 머릿속으로 데이터만 쌓일 뿐 마음의 울림 같은 건 없었다. 특히 추상화가 그랬다. 어린아이의 유치한 낙서나 미치광이의 유별난 장난처럼 보일 때도 있었다. 재미와 흥미를 잃어갈 때쯤 어디선가 죽비 소리가 들렸다. 감상법에 대한 꾸짖음이었다. 고개를 끄덕이고 무릎을 탁 쳤다. 명상이 낯익어 갈 무렵이었다. 느닷없는 외출은 나름의 까닭이 있었던 셈이다.

예술은 이론을 초월하는 데 묘미가 있다.
— 김환기 〈김환기의 뉴욕 일기〉

평일인데도 관람객들이 많았다. 대부분 전시 안내자를 따라다니며 작품에 얽힌 설명을 경청했다. 나는 일부러 길 잃은 양처럼 그들과 외떨어져 있었다. 그림과 단독으로 대면하고 싶었다. 오붓하게 대화하고 싶었다. 침묵의 목소리에 찬찬히 귀 기울이고 싶었다. 그렇게 있는 그대로 보면서 제대로 듣고 싶었다. 그래서 판단하거나 분석하지 않으려고 애를 썼다. 분별하거나 해석하지 않으려고 안간힘을 썼다. 그럼에도 풍월 좀 읊었다는 생각의 터줏대감이 자꾸 끼어들어 가르치려고 했다. 또 글줄이나 쓴다는 시선의 딱따구리가 작품을 점, 선, 면, 색으로 조각조각 쪼개서 마구 흩어버렸다. 오롯이 감상하려는 계획이 어긋나 슬슬 부아가 치밀고 짜증이 났다.

그런데 어디선가 상서로운 기운이 안개처럼 밀려왔다. 소름이 오싹 돋고 머리카락이 쭈뼛 섰다. 그 때문인지 성가시게 굴었던 터줏대감도 꽁무니를 내빼고 마구잡이로 부수던 딱따구리도 줄행랑을 쳤다. 신묘한 마력에 난 옴짝달싹할 수 없었다. 모든 감각이 마비된 듯 숨조차 쉴 수 없었다. 그것은 평범한 그림이 아니었다. 하나의 거대한 무엇이었다. 2미터가 훌쩍 넘는 거인에게 나는 완전히 포위되고 압도되고 말았다.

김환기는 문학을 사랑했고 '성북동 비둘기'로 유명한 시인 김광섭을 존경했다. 두 사람은 서울 성북동에서 이웃사촌으로 인연을 맺어 도타운 정을 나누며 지냈다. 김환기가 미국 뉴욕에 머물 때도 편지로 안부를 주고받을 정도로 사이가 각별했다.

1970년 어느 날, 김환기는 뉴욕에서 작업에 몰두하던 중 김광섭 시인이 뇌졸중으로 쓰러져 죽었다는 비보를 듣게 되었다. 잘못된 오보였지만 통신 수단이 마땅치 않았던 시대였기에 사실을 알아낼 수도, 바로잡을 수도 없었다. 청천벽력 같은 소식에 김환기는 깊은 슬픔에 빠졌다. 허망한 죽음에 모든 것이 덧없게 느껴졌다. 그리움이 사무쳐 붓조차 손에 잡히지 않았다. 그래서 김광섭의 시집을 꺼내 읽었다. 그러다 '저녁에'라는 시 한 편이 마음 깊숙이 스며들었다. 마치 자신에게 남긴 마지막 유언 같았다. 울컥 눈물이 났다.

김환기는 입에서 단내가 나도록 '저녁에'라는 시를 몇 번이고 되뇌었다. 불교에서는 '타생지연他生之緣'이라고 해서 낯모르는 사람들끼리의 사소한 만남도 모두 전생에 깊은 인연에서 비롯된다고 했다. '저녁에'의 시구처럼 저렇게 많은 별 중에서 별 하나가 나를 내려다보고, 이렇게 많은 사람들 속에서 나만 그 별 하나를 올려다보는 것은 그저 사소한 우연이 아니다. 우주적인 순리이며 절대적인 섭리이다. 거부하고 거역할 수 없는 신의 운명이다. 만남은 언제나 헤어짐으로 돌아가고, 헤어짐은 언젠가는 만남으로 돌아온다. 살아있음과 죽음도 그렇다.

김환기는 메마른 깊은 우물에서 형용할 수 없는 기쁨이 차올랐다. 축 늘어졌던 몸에 팽팽한 생기가 돌았다. 그는 아득히 먼 곳의 빛에 이끌리듯, 사방에 흩어진 어둠에 홀리듯 붓을 들었다. 그리고 모스 부호처럼 캔버스에 푸른 점을 찍어 나갔다. 힘든 줄도, 시간 가는 줄도 몰랐다. 경배하듯 한껏 몸을 낮춰 닷새를 밤낮으로 쉬지 않고 그렸다. 비로소 작품은 완성되었고 '저녁에'의 마지막 시구를 제목으로 붙였다. 세로 236cm, 가로 172cm 크기의 점화點畵 '어디서 무엇이 되어 다시 만나랴'는 그렇게 탄생했다.

나는 작품과 마주 섰다. 카메라의 초점을 맞추듯 앞으로 다가갔다가 뒤로 물러서며 적당한 간격을 조정했다. 한눈에 들어오면서도 한눈을 팔지 않을 알맞은 거리였다. 어깨에서 힘을 빼고 양팔을 툭 늘어뜨렸다. 살짝 눈을 감고 호흡에 집중했다. 숨을 느긋하게 들이쉬고 느슨하게 내쉬면서 잡념의 먼지들을 말끔하게 날려 보냈다. 맑고 또렷한 기분과 잔잔하고 고요한 느낌이 찾아올 때쯤 서서히 눈을 떴다.

 순간 아찔하고 어질어질했다. 넘실대는 푸른 바다를 향해 곤두박질하는 것 같았다. 광대무변한 우주 천장이 무너져 내리는 것 같았다. 그것은 평면이면서 입체였고, 구상이면서 추상이었다. 또한 아날로그이면서 디지털이었고, 고정이면서 유동이었다. 그리고 찰나이면서 영원이었으며, 혼돈이면서 질서였다. 그와 같이 색깔이면서 빛깔이었고, 진공이면서 허공이었다. 그렇게 내가 그림이었고 그림이 나였다. 나와 그림 사이에는 아무것도 없으면서 모든 것이 있었다. 이론과 사상과 관념과 논리와 의식 같은 건 없었다. 오로지 쉼 없는 출렁임과 끊임없는 흐름만 있었다.

 미술관 앞에서는 신록의 계절을 맞아 사생 대회가 한창이었다. 초록의 연잎들과 연분홍 연꽃들이 저마다 붓을 쥐고 네모반듯한 연못에 그윽한 향기들로 채색하고 있었다. 멀뚱히 구경만 하는데도 고고한 색과 은은한 향에 흠뻑 취해 기분이 알딸딸했다. 그렇게 세상살이의 고단함도 가뿐하게 씻겨 나갔다. 그러다 문득 궁금했다. 화가 김환기와 시인 김광섭은 어디서 무엇이 되어 다시 만났을까. 그러자 응답이라도 하듯 사위가 일순 어두워지더니 이내 후드득 빗방울이 떨어졌다. 이번에는 댄스 경연 대회가 벌어졌다. 비를 맞으며 연꽃들이 열정적으로 춤을 췄다. 어제의 빗방울이 오늘의 그것이 아니듯 연꽃도 그럴 것이다. 그러니 얼마나 오랜 기다림이었을까. 아마도 누구는 빗방울이 되고 누구는 연꽃이 되었나 보다.

5부

침
묵

언 어 너 머 의 숨

에세이 | 마음은
어디에 있을까

1. 마트 / 낮

색색의 과일들이 탐스럽게 쌓여 있는 진열대.

허리가 구부정한 백발의 할머니, 돋보기로 관찰하듯 두꺼운 안경 너머로 빨갛게 익은 토마토만 골라 가며 장바구니에 담는다. 그러다 하나를 손에서 놓쳐 바닥에 떨어트린다. 아무리 둘러봐도 보이지 않아 허둥대는데 누군가 뒤에서 바짓단을 붙잡고 흔든다. 돌아보니 작은 아이가 토마토를 두 손으로 내밀고 있다.

오웬   아래에 떨어져 있었는데 안 보이세요?

할머니 (토마토를 건네받고는) 나이가 많아서 그렇단다.
오웬 우리 아빠도 엄청 나이 많은데 눈 하나도 안 나빠요.
할머니 아빠는 눈이 좋다니 다행이구나. 가만있자, 선물을 받았으니 나도 답례를 해야겠지?

토마토를 소매로 쓱쓱 닦아 다시 돌려주는 할머니.

오웬 (의아한) 제가 선물을 줬어요?
할머니 그럼. 마음을 줬잖아.
오웬 마음이요? (물건을 찾듯 고개를 두리번거리고는 의심의 눈초리로) 마음이…… 어디 있는데요?

2. 도로 - 자동차 안 / 낮

장보기를 마치고 집으로 돌아가는 네 식구.

운전석에는 아빠, 보조석에는 엄마, 뒷좌석에는 형 노아와 오웬이 타고 있다. 유아용 카 시트에 앉은 오웬, 할머니한테 받은 토마토를 보물처럼 두 손으로 감싸 쥐고 있다.

엄마 좋은 마음들은 모두 가슴에 있어.
오웬 (자기 가슴을 쓰다듬으며) 이 조그마한 곳에 어떻게 다

있지? 엄마하고 아빠는 가슴이 더 크니까 마음이 더 많겠네요?

아빠 오웬, 사실 가슴에는 심장, 간, 폐 같은 기관이 있는 거고 (머리를 손가락으로 가리키며) 마음이라는 것은 여기 머릿속 뇌에 있는 거야. 우리의 모든 감정이나 행동들은 뇌가 통제하기 때문이지. (운전대를 탁탁 치며) 자동차를 움직이는 이 운전대처럼 말이야.

노아 아빠! 오웬은 자동차가 아니잖아요. 무슨 뜻인지 알죠?

아빠 ??

엄마 (한심한 표정) 아빠의 가슴에는 자동차 엔진이 달려 있을지도 모르지.

그제야 이해한 듯 머쓱한 얼굴로 머리를 긁적이는 아빠.
자못 진지하게 궁리하다가 선생님처럼 자상한 목소리로 설명하는 노아.

노아 마음은 말이야…… 어디에나 있어.

오웬 어디에나?

노아 눈에는 보이지 않지만 세상 모든 곳에 있어.

엄마/아빠 (감탄하며 동시에) 오, 멋진 설명인데!

여전히 알쏭달쏭한 오웬, 갑자기 차창 밖을 가리키며 엄청난 것을 발견한 듯 들뜬 목소리로 외친다.

오웬 저기 봐요! 엄청나게! 커다란! 마음이 땅으로 떨어지고 있어요.

저 멀리 붉은 석양이, 아니 거대한 붉은 토마토가 세상을 온통 붉게 물들이며 지상으로 내려오고 있다.

캐나다에 있는 대학 동기로부터 오랜만에 연락이 왔다. 짧게 안부를 묻고는 친구는 갑자기 어린이 애니메이션을 만들어 보자고 제안했다.

한국에서 육군 장교로 복무할 때 불의의 사고로 죽음의 문턱까지 갔던 친구는 제대한 뒤 새로운 삶을 계획했다. 전공과는 동떨어진 미술을 공부하며 유학을 준비했고, 결국 미국의 유명 예술 대학에 입학했다. 졸업 후에는 세계적인 영화 스튜디오에서 컴퓨터 그래픽 아티스트로 활약했으며, 대학 시절 만난 연인과 결혼해 오랫동안 딩크족으로 살았다. 그러다가 아내가 아이를 갖고 싶다고 하자 탄탄했던 직장까지 관두고, 건강한 육아와 올바른 교육을 위해 물 맑고 공기 좋은 캐나다의 외곽으로 집을 옮겼다.

친구는 인종 차별에도 늘 꿋꿋했고 언어 장벽에도 항상 당당했다. 언제나 목표가 명확했고 계획에 빈틈이 없었으며 결정은 신속했다. 실없이 농담하거나 허투루 빈말을 내뱉지도 않았다. 그런 친구였기에 누구보다 말의 밀도가 높았다. 친구는 마운드에서 시속 $160km$가 넘는 묵직한 강속구를 뿌렸고, 난 홈 플레이트에서 0.4초 안에 결정해야만 했다. 받을 것이냐 피할 것이냐 둘 중 하나였다. 그러나 난 공이 아닌, 뒷산에서 날아와 유리창에 부딪히는 낙엽들을 바라봤다. 그러면서 푸릇푸릇했으나 얼룩덜룩했던 내 지난 날을 돌아봤다.

서른 초반에 멀쩡하게 잘 다니던 회사를 박차고 나와 호기롭게 캐릭터 사업을 했다가 보기 좋게 망했다. 몇 년 뒤 직장 상사와 의기투합해서 방송 사업을 했지만 일 년 만에 갈라섰다. 그리고 몇 년 지나지 않아 영화 제작을 하겠다는 지인의 호언장담을 철석같이 믿고 시나리오를 썼다가 이런저런 핑계로 흐지부지됐다. 그 이후에도 글쓰기와 창작에 미련이 남아 다른 일로 밥벌이를 하면서 틈틈이 소설과 드라마 대본을 습작했다. 그러나 세상의 빛을 보지 못하고 모두 재활용 쓰레기로 버려지고 말았다.

실패를 거듭하면서 자신감은 떨어졌고 의욕은 잃었으며 불안은 커졌다. 무엇보다 적잖은 시간이 흘렀다. 어느덧 불혹을 넘어 지천명이 코앞이었다. 자칫하다간 벗어날 수 없는 깊은 수렁에 빠지거나, 까딱하다간 되돌아올 수 없는 아득한 나락으로 떨어질 수 있는 나이였다.

이글거리는 열정과 불타오르는 열망의 여름은 지나갔다. 빛깔은 옅어지고 색깔은 희미해지는 인생의 계절이 다가오고 있었다. 그럼에도 나는 순응과 안정이 아닌 도전과 모험을 택했다. 매끈하게 뻗은 포장도로를 벗어나 안개가 자욱한 흙길로 방향을 틀었다. 빤하게 사는 건 성미에 맞지 않았다. 잠깐 머뭇거리며 망설였지만 결국 친구가 캐나다에서 던진 공을 피하지 않고 받았다.

일은 일사천리로 진행됐다. 회사의 틀을 갖추고 역할을 분담했다. 국경과 시차의 한계는 온라인과 모바일로 극복할 수 있었다. 친구가 감독으로 연출을 맡고, 나는 제작 기획과 각본을 담당했다. 캐릭터 사업을 할 때 단편 애니메이션을 제작한 적은 있었지만 시리즈물은 처음이었다. 국내외 유명 애니메이션을 시청하고 관련 서적을 탐독하면서 캐릭터 개발과 스토리 발굴에 골몰했다. 인기 요인과 성공 사례를 분석했지만 정형화된 패턴 같은 건 없었다. 어린이의 마음은 구름 같다. 비슷하지만 똑같지 않으며 보이지만 붙잡을 수 없다.

마음에 드는 이야깃거리를 찾지 못해 혼자 속앓이를 하던 중 친구와 영상 통화를 했다. 일과 프로젝트에 대한 토론과 회의가 아닌 자질구레하고 시시콜콜한 이야기를 나눴다. 까마득하게 흘러간 추억을 곱씹다가 추악하고 몰지각한 정치인들의 추태를 씹어댔다. 목적지 없이 흘러가던 대화는 친구의 두 아들로 이어졌다. 아이를 키우며 일상에서 흔하게 겪는 소소한 이야기였다. 친구의 눈은 갓 태어난 아기처럼 반짝거렸다. 그 순간, 난 고대 그리스 과학자 아르키메데스처럼 '유레카'를 외쳤다.

특별한 아이는 없다. 모든 아이가 특별하다. 특별한 이야기는 없다. 모든 이야기가 특별하다. 머릿속에서 아이디어가 폭발했다. 물고기 떼가 찰방찰방 어선 주변으로 몰려드는 것 같았다. 하나라도 놓칠까 얼른 그물을 던졌다. 통화를 마치고 곧바로 글을 쓰기 시작했다.

경험담이라는 기본적인 뼈대가 있으니 살을 붙이는 건 일도 아니었다. 반나절 만에 에피소드 하나를 후다닥 완성했다. 초고를 친구에게 보냈더니 흡족한 미소를 지었다. 다음 날 친구는 영어로 번역한 대본을 보내왔다. 우리는 미국 시장을 목표로 하고 있었다. 친구는 원본의 의미와 뉘앙스를 훼손시키지 않으려고 단어 하나하나에 심혈을 기울였다고 했다. 영어에 정통하지는 않지만 아예 까막눈은 아니어서 나는 번역본을 받자마자 대충 쭉 훑어봤다. 그런데 한 단어가 마음에 걸렸다. 바로 '마음'이란 단어였다.

이 에피소드에서 주제를 담고 있는 말은 '마음'이다. 흔히 마음을 주고받는다고 하지만 마음은 눈에 보이지 않는다. 보이지 않으니 표현하기 어렵다. 토마토는 마음을 시각화한 것이다. 동생 오웬이 떨어진 토마토를 할머니에게 주고, 할머니가 답례로 되돌려주는 것은 마음을 주고받는 행위다. 그리고 차 안에서 가족들이 저마다 마음에 대해서 다르게 설명하는데, 그만큼 하나로 규정하거나 딱 잘라 단정하기 어렵다는 것을 보여준 것이다. 어린이의 시선은 독특하고 신선하며 남다르다. 다섯 살배기 오웬도 그렇다. 석양에 대한 외침은 문학적 상상력이고 철학적 깨달음이며 예술적 묘사다. 그런 의미를 모두 담았기에 '마음'의 번역은 중요했다.

친구는 '마음'을 '친절한, 다정한'이란 뜻의 'kind'로 옮겼다. 난 마음에 들지 않았다. 더 깊고 보다 넓은 의미를 가진 단어가 필요하다고 했다. 친구는 단호하게 영어에는 그런 말이 없다고 했다. 'mind', 'heart', 'soul', 'spirit' 등 비슷한 말은 있지만 상황에 맞지 않는다고 했다. 난 작가로서 깊은 고민에 빠졌다. 나중에 애니메이션으로 제작된다고 해도 시청자들에게 원래의 뜻을 온전하게 전달하기 어려울 것 같았다. 나는 알맞은 말을 찾아보자고 고집을 부렸다. 그러나 며칠 동안 눈이 벌겋게 충혈되도록 인터넷을 누비고 사전을 샅샅이 뒤졌지만, 딱 들어맞는 단어를 찾을 수 없었다. 찾지 못한 게 아니라 아예 존재하지 않았다. 동양의 한자 문화권에서는 '마음 심心'으로 의미가 통했으나 영어권에서는 일대일로 대응하는 글자는 없었다. 어쩔 수 없었다. 나는 친구에게 캐릭터의 표정이나 제스처로 빈 구멍들을 메워달라고 부탁했다.

대본은 건축의 설계도일 뿐이다. 실제로 땅에 건물을 올리려면 수많은 공정과 넉넉한 시간, 그리고 무엇보다 막대한 비용이 필요하다. 소규모 프로덕션에서 애니메이션 시리즈를 기획하고, 10분 내외의 에피소드 한 편을 제작하는 것은 무리를 넘어 현실적으로 불가능하다. 고작 1분 정도의 데모 영상을 제작하는데도 꼬박 1년이 걸렸다. 자본금은 점점 밑바닥을 드러냈다. 국내외 투자자들을 접촉하고 설득했지만 모두 실패했다. 아이들의 마음을 얻기 전에 어른들의 마음을 먼저 얻어야 한다는 것을 새삼 깨달았다. 친구와 난 창업할 때도 그랬듯 폐업도 머뭇거리지 않았다. 결국 영상이 되지 못한 이야기는 글자로만 남았다.

| 명상적
영화.
하나 | # 컨택트
2016년 드니 빌뇌브 감독 |

영화 '컨택트'의 원작은 테드 창의 단편 소설 '네 인생의 이야기'다. 영화를 보고 전체적인 만듦새가 마음에 들어 소설을 구매해 읽었다. 기본적인 얼개는 그대로였지만, 이야기 구성과 캐릭터의 묘사 그리고 배경의 분위기는 미묘하게 달랐다. 표현과 전달 방식이 확연히 다르고, 소설의 작법과 영화의 기법에는 엄연한 차이가 있으니 그럴 수밖에 없다. 텍스트가 이미지로 바뀌는 과정에서 적잖이 변형되고 손실되는 것도 어쩔 수 없다. 그럼에도 아쉬웠다. 원작 소설에서 비중 있게 다뤘던 것이 영화에서는 언급조차 없었다. 바로 '페르마의 원리'에 대해서다.

'최소 시간의 원리'라고도 하는데 프랑스 수학자 피에르 드 페르마가 주장한 이론으로 빛은 두 지점을 잇는 경로 중 시간이 가장 적게 걸리는 경로를 택해 이동한다는 것이다. 소설에서는 물리학자 게리 도널리가 언어학자인 루이즈 뱅크스에게 칠판에 도표를 그려 가며 이 원리를 설명한다. 공기 중의 빛은 똑바로 나아가다가 수면에 닿으면서 방향을 꺾어 물속으로 들어간다. 빛은 언제나 이동 시간을 최소화하거나 최대화하는 경로를 선택한다. 게리와 루이즈는 중국 음식점에서 군만두를 먹으면서 이 원리에 대해 다시 대화를 나눈다. 광선은 어느 방향으로 움직일지 선택하기 전에 최종 목적지를 알고 있어야 한다. 그래야 경로를 가로지르는 데 걸리는 시간을 계산할 수 있기 때문이다.

소설에서는 이 원리에 대해 많은 지면을 할애한다. 그만큼 작품을 이해하고 파악하는 데 중요한 요소라고 볼 수 있다. 그러나 영화감독은 미장센을 망치는 군더더기라고 여겼던 모양이다. 아니면 원작을 충실히 옮기기보다는 자신만의 시선으로 재해석하려는 의도였을 수도 있다. 어쨌든 소설을 읽지 않고 영화만 본 관객은 원작자가 요리한 음식을 온전히 맛볼 수는 없을 것이다.

'Story of Your Life'라는 소설 제목은 영화에서 'Arrival'

로 바뀌었다. 제목은 작품의 얼굴로 주제와 의도를 함축하고 상징한다. 그래서 작가나 감독은 자식의 이름을 짓듯 제목을 정할 때 신중하게 고심한다. 소설은 엄마가 딸에게 보내는 편지 형식을 띠고 있다. 엄마는 딸의 인생에 대해 모든 것을 알고 있다. 아니, 모순적이지만 딸의 미래를 기억하고 있다. 엄마가 외계인의 언어를 배웠기 때문이다. 그래서 엄마와 딸은 혈연관계를 넘어 창조주와 피조물을 의미한다. 그러므로 'Story of Your Life(네 인생의 이야기)'는 특정한 한 개인의 삶에 대한 이야기가 아니다. 언어의 감옥에 갇힌 존재에 대한 근원적이고 본질적인 이야기다.

감독 드니 빌뇌브는 원작 소설의 제목이 지나치게 평이해서 관객들의 호기심을 자극할 수 없다고 판단했다. 또한 SF 영화의 제목으로는 너무나 평범하게 느껴졌다. 그래서 이야기의 중심을 엄마와 딸에서 외계인과 인간으로 옮겼다. 더불어 영화 포스터에서는 외계의 비행체를 기계 공학적인 형상이 아닌 몽환적이고 신비로운 조형 이미지로 표현했다. 그렇게 외계인과 정체불명의 비행체에 초점을 맞추며, 'Arrival'이라는 제목으로 대중들의 궁금증을 불러일으켰다.

'Arrival'은 사전적으로 사람이나 물체가 목적지에 도착하는 행위를 뜻한다. 또 문명과 기술의 도입, 시대의 도래, 편지나 메시지 도착 등의 의미도 있다. 감독이 전달하려는 의도를 한 단어로 함축할 수 있을 뿐만 아니라, 간결하고 명확해서 홍보와 마케팅에도 효과적이다. 영화는 소설의 무겁고 어려운 철학적인 내용을 덜어내고 제목까지 바꿔 전혀 다른 몸과 얼굴이 되었다. 문학 언어는 영상 언어로 완전히 탈바꿈하면서 둘은 적잖은 것들을 잃고 얻었다.

미국에서 제작된 영화 'Arrival'은 전 세계로 수출됐다. 국내 배급사는 개봉하기 전 제목을 놓고 고민에 빠졌다. 영어를 소리 나는 대로 '어라이벌'이라고 표기하면 '러브', '시크릿', '퍼펙트'처럼 뜻을 쉽게 알아차리기 어렵기 때문이다. 그렇다고 '도착'이라고 번역하면 공항이나 기차역에서 쓰는 용어처럼 딱딱하고 밋밋해서 관객들의 이목을 끌 수 없다. 그런데 국내 개봉작 중에 내용과 설정이 유사한 영화가 있었다. 바로 1997년 조디 포스터 주연의 '콘택트'다. 주인공인 여성 천체 물리학자와 외계인 사이의 소통과 교감에 대한 이야기다. 흥행에 성공한 인기 작품이어서 여전히 많은 사람들이 기억하고 있었다.

국내 배급사는 해외의 사례까지 참고하여 최종적으로 제목을 '컨택트'로 정하면서 외계인과 인간의 '접촉'에 무게를 뒀다고 밝혔다. 그런데 '컨택트'는 외래어 표기 규정에 어긋

난다. 접촉을 의미하는 영어 'Contact'는 '콘택트'로 써야 맞다. 아마도 조디 포스터의 영화 '콘택트'와 혼동하는 것을 피하면서도 친숙한 이미지를 환기할 목적이 아닐지 추측된다. 어쨌든 미국에서 상영된 'Arrival'은 국내로 들어오면서 '컨택트'가 됐다. 그로 인해 제목에서 풍기는 분위기와 뉘앙스는 사뭇 달라졌다.

2013년 봉준호 감독은 미국의 한 영화 제작사로부터 시나리오 한 편을 받았다. 테드 창의 소설 '네 인생의 이야기'를 각색한 작품이었다. 봉준호 감독은 소설과 시나리오를 모두 읽었다. 소설은 '언어'라는 철학적인 소재를 아름답고 독창적인 이야기로 잘 녹여냈다. 그에 비하면 시나리오는 대중적이고 틀에 박힌 방식으로 풀어서 매력적이지 못했다. 봉준호 감독은 시나리오에 대한 의견을 솔직하게 피력하며 본인이 다시 각색하겠다고 제안했다. 하지만 영화 제작사는 받아들이지 않았다. 나중에 알고 보니 각색자 중 한 명이 제작자였다. 결국 드니 빌뇌브가 메가폰을 잡았다.

만약 봉준호 감독이 시나리오를 쓰고 연출을 맡았다면 어땠을까. 소설 원작을 그의 시선으로 옮기고 그만의 언어로 다듬었다면 어떻게 됐을까. 영화의 스타일과 분위기는 물론이고 평론가와 관객의 평가도 달랐을 것이다. 당연하지만 제목과 배우들도 모두 바뀌었을 것이다. 그리고 그의 인생도 변했을 것이다. 어쩌면 필모그래피에 '기생충'이라는 영화도 없었을 것이며, 아마도 아카데미 시상식에서 감독상을 받는 일도 일어나지 않았을 것이다.

그러나 그런 가정은 현실이 되지 않았다. 소설가 테드 창이 쏜 언어의 빛은 처음부터 드니 빌뇌브 감독을 향해 있었다. 봉준호 감독이라는 경로는 애초에 없었다. '페르마의 원리'로 따져보면 그렇다. 정말 이 우주에는 언어의 지도가 있을까. 있다면 그 언어는 무엇일까.

하나의 질문 | 언어로 온전하고 완전하게 전달할 수 있는가

　미국의 물리학자 리처드 파인먼이 어느 기자와 나눈 인터뷰 내용이다. 기자는 두 개의 자석을 가까이 대면 서로 밀어내려는 느낌이 있고, 반대 방향으로 돌리면 붙으려는 과학적 현상에 대해 질문했다. 파인먼은 이해할 수 없다는 표정을 지으며 자석 사이의 느낌이란 무엇이냐고 되물었다. 기자는 두 자석을 가까이 댔을 때 느껴지는 힘이라고 답했다. 이에 파인먼은 뭔가 느껴지는 건 당연하다며 질문의 의도가 무엇인지 물었다. 기자는 두 개의 금속 사이에 무슨 일이 일어나는지 알고 싶다고 했다. 그러자 파인먼은 심드렁하게 자석이 서로 밀어내고 있는 것이라고 대답했다. 답답해진 기자는 왜

밀어내는지, 어떻게 그런 일이 가능한지 알려 달라고 했다.

파인먼은 묘한 미소를 지었다. 그러고는 선생님이 유치원생을 대하듯 눈높이를 낮췄다. 그는 어떤 현상을 설명하는 것이 얼마나 어려운 일인지 예를 들었다. 만약 누군가 빙판길에서 고관절이 부러져 병원에 간다면 대부분은 의아하게 여기지 않을 것이다. 그러나 외계인은 그렇지 않다. 왜 고관절을 다치면 병원에 가야 하는지, 병원은 어떻게 가는지 등을 일일이 알려줘야 한다. 이처럼 '왜'라는 질문은 대화하는 두 사람이 공통으로 이해하는 범주 내에서 이뤄져야 한다. 그렇지 않으면 물음이 끝없이 이어지기 때문이다. 파인먼은 기자의 질문에 피상적이며 상투적으로 답하기보다는 깊고 복잡한 '왜'라는 질문의 본질을 이해시키려 했다.

2012년 토마스 빈터베르그 감독의 덴마크 영화 '더 헌트'에서는 어린아이의 작은 거짓말 때문에 억울하게 아동 성추행범으로 몰린 한 남자에 대해 이야기한다. 이혼하고 고향으로 내려온 루카스는 유치원 교사로 일하며 행복하고 평온한 삶을 살아간다. 어느 날 친구의 딸인 유치원생 클라라가 루카스에게 다가가 입술에 뽀뽀하고 편지를 건네자, 루카스는 정색하며 그러면 안 된다고 타이른다. 기분이 상한 클라라는 유치원장에게 루카스 선생님의 성기를 봤으며 마치 '막대기'

와 같았다고 얘기한다. '막대기'라는 표현은 그 무렵 짓궂은 오빠가 음란한 사진을 보여주며 했던 말이었다.

아이는 절대로 거짓말을 하지 않는다는 믿음이 강했던 원장은 곧바로 루카스를 해고하고 학부모들에게 이를 통보한다. 하루아침에 파렴치한이 된 루카스는 마을 사람들로부터 따돌림을 당한다. 동네 가게에서는 문전박대를 당하고, 날아온 돌덩이에 집 유리창이 깨진다. 심지어 반려견까지 죽여 사체를 루카스의 집 앞에 놓는다. 경찰 조사가 진행되면서 클라라의 거짓말이 들통나고 세월이 흐르지만, 루카스에 대한 의심과 편견은 쉽게 사라지지 않는다. 아무리 진실을 말하고 들려줘도 사람들은 믿고 싶은 것만 듣고 말한다.

번역은 반역

'번역은 반역'이라는 말은 이탈리아 격언 'traduttore, traditore'에서 유래했다. 원문 그대로 다른 언어로 옮기는 것은 불가능하며, 그 과정에서 발행하는 의미와 뉘앙스의 변형이나 손실은 불가피하다는 것이다. 즉 완벽한 번역은 없다는 뜻이다.

영국 극작가 윌리엄 셰익스피어가 쓴 '햄릿'의 유명한 대사 'To be, or not to be, that is question'의 일반적인 우리말 번역은 '사느냐, 죽느냐, 그것이 문제로다'이다. 그러나 다르게 번역한 이들도 있다. '있음이냐, 없음이냐, 그것이 문제로다', '이대로냐, 아니냐, 그것이 문제다', '존재냐, 비존재냐, 그것이 문제다', '살아남느냐, 죽어 없어지느냐, 그것이 문제다'. 번역가마다 작가의 의도와 원문의 문맥을 다르게 해석한 것이다.

미국의 번역가 그레고리 라바사는 콜롬비아 소설가 가브리엘 가르시아 마르케스의 '백 년의 고독Cien años de soledad'을 번역할 때 고민에 빠졌다. 스페인어 원제에서 '백 년Cien'이 불특정한 의미의 'A Hundred'인지 특정한 의미의 'One Hundred'인지 명확하지 않았기 때문이다. 그는 고심 끝에 'A'가 아닌 'One'을 선택했다. 라바사에게 번역을 맡기기 위해 3년을 기다린 마르케스는 원본보다 번역본이 더 마음에 든다며 극찬했다. 심혈을 기울인 라바사의 영역본 덕분에 '백 년의 고독'은 세계적인 작품이 될 수 있었고, 무명의 소설가였던 마르케스는 노벨 문학상을 받을 수 있었다.

> 동일한 말이라도 그 내용은 사람에 따라 다르다.
> — 루트비히 비트겐슈타인

아프냐? 나도 아프다. 나를 아프게 하지 마라. 조선시대 여형사를 소재로 다룬 TV 드라마 '다모'에서 포도청 종사관 황보윤이 관청 소속 노비 채옥의 상처를 치료해 주면서 건넨 말이다. '아프냐?'는 사모하는 여인에 대한 애절한 안쓰러움이고, '나도 아프다'는 에둘러 털어놓는 애달픈 고백이며, '나를 아프게 하지 마라'는 변함없는 사랑을 다짐하는 결연한 약속이다. 같은 말이라도 상황과 감정에 따라 의미는 달라진다. 진료실에서 의사가 환자에게 아프냐고 묻는 것은 정확한 진단을 얻기 위한 의료 행위이고, 고문실에서 군인이 포로에게 아프냐고 묻는 것은 실토를 받아내기 위한 가혹 행위이다.

언어 철학자인 루트비히 비트겐슈타인은 언어 놀이란 본질적으로 공적인 성격을 가지며, 언어의 학습도 공적인 틀 내에서 수행되어야 한다고 했다. 우리 자신의 감각은 사적이고 내밀한 것이지만 그것을 타인에게 전달하기 위한 언어는 공적인 성격을 띤다는 것이다. 예를 들어 '아프다'라는 문장의 기능은 내적으로 느끼는 통증을 기술하는 것이 아니라 통증을 겉으로 표현해 주는 역할을 수행한다는 것이다. 즉, '아프다'라는 감각어는 개인의 사적인 감각을 직접 지칭하는 이름이 아니라 공적인 언어 사용의 한 형태라는 것이다. 고통의 감각은 동일하지 않지만 언어는 동일할 수밖에 없다.

영화 '컨택트'에서 어느 날 반원 모양의 외계 비행 물체가 세계 곳곳에 출현한다. 각국 정부는 비상사태를 선포하고 지구에 온 목적을 알아내기 위해 외계인들과 접촉을 시도한다. 미국 실무 책임자인 웨버 대령도 언어 해석의 최고 전문가인 루이즈 뱅크스 박사를 찾아간다. 녹음기로 외계인들이 내는 소리를 들려주지만, 루이즈는 정확한 분석을 위해서는 서로 대면하고 직접 소통해야 한다고 주장한다.

웨버 대령은 보안상의 이유로 루이즈의 요구를 거절한다. 다른 교수에게 부탁하려는 웨버 대령에게 루이즈는 전쟁의 산스크리트어 표현을 물어보라고 제안한다. 나중에 웨버 대령이 돌아와 '가비스티Gavisti'라는 단어가 전쟁을 뜻하며 '다툼'으로 해석된다고 하자, 루이즈는 그 단어의 정확한 의미는 '더 많은 암소를 원한다'라며 반박한다.

그러나 루이즈의 설명 역시 사실과 다르다. 실제로 산스크리트어에는 전쟁을 의미하는 단어가 25개나 되지만, 이 중에 '가비스티'라는 말은 없다고 한다.

언어는 오해의 근원이다.
— 앙투안 드 생텍쥐페리

루이즈는 작은 화이트보드에 단어를 쓴 뒤 손짓을 써가며 외계인들에게 영어를 가르친다. 웨버 대령은 시간이 많이 소요되는 루이즈의 방식에 회의적이다. 그러자 루이즈는 '캥거루'의 어원에 관해 설명한다. 1770년 영국의 탐험가 제임스 쿡 선장의 배가 호주 해변에서 좌초했다. 육지로 올라온 선원이 새끼를 배에 넣고 뛰어다니는 동물이 뭐냐고 물었더니 원주민이 '캥거루'라고 했다. 그런데 나중에 알고 보니 '캥거루'는 이름이 아니라 '모르겠다'라는 뜻이었다. 루이즈는 시간이 걸리더라도 해석의 오류는 없어야 한다며 웨버 대령을 설득했다.

그런데 이것 또한 틀린 정보이다. 1888년 호주의 언론인 도널드 맥도널드가 캥거루라는 이름의 유래를 잘못 설명한 것이 지금까지 속설로 내려오고 있다. 1889년 인류학자 월터 로스는 호주 퀸즐랜드 북부의 구구 이미디르 부족의 언어로 회색 캥거루를 뜻하는 '강우루gangurru'에서 캥거루라는 이름이 나왔다고 했고, 1974년 언어학자 존 B. 하빌랜드가 이 부족의 언어를 조사하면서 재확인했다. 루이즈도 이 사실을 알고 있었음에도 자신의 논리를 관철하려고 '캥거루'의 어원에 대한 틀린 정보를 인용한 것이다.

루이즈는 언어학자임에도 산스크리트어를 해석하는 데 기

초적인 오류를 범했고, 소통 전문가임에도 고의로 틀린 정보를 사용해 진실성이 떨어졌다. 웨버 대령이 철저하게 검증했다면 루이즈는 신뢰를 잃고 퇴출당했을 것이다. 정확한 지식을 갖고 있던 관객이라면 루이즈라는 캐릭터에 몰입하지 못할 것이다. '소통'을 테마로 한 영화임에도 기본적인 자료 조사에서 문제를 드러내고 있다. 영화가 아무리 허구의 이야기라 하더라도 개연성과 진실성이 담겨 있어야 한다. 온전하고 완전하게 소통하려면 '어떻게'보다는 '어떤 마음'에 무게와 비중을 둬야 한다.

| 하나의
| 질문 | 진리의 가르침을
언어로 옮겨 담을 수 있는가

  1816년 두 척의 이양선이 충남 서천 해안에 나타났다. 영국 정부가 청나라에 파견한 사신 로드 암허스트 경과 수행원들을 태운 순양함 알세스트호와 호위함 레이어호였다. 첨사 조대복과 현감 이승렬은 표류하던 이양선을 조사하기 위해 갔다. 이들은 먼저 낯선 이방인들에게 한문으로 써서 물었다. 그러나 외국인들은 모른다는 듯 고개를 절레절레 저었다. 그래서 한글로 써서 보여줬지만 역시 마찬가지였다. 이번에는 영국인들이 붓을 들었다. 그러나 조선인의 눈에는 꼬불꼬불한 글자로 보일 뿐 무슨 내용인지 이해할 수가 없었다. 그러자 서양인들은 책장에서 책 두 권을 꺼내 조대복과 이승렬에게 하나씩 건넸다. 책도 지렁이 모양의 글이어서 되돌려 주려고 했지만 타국인들은 극구 사양했다. 조대복과 이승렬은 어쩔 수 없이 그 책을 소매 안에 넣었다. 이 책이 바로 우리나라에 최초로 들어온 성경이다.

성경은 인류 역사상 가장 많이 팔린 책으로 2023년 기준으로 70억 부 정도가 판매된 것으로 추정된다. 성경聖經을 가리키는 고유 명사 '바이블Bible'은 그리스어 '비블리아Biblia'에서 유래했다. 'Testament'는 라틴어 'Testamentum'에서 나왔는데 하나님이 모세를 통해 유대 민족과 맺은 언약을 '구약Old Testament'이라고 하고, 하나님이 예수를 통해 완성한 언약을 '신약New Testament'이라고 한다.

기원전 3세기 무렵 이집트의 알렉산드리아 지방에는 70명의 유대인 학자가 히브리어로 쓴 구약 성경을 그리스어로 옮긴 번역본이 있었다. '70인역'이라 불리는 이 성경에는 원문에는 없는 본문뿐만 아니라 토빗기, 유딧기, 지혜서, 집회서, 바룩서, 마케베오 상하 등 그리스어로 쓴 일곱 권의 책이 포함됐다. 기원후 70년 유대인 랍비들은 히브리어로 쓴 39권만 구약 성경의 정경正經이라고 공식적으로 선포했다.

개신교는 16세기 종교 개혁 이후 유대교처럼 히브리어로 쓴 39권만 정경으로 인정하고 나머지 일곱 권은 외경으로 분류했다. 반면 가톨릭교에서는 이 일곱 권도 정경에 포함했다. 성경의 원본은 모두 사라져 현존하지 않는다. 현재까지 남은 것은 원본을 직간접으로 베낀 사본들뿐이다.

사해 문서는 가장 오래된 필사본 구약 성서로 1947년 이스라엘 쿰란의 한 동굴에서 베두인 목동이 잃어버린 염소를 찾다가 우연히 발견됐다. 두루마리 형태의 이 기록물들은 대략 기원전 100년부터 기원후 135년 사이에 쓰인 것으로 추정된다. 발견 당시 문서 일부가 도굴꾼이나 골동품 상인들을 통해 뿔뿔이 흩어졌다. 이후 다시 수집되는 과정에서 가짜가 섞였다는 의혹이 일기도 했다. 문서 전체는 대략 1천여 점으로 오랜 세월에 걸쳐 훼손되면서 2만 5천 개의 조각들로 찢어졌다. 퍼즐처럼 이 조각들을 어떻게 맞추느냐에 따라 해석이 달라질 수 있기에 신학자들과 고고학자들 사이에서는 여전히 논쟁이 되고 있다. 한편 미국의 억만장자 스티브 그린이 개인 수집가들로부터 16개 조각을 사들여 자신이 지은 성경 박물관에 전시했는데, 과학적인 조사를 통해 확인한 결과 모두 위조꾼들이 의도적으로 꾸민 가짜라는 것이 판명됐다.

사리불이여, 여래께서 말씀하셨을 때 그것을 믿도록 하

여라. 위대한 성인인 여래께서는 잘못된 것을 말씀하지
아니하시며 오랫동안 최고의 진리를 말씀하고 계신다.
— 〈불경〉

불경佛經은 좁은 의미에서는 고타마 싯다르타의 가르침을 기록한 '경장經藏'만을 가리키지만, 넓은 의미에서는 계율을 기록한 '율장律藏', 경전에 대한 주석서인 '논장論藏'까지 포함한 삼장을 불경의 범주로 보고 있다. 기원전 544년에 고타마 싯다르타가 죽은 뒤 제자들이 한자리에 모였다. 각자 기억하는 스승의 가르침을 발표했는데 한 명이라도 반박하거나 이의를 제기하면 스승의 말씀으로 인정하지 않았다. 이렇게 외우고 기억하는 형식으로 정리하는 것을 '결집結集'이라고 한다.

고타마 싯다르타의 가르침은 입으로 이어져 내려오다가 그가 죽은 지 400여 년이 지난 기원전 1세기 후반이 되어서야 처음으로 스리랑카에서 팔리어로 문자화됐다. 초기 경전에는 팔리어로 기록되었는데 차츰 고급 문어인 산스크리트어가 쓰이기 시작했다. 고타마 싯다르타는 인도 북동부 마가다 지방의 '마가다어'를 썼다.

금강경, 법화경, 화엄경, 반야경 등의 경전과 극락, 지옥,

관세음보살, 색즉시공 공즉시색 등의 말들을 한문으로 번역한 사람은 인도인도 중국인도 아닌 실크로드의 오아시스 국가인 쿠차 왕국의 승려 쿠마라지바였다. 그는 인도 귀족 출신 아버지와 쿠차 왕족 출신의 어머니 사이에서 태어났다. 일곱 살에 간다라로 유학을 가 산스크리트어를 배우고 불교를 공부한 후 고향으로 돌아와 승려가 되었다.

383년 중국 전진前秦의 장수 여광이 군대를 이끌고 쿠차 왕국을 정벌했다. 쿠마라지바를 포로로 잡아 온 여광은 쿠마라지바에게 사촌 여동생과 혼인하지 않으면 그녀를 죽이겠다며 협박했다. 최고의 승려를 욕보여 쿠차 백성들의 불심을 흩뜨리려는 속셈이었다. 여동생을 살리기 위해 파계승이 된 그는 17년 동안 연금 생활을 하며 고통의 나날을 보냈다. 그러다 401년 후진後秦의 왕 요흥에게 국사로 봉해진 후 경전을 번역하라는 명을 받았다. 그의 나이 57세였다. 70살에 죽음을 맞이할 때까지 그는 20여 년 동안 300권이 넘는 경전을 번역했다.

중국 양나라 혜교가 고승들의 행적을 기록한 '고승전'에서 쿠마라지바는 경전 번역의 고충과 한계에 대해 다음과 같이 토로했다. 천축국(인도)의 풍속은 문장의 체제를 대단히 중시한다. 오음의 운율이 현악기와 어울리듯이 문체와 운율도 아름다워야 한다. 국왕을 알현할 때는 국왕의 덕을 찬미하는 '송頌'이 있다. 부처님을 뵙는 의식은 부처님의 덕을 노래로 찬탄하는 것을 귀히 여긴다. 경전 속의 게송들은 모두 이러한 형식이다. 그러므로 범문梵文, 산스크리트어을 중국어로 바꾸면 그 아름다운 문채文彩를 잃는다. 아무리 큰 뜻을 터득하더라도 문장의 양식이 아주 동떨어지기 때문에 마치 밥을 씹어서 남에게 주는 것과 같다. 그러므로 다만 맛을 잃어버릴 뿐만이 아니라 남으로 하여금 구역질이 나게 하는 것이다. 이와 같이 쿠마라지바는 완전하고 완벽한 번역은 불가능하다는 것을 시인했다. 그는 죽기 전 유언을 남겼다. 자신의 번역에 오류가 없다면 시신을 화장한 뒤에도 혀가 타지 않을 것이라고 말했다. 실제로 다른 부분은 모두 타버렸지만 혀는 온전히 남았다고 전해진다.

> 성인의 뜻은 알 수가 없다. 성인은 상象을 만들어 그 뜻을 모두 드러냈고, 괘卦를 지어서 진실과 거짓을 모두 드러냈으며, 문장을 다듬어서 그 말을 모두 드러냈고, 변통으로 사물의 유리한 점을 모두 설명했다.
> ―〈주역〉

주역의 계사전 제8장에 따르면 '상象'은 천하의 오묘한 비밀을 보고 그 형상과 용모를 비슷하게 모사한 사물의 그럴듯한 모습이다. 즉 성인은 말과 글에는 표현의 한계가 있어 그림을 그렸다는 것이다.

불교의 종파로서 경전 중심의 교종과 달리 참선과 수행을 중심으로 하는 선종에서는 언어와 문자의 한계를 인정하고 '불립문자不立文字, 교외별전敎外別傳, 직지인심直指人心, 견성성불見性成佛'의 경지에 이르려고 한다. 중국 당나라 선종의 조주 대사에게 한 수행승이 개도 불성佛性이 있냐고 묻자 조주 대사가 없다고 답했다. 부처님께서 일체중생에게는 모두 불성이 있다고 했음에도 그렇게 답한 것이다. 나중에 다른 스님이 찾아와 똑같이 물었더니 이번에는 있다고 답했다. 듣는 이에 따라서 선문답은 참뜻을 꿰뚫어 밝히려는 수행이 되기도 하지만 알맹이는 없이 한가로이 주고받는 말장난이 되기도 한다.

What is your purpose on Earth?

지구에 온 목적이 무엇인가. 영화 '컨택트'에서 이야기를 끌어가는 물음이다. 어느 날 갑자기 예고도 없이 외계인들은 지구에 들이닥쳤고 인간들은 낯선 방문자들을 맞닥뜨릴 수밖에 없었다. 불쑥 처들어온 것도 황당한데 태연하게 공중에 붕 떠 있기만 하니 당황스럽다. 한편으론 불안하다. 지구를 콩가루로 만들어 버릴 콩알만 한 폭탄 하나를 툭 떨어뜨리고는 냅다 도망갈지 모르기 때문이다.

고대인들도 그랬다. 마른하늘에 날벼락이 치고, 난데없이 하늘에서 주먹만 한 우박이 쏟아지고, 땅이 갈라져 마을을 통째로 집어삼키고, 멀쩡하던 산이 불기둥을 뿜어내고, 태풍이 휘몰아쳐 아름드리나무들을 뿌리째 뽑아버리고, 대홍수로 세상의 온갖 것들이 잠겨버리면 사람들은 어안이 벙벙했다. 그리고 한참 뒤에 정신이 돌아오면 문득 궁금했다. 분명 까닭이 있을 것이다. 조종하고 조작하는 배후가 있을 것이다. 아무런 이유도 없이 이렇게 무자비한 일을 벌이지는 않을 것이다. 그러나 신이라 불리는 존재의 목소리는 알아들을 수 없었다.

샤먼, 무당, 제사장 등은 이때 등장했다. 그들은 불가해한 현상과 부정형의 형상을 읽고 풀었다. 인류 문명이 발전한 뒤에는 종교인, 과학자, 철학자, 예술인들이 그들을 대신했다. 지금까지 인간 너머의 것들을 무수한 방법과 다양한 방식으로 해석했지만, 무엇이 진정으로 옳은지 그른지는 판별하고 검증할 수 없다. 다만 믿거나 믿지 않을 뿐이다.

영화 '컨택트'에서도 언어학자 루이즈와 물리학자 이안은 신비롭고 기묘한 외계인의 언어를 과학적인 시선으로 접근한다. 수학적 난제를 풀어가듯 공식을 찾아간다. 드디어 말문이 트이고 마침내 묻는다. 지구에 온 목적이 무엇인가. 그런데 여기에는 허점이 있다. 인간이라는 동족 간에도 시공간이 달라지면 소통하는 데 애를 먹는다. 언어가 완벽하게 일대일로 대응하지 않기 때문이다. 하물며 외계에서 온 생물체는 말해 무엇하겠는가. 영화에서 외계인의 '헵타포드어'는 3차원의 언어다. 인간의 2차원 언어와는 말 그대로 차원이 다르다.

> 점이란 부분을 갖지 않는 것이다. 선이란 폭이 없는 것이다. 면이란 길이와 폭만 갖는 것이다. 입체란 길이와 폭과 높이를 갖는 것이다.
>
> — 유클리드 〈원론〉

1884년 영국 빅토리아 시대의 작가 에드윈 에벗이 쓴 소설 '플랫랜드Flatland'에서는 2차원의 평면만 존재한다. 2차원의 플랫랜드에서 사는 주인공 스퀘어(정사각형)는 3차원의 스페이스랜드Spaceland에서 온 이방인 스페리우스(둥근 공)를 이해하지 못한다. 평면의 세계는 입체의 세계를 헤아릴 수 없다. 3차원의 입체 언어는 2차원의 평면 언어로 옮겨 담을 수 없다. 현대 물리학자들은 우주를 11차원이라고 한다. 진리의 세계는 최소 그 이상이라고 해도 무방할 것이다. 그렇다면 우리의 언어가 그걸 제대로 담아낼 수 있을까. 우리의 말과 글로 그걸 올바르게 드러낼 수 있을까.

| 하나의 질문 | 모두의 언어는 가능한가 |

언어의 기원에 대해서는 명확한 결론이 없으며, 여러 가설만이 존재할 뿐이다. 중세 시대의 '신수설'은 언어가 신에게서 받았다고 주장하고, 계몽주의 시대의 '발명설'은 인간이 지혜를 발휘해 언어를 만들었다고 본다. 19세기의 '진화설'은 언어가 진화 과정에서 생겨났다고 설명한다.

야훼께서는 사람들을 거기에서 온 땅으로 흩으셨다. 그리하여 사람들은 도시를 세우던 일을 그만두었다. 야훼께서 온 세상의 말을 거기에서 뒤섞어놓아 사람들을 온 땅에 흩으셨다고 해서 그 도시의 이름을 바벨이라고 불렀다.

— 〈성경〉

지중해에서 교역으로 먹고살던 페니키아인들은 고대 이집트의 상형 문자를 배웠는데 이것이 원시 시나이 문자를 거쳐 페니키아 문자로 발전했다. 처음에는 상형 문자처럼 사물의 모양을 본뜬 그림 문자였으나 점차 소리글자로 바뀌었다. 그리스인들은 페니키아인들과 교류하면서 이들의 문자를 변형해서 최초의 알파벳인 그리스 문자를 만들었다. 알파벳이라는 이름은 그리스 문자에서 첫 번째 글자인 '$α$(알파)'와 두 번째 글자인 '$β$(베타)'를 합한 단어에서 비롯됐다.

그리스 문자는 다시 라틴 문자와 키릴 문자의 조상이 되었으며, 중동에서는 아람 문자로 발전해 유대인의 히브리 문자와 아랍인의 아랍 문자가 되었다. 페니키아 문자는 중앙아시아로도 전해지면서 몽골과 만주 문자의 조상이 되었으며, 인도반도에서는 산스크리트어를 표기하는 브라흐미 문자가 되었다. 2019년 조철현 감독의 한국 영화 '나랏말싸미'에서는 산스크리트어에 능통한 신미라는 승려가 한글을 창제하는 데 주도적인 역할을 한다는 내용이 나온다. 그러나 이는 가설일 뿐이며 한글 창제의 주역은 세종대왕이라는 것이 학계의 정설이다.

언어학자이자 인류학자인 니컬러스 에번스는 그의 저서 '아무도 모르는 사이에 죽다'에서 전 세계에 존재하는 6천 개 이상의 언어 중 일부가 급격히 소멸하고 있다고 진단한다. 그에 따르면 세계 어느 곳에서든 2주마다 한 명씩 쇠퇴하는 언어의 마지막 화자가 사망하고 있으며, 이번 세기 말까지 전체 언어 중 절반이 사라질 것으로 추정된다. 2010년 12월 제주어도 유네스코에서 소멸 위기 언어로 등재됐다. 제주어는 유네스코가 기준을 정한 소멸 위기 언어의 네 번째 단계인 '아주 심각한 위기에 처한 언어'로 규정됐다.

인간이 컴퓨터를 작동시키려면 기계가 이해할 수 있는 언어가 필요하다. 1세대 프로그래밍 언어는 '0'과 '1'로 이루어진 기계어였다. '0'과 '1'은 전기 신호의 유무만을 나타내는 것이므로 언어를 따로 번역하는 절차가 없었다. 2세대 프로그래밍 언어는 어셈블리어를 사용했다. 어셈블리어는 기계어 명령어를 사람이 읽기 쉽게 영어 단어나 약어로 표현한 언어다. 1세대처럼 기계어를 외울 필요는 없었지만, 컴퓨터가 바뀌거나 업그레이드되면 다시 코딩해야만 했다. 3세대 프로그래밍 언어에서는 이런 한계를 보완하기 위해 번역기를 개발해 중간에서 기계어로 번역하도록 했다. 이렇게 탄생한 C언어는 다양한 프로그래밍 언어의 발전에 영향을 주었고, 이후 개발된 언어들을 통해 안드로이드, iOS 같은 모바일 운영 체제도 만들어질 수 있었다.

대화형 인공 지능 서비스 'ChatGPT'는 '대규모 언어 모델 LLM, Large Language Model'의 일종으로, 방대한 양의 텍스트 데이터로 학습하여 인간과 유사한 텍스트를 생성하고 문맥을 이해하며 질문에 답할 수 있다. 사용법도 간단하다. 사람과 대화하듯 물어보거나 명령하면 된다. 논문 작성, 소설 창작, 번역, 프로그램 코딩, 콘텐츠 제작 등 다양한 작업이 가능하다.

> 사람들은 기계가 인간의 뇌를 추월하는 오랜 예언의 순간을 기대한다. 그날은 언젠가 올지 모르지만 아직 동이 트지도 않았다.
> ― 놈 촘스키

변형 생성 문법의 창시자인 세계적인 언어학자 놈 촘스키는 한 기고문에서 인공 지능의 한계를 지적했다. 그는 'ChatGPT'와 달리 인간의 정신은 적은 양의 정보로도 작동하고, 데이터의 상관관계를 추론할 뿐 아니라 그에 대한 설명까지 만들어 낼 수 있다는 점에서 놀라울 정도로 효율적이고 우아하기까지 한 시스템이라고 했다. 그러면서 그는 어린아이가 극소량의 데이터로부터 무의식적이고 자동으로 빠르게 언어를 습득할 수 있는 것은 문법이라는 매우 정교한 논리적 원칙 덕분이며, 이는 사람이 복잡한 문장을 생성할 능력을 갖추게 하는 유전적으로 타고난 운영 체제라고 설명했다.

영화 '컨택트'에서 외계인 헵타포드는 바닷속 문어가 먹물을 뿜듯 허공에 검은 연기를 피워 글씨를 쓴다. 그들의 글씨는 마치 한지에 붓으로 둥근 원을 거칠게 그린 듯 선의 일부분이 삐죽빼죽 번져 있다. 그 미묘하게 번진 형상으로 뜻을 전달한다. 의미를 표기하지만 음성으로는 변환되지 않는다. 즉 시각적으로만 표현될 뿐이다. 그래서 헵타포드의 몸에는 귀나 입이 없고 오직 수화에 필요한 손가락만 있다. 인간의 언어 중에는 이런 방식의 문자 체계가 없다. 보고 듣고 쓰고 말하기가 맞물리면서 소통하기 때문이다.

외계인 헵타포드는 인류 문명보다 발전한 것으로 보인다. 몇 달 동안 미동도 없이 조용하게 공중에 떠 있는 비행체는 인간의 최첨단 과학 기술로도 구현이 불가능하다. 그리고 우리는 바로 옆 이웃 화성에 우주 탐사선만 보냈을 뿐 아직 발도 내딛지 못했다. 헵타포드들이 외계의 어느 행성에서 왔는지 알 수 없으나 그들의 과학 문명은 우리가 범접할 수 없는 수준임이 분명하다. 그렇다면 기술 발전과 더불어 소통 방식도 그에 따라 진보하는 것일까.

특이한 인간의 특성은 결코 기계에 의해 모방할 수 없다는 말은 일반적으로 위안이 되지만 나는 그런 위안을 줄 수는 없다. 그런 한계는 정해질 수 없다고 믿기 때문이다.
— 앨런 튜링

1982년 리들리 스콧 감독의 영화 '블레이드 러너'에서는 지능과 신체 능력에 있어서 인간과 동등하거나 뛰어난 복제 인간 '레플리컨트'가 등장한다. 생물학적으로는 인간과 다를 게 없지만 어린 시절이 존재하지 않아 공감과 감정 이입 능력이 떨어진다. 이런 점에 착안한 '보이트-캄프 테스트'라는 일종의 심리 검사에서 인간과 레플리컨트가 구별된다. 이 테스트는 영국의 수학자이자 암호 해독가인 앨런 튜링이 고안한 '튜링 테스트'에서 영감을 받은 것으로 보인다. 튜링 테스트는 기계의 지능이 인간처럼 독자적인 사고를 하거나 의식을 가졌는지 인간과의 대화를 통해 확인하는 시험법이다.

2014년 영국의 레딩대학교는 '유진 구스트만'이라는 인공 지능이 튜링 테스트를 통과했다고 발표했다. 당시 기준은 심사위원의 30% 이상이 대화 상대를 인간이라고 판단하는 것이었다. 유진 구스트만은 5분 동안 심사위원 25명과 텍스트로 대화했으며, 그중 33%가 유진을 진짜 인간이라고 판단했다. 이후 전문가들 사이에서 30%라는 판정 기준과 어린 외국인 소년으로 설정된 대화자에 대해 논란이 일어났다. 그러나 이제는 인공 지능의 튜링 테스트 통과 여부를 중요하게 여기지 않는다. 새 언어 모델이 적용된 인공 지능이 등장하면서 튜링 테스트 방식으로는 한계가 있기 때문이다. 미래학자이자 인공 지능 전문가인 레이 커즈와일은 2045년에 사람 지능과 인공 지능이 같아지는 특이점이 올 것이라고 예견했다.

2023년 9월 테슬라 CEO인 일론 머스크가 설립한 뉴럴링크가 임상 시험 참가자를 모집했다. 뉴럴링크는 인간의 뇌에 컴퓨터 칩을 이식해 생각만으로 각종 기기를 제어하고 타인과 의사소통할 뿐만 아니라 인공 지능을 결합해 인간의 지능을 향상하는 것을 목표로 하고 있다. 이 기술이 미래에 현실이 된다면 세상의 모든 문자는 사라질지 모른다. 형태와 소리를 갖는 인간의 언어는 소멸할지 모른다. 텔레파시처럼 생각과 감정을 통신하듯 데이터로 주고받을지 모른다. 어림하거나 가늠할 수 없는 마음이라는 것도 결국 데이터로 변환이 될지 모른다. 과연 이 모든 것이 정말 불가능할까. 오만과 착각은 두려움과 무지에서 온다.

| 하나의 질문 | 존재와 언어
무엇이 먼저인가 |

2001년 미야자키 하야오 감독의 애니메이션 '센과 치히로의 행방불명'은 제목에서도 알 수 있듯 '이름'이 중요한 테마다. 신들의 세계에 들어온 소녀 치히로는 부모를 구하기 위해 온천장의 마녀 유바바와 계약을 맺는다. 유바바는 치히로의 이름이 거창하다며 '荻野千尋'에서 '千'만 남겨 놓고 나머지 글자들은 공중으로 띄워 손으로 움켜쥔다. '오기노 치히로'에서 '센'으로 이름이 바뀌는 순간이다.

'치히로千尋'에는 '끝없는 깊이'라는 뜻이 담겨 있지만 '센千'은 그저 숫자일 뿐이다. 그것은 언제든지 대치될 수 있고 필요에 따라 변환될 수 있으며 값으로 환원될 수 있는 존재가 되는 것이다. 고유의 본성과 특유의 개별성과 본래의 인간성을 상실하는 것이다. 권력과 욕망의 노예가 되어 진정한 자기를 잃어버리는 것이다. 그러나 센이 된 치히로는 본래의 이름과 정체성을 끝까지 지키며 유바바에게 맞선다. 결국 마법에 걸린 부모를 구하고 인간 세계로 돌아간다.

> 여호와 하나님이 흙으로 각종 들짐승과 공중의 새를 지으시고 아담이 무엇이라고 부르나 보시려고 그것들을 그에게로 이끌어 가시니 아담이 각 생물을 부르는 것이 곧 그 이름이 되었더라.
>
> ─〈성경〉

하나의 몸짓에 지나지 않았던 것은 '이름'을 붙여주고서야 비로소 '꽃'이 된다. 세상의 온갖 것들은, 우주의 모든 삼라만상은 제 빛깔과 나름의 향기에 알맞은 이름을 갖기 원한다. 그렇게 무엇이 되고 싶어 한다. 잊히지 않는 눈짓이 되고 싶어 한다. 실존주의 문학의 대표작으로 꼽히는 김춘수의 시 '꽃'에는 존재와 언어에 대한 철학적 사유가 담겨 있다. 사육하는 동물들에게 일일이 이름을 붙여주는 농장주는 없다. 그러나 반려동물들은 모두 이름을 갖고 있다.

2009년 이충렬 감독의 다큐멘터리 '워낭 소리'에서는 팔순 노인과 늙은 황소의 진한 교감을 보여준다. 누렁이로 불리는 소는 수명이 다해 쇠약한 몸이지만 할아버지가 고삐를 잡으면 무거운 나뭇짐도 마다하지 않고 나른다. 할아버지 역시 한쪽 다리가 불편하면서도 소 먹일 풀을 베기 위해 매일 산에 오른다. 앙투안 드 생텍쥐페리의 '어린 왕자'에서 장미꽃과 어린 왕자의 관계처럼 할아버지와 소는 서로에게 특별한 의미의 존재가 된 것이다. 잊히지 않는 눈짓이 된 것이다.

내 이름은 파이야.
— 이안 감독의 영화 〈라이프 오브 파이〉

영화 '라이프 오브 파이'에서 인도 소년 피신 몰리토어 파텔은 이름 때문에 친구들한테 놀림을 받는다. '피신Piscine'이 영어의 '오줌Pissing'과 발음이 비슷했기 때문이다. 새 학년 첫날, 소년은 자신이 피신 몰리토어 파텔이며 줄여서 파이라고 소개한다. 그러고는 칠판에 'Pi(파이)'를 쓴다. 그리스어로 'π'이며, 수학에선 원주율을 뜻한다고 설명한다. 흔히 '3.14'로 알고 있는 원주율은 소수점 아래로 끝없이 이어진다. 최근에는 슈퍼컴퓨터로 100조 자릿수까지 계산하는 데 성공했다.

소년은 자신의 이름을 스스로 개명하면서 무한하고 영원한 존재로 확장했다. 나중에 망망대해에서 표류했을 때 포기하지 않고 생존할 수 있었던 것은 그런 명명命名의 힘 때문인지도 모른다.

언어는 존재의 집이다. 그 언어의 집에 인간이 산다.
― 마르틴 하이데거

하이데거는 인간은 마치 자신이 언어의 창조자이고 주인인 것처럼 행동하지만, 사실은 언어가 인간의 주인으로 군림하고 있다고 했다. 언어가 말하는 것이지 인간이 말하는 것이 아니라는 것이다. 그는 이를 뒷받침하기 위해 자신의 저서에서 순수한 언어 예술을 추구하는 독일 시인 슈테판 게오르게의 시구를 인용했다. '말Das Wort'이라는 시의 마지막 행인 '말이 없는 곳에 사물은 존재하지 않으리'가 그것이다.

언어가 없으면 무의식도 존재할 수 없다.
― 자크 라캉

프랑스의 철학자이자 정신 분석학자인 자크 라캉은 무의

식이 언어와 같은 구조로 되어 있으며 무의식 자체가 언어라고 주장했다. 그에 따르면 욕망은 영원히 메울 수 없는 결핍이며, 이 결핍이 무의식으로 표출된다고 한다. 그런데 사람은 언어 속에서 태어나고 자신의 욕망을 표현하기 위해 언어를 배우는데 그 언어는 나를 둘러싼 사람들의 담론이자 욕망이라는 것이다. 즉 인간은 타자의 욕망을 욕망하는 것이다. 그러므로 우리는 언어를 창안할 수 없고 타자가 사용하는 언어의 질서에 복종할 수 있을 뿐이라고 한다.

언어의 한계는 세계의 한계다.

— 루트비히 비트겐슈타인

비트겐슈타인의 저서 '논리 철학 논고'는 다음과 같이 시작한다. 세계는 성립된 사항들의 총체이다. 그리고 세계는 사실의 총체이지 사물의 총체가 아니다. 이 명제들은 세계를 사물들의 총체로 보는 실재론자와 달리, 실재하는 것은 개별적인 사실들이라는 경험론자의 사상에 기반을 두고 있다. 비트겐슈타인은 세계가 경험과 분석을 통해 이해될 수 있으며, 오직 경험만이 명확하다고 주장한다. 또한 그에게 사실로서의 세계는 언어로 기술되는 세계를 의미한다. 즉, 언어에 의

한 묘사가 사실을 반영한다는 것이다.

영화 '컨택트'에서 루이즈는 외계인의 언어인 헵타포드어를 연구하고 분석하는 과정에서 기묘한 경험을 하게 된다. 너무나 현실처럼 느껴지는 꿈을 지속적으로 꾸는 것이다. 모두 딸과 함께했던 기억과 추억의 장면들이다. 미혼인 루이즈에게 그것은 당연히 허황된 꿈일 뿐이다. 그런데 이상하게도 실제로 겪었던 일처럼 또렷하고 생생하다. 다가올 미래를 기억한다는 것은 모순이자 어불성설이다. 혼란스러워하는 루이즈에게 동료인 이안은 '사피어-워프 가설'을 언급한다.

미국의 언어학자 에드워드 사피어와 그의 제자 벤자민 리 워프가 제시한 '사피어-워프 가설'에 따르면 사람들이 사용하는 언어가 그들의 사고방식과 세계관에 영향을 미친다는 것이다. 즉, 언어는 단순히 생각을 표현하는 도구가 아니라, 인간의 인지 과정과 현실 인식에 중요한 역할을 한다고 주장한다. 또한 언어의 구조가 사용자의 세계 인식과 행동 양식에 영향을 준다는 점을 강조한다.

미국의 인지 언어학자인 조지 레이코프는 그의 저서 '코끼리는 생각하지 마'에서 '프레임'이란 우리가 세상을 바라보는 방식을 형성하는 정신적 구조물이라고 정의하면서 '프레임'은 언어를 통해 작동된다고 했다. 아무리 코끼리를 생각하지 말라고 해도 그 말을 듣는 순간 누구나 코끼리를 떠올리게 된다는 것이다.

호주의 원주민 쿡 타요레 부족의 언어에는 왼쪽과 오른쪽이 없는 대신에 모든 단어가 동서남북으로 되어 있다. 그래서 말할 때마다 절대 방위를 같이 말한다. 심지어 이들은 빛을 완전히 차단한 지하에서도 방향을 찾을 수 있다고 한다.

영화 '컨택트'에서 루이즈는 외계인의 언어를 익히면서 사고 체계나 인지 방식도 외계인처럼 바뀐다. 헵타포드어는 한쪽으로 흐르지 않는다. 과거에서 미래로 향하는 일방통행이 아니라 과거와 미래가 각각 출발지이자 목적지인 쌍방 통행이다. 처음도 끝이고 끝도 처음이다. 영원한 회귀이며 뫼비우스의 띠다.

루이즈가 경험한 것은 꿈이 아니라 현실이다. 허상이 아니라 실재다. 선형적 언어의 굴레에서 벗어나 비선형의 세계를 맛본 것이다. 그렇다면 언어란 탈출할 수 없는 무한의 감옥인가, 아니면 나비가 되기 위한 누에고치인가. 그것은 알 수 없다. 언어가 진정한 존재와 실재의 세계를 가리고 여는 장막인지 누구도 답할 수 없다. 답도 언어이기 때문이다.

하나의 질문

왜 침묵해야 하는가

    2005년 필립 그로닝 감독의 다큐멘터리 '위대한 침묵'은 카르투시오 수도원 수도자들의 일상을 담은 작품이다. 이 수도원은 독일 쾰른 출신의 사제 성 브루노가 오직 고독과 침묵 속에서 하느님을 만나고자 1084년 프랑스에서 설립한 봉쇄 수도회다. 이곳 수도자들은 한 공동체 안에서 생활하는 은둔 수도자들이다. 그들은 허가된 시간 외에는 말을 하지 않는다.

    다큐멘터리는 내레이션 없이 영상만 보여준다. 그래서 산골바람 소리, 발소리, 종소리, 고양이 울음소리 같은 주변 음들이 더욱 도드라지게 들린다. 하느님의 음성을 들으려면 시끄러운 세상과 떨어져 있어야 하고, 홀로 있어야 하고, 침묵 속에서 귀 기울여야 한다. 수도사들은 미사와 기도를 위해 성당에 가는 것, 소임에 따라 노동하는 것, 일정한 시간에 산책하는 것을 제외한 나머지 시간에는 오로지 독방에서 홀로 지내야 한다.

우리나라에도 경북 상주시와 충북 보은군에 카르투시오 수도회의 수도원이 있다. 상주시는 남자 수도원이고 보은군은 여자 수도원이다. 아시아에서는 유일한 카르투시오 수도원이라고 한다.

> 공자께서 말씀하셨다. 나는 말하지 않겠다. 자공이 말했다. 선생님께서 말씀하지 않으시면 저희가 무엇을 전할 수 있겠습니까? 이에 공자께서 말씀하셨다. 하늘이 무슨 말을 하더냐? 계절은 바뀌고 만물은 나고 자라지만 하늘이 무슨 말을 하더냐?
> ─〈논어〉

2011년 1월 8일 미국 하원 의원 가브리엘 기퍼즈가 애리조나주 투손 쇼핑센터 내 식료품점에서 유권자들과 만남의 행사를 하던 중 괴한이 다가와 총기를 난사했다. 기퍼즈 의

원은 이마에 관통상을 입었지만 다행히 생명에는 지장이 없었다. 그러나 연방 지방 법원 판사와 보좌관 그리고 현장 교육에 참여한 아홉 살짜리 여자 어린이 등 6명이 숨졌다.

버락 오바마 대통령은 12일 사건 희생자 추모식에 참석했다. 그는 연설에서 숨진 아홉 살 크리스티나 테일러 그린 양에 대한 이야기를 꺼냈다. 나는 미국의 민주주의가 크리스티나가 꿈꾸던 것과 같았으면 좋겠다고 생각합니다. 우리는 모두 어린이들이 바라는 나라를 만들기 위해 최선을 다해야 합니다. 그러고는 갑자기 연설을 멈췄다. 사람들이 술렁였다. 오바마는 숨을 골랐다. 북받치는 슬픔과 비통함과 분노를 애써 누르는 듯했다. 금세라도 터질 듯한 눈물을 애써 참으려 먼 곳을 응시했다. 그렇게 51초의 정적이 흐르고 침묵이 이어진 뒤 힘겹게 연설을 이어갔다. 평소 오바마 대통령을 매섭게 몰아붙이던 정치 평론가들조차도 최고의 연설이라며 찬사를 보냈다.

말할 수 없는 것은 침묵해야 한다.
— 루트비히 비트겐슈타인

루트비히 비트겐슈타인은 자수성가한 철강 사업가의 여덟

남매 중 막내로 태어났다. 아버지는 유럽 전체를 통틀어도 몇 손가락 안에 드는 대부호였고, 예술을 사랑해 브람스, 말러, 멘델스존 같은 음악계의 유명 인사들이 그의 집을 드나들었다. 겉으로는 행복해 보이는 가정이었지만 권위적이고 강압적인 아버지로 인해 가족들은 항상 긴장 상태에 있었다.

첫째 형 한스는 네 살 때 작곡할 정도로 음악에 소질이 있었으나, 아버지는 그가 가업을 물려받기 원했다. 아버지와의 갈등 끝에 도망치듯 미국으로 떠났고, 어느 날 배 위에서 투신자살했다. 둘째 형 쿠르트는 1차 세계 대전 때 지휘하던 부대의 병사들이 자신의 명령을 따르지 않는 것을 비관해 총으로 자살했다. 셋째 형 루돌프는 배우가 되고 싶었으나 아버지의 반대에 부딪혀 집을 나왔다. 베를린에서 살던 그는 한 술집에서 자신이 좋아하는 음악을 들으며 청산가리를 먹고 자살했다.

학창 시절 비트겐슈타인은 오스트리아의 철학자 오토 바이닝거의 저서 '성과 성격'에 깊은 감명을 받았다. 오토 바이닝거는 논문 표절 논란과 자신의 동성애적 성향을 비관해 권총으로 심장을 쏴 자살했다. 루트비히 비트겐슈타인은 그의 장례식에 참석해 시신이 운구될 때 그 뒤를 따라갔고, 평생 그의 추종자가 되었다.

1914년 여름 제1차 세계 대전이 발발하자 비트겐슈타인은 자원입대했다. 처음에는 후방에서 근무했지만, 죽음과 가까워짐으로써 삶의 의미를 더 선명히 깨달을 수 있을 거라는 기대를 안고 최전방 정찰대로 자원했다. 포탄이 빗발치는 전장에서도 그는 끊임없이 노트에 일기를 쓰며 철학적 사유를 멈추지 않았다. 이런 극한의 상황 속에서 쓴 노트의 내용들은 후에 그의 대표작 '논리 철학 논고'의 근간이 되었다. 그리고 이 저서는 20세기 철학에 지대한 영향을 미쳤다.

비트겐슈타인이 죽음을 무릅쓰고 참전을 선택한 이유에 대해서는 여러 추측이 있다. 많은 학자는 조국을 지키려는 애국심보다는 철학에 대한 개인적 열망이나 자아 정화의 과정으로 해석한다. 그러나 그의 진정한 동기에 대해서는 정확히 알 수 없다. 알더라도 말할 수 없다. 그것은 '말할 수 없는 것'에 해당하기 때문이다.

> 언어도단 심행처멸 言語道斷 心行處滅
> 언어의 길이 끊어지고 마음이 가는 곳이 사라진다.
> ─ 〈불경〉

고타마 싯다르타의 제자 말룽끼야뿟따는 세계의 영원성

과 유한성, 목숨과 몸의 관계, 여래의 본질에 대한 철학적 의문을 품게 되었다. 그는 스승인 고타마 싯다르타가 이런 질문에 답변하지 않는 것에 불만을 품었다. 그래서 명쾌한 답을 얻지 못하면 온갖 비난을 퍼붓고 떠나리라 다짐하며 스승을 찾아갔다. 그러자 고타마 싯다르타는 길을 걷다가 독화살에 맞은 사람에 대한 이야기를 들려줬다. 그러면서 누가 무슨 이유로 쐈는지 알기 전까지 독화살을 뽑지 않겠다고 고집을 부린다면 그 사람이 어떻게 되겠느냐고 물었다. 말룽끼야뿟따는 당연히 독이 온몸에 퍼져 죽는다고 답했다. 이에 고타마 싯다르타는 우리는 이미 생로병사라는 독화살에 맞은 상태이므로 철학적 질문들에 대한 답을 찾기보다는 먼저 이 고통의 근원을 제거하는 것이 우선이라고 말했다.

영화 '컨택트'에서 세계 각국은 외계인 언어에 대한 데이터가 쌓이면서 번역이 가능할 수준까지 도달한다. 그리고 마침내 지구에 온 이유에 대한 답을 얻는다. Offer weapon. 무기를 준다는 것이다. 그런데 그 의미가 명확하지 않다. 누가 누구에게 무기를 준다는 것인지 불분명하다. 다른 국가에서는 약간 다르게 번역한다. Use weapon. 무기를 쓴다는 것인데 이것은 지구를 공격하겠다는 의미가 된다. 전쟁 위협으로 받아들인 나라들은 공격할 태세에 돌입한다.

루이즈는 이를 헵타포드어에 대한 지식 부족으로 인한 오역이라고 생각한다. 무기가 아닌 기술이나 도구일 가능성도 있다는 것이다. 그녀는 진의를 파악하기 위해 혼자 외계인의 우주선으로 들어간다. 이번에는 대화가 아닌 교감을 나눈다. 헵타포드 문자를 쓸 줄 알게 된 루이즈에게 외계인은 마지막 메시지를 보낸다.

그런데 메시지가 이전과는 다르다. 하나가 아닌 크고 작은 원형의 헵타포드 문자들이 무질서하게 흩어져 있다. 패턴을 찾지 못해 헤매고 있는데 이안이 특이한 것을 발견한다. 문자 하나하나가 아닌 문자들 사이의 빈 공간에 일정한 규칙이 있다는 것이다. 바로 소수점 아래에서 동일한 숫자 열이 반복되어 나타나는 순환 소수다. 그것을 분수로 환산하면 12분의 1이 나온다. 12개의 외계 우주선이 있는 12개의 나라가 하나로 뭉쳐야 한다는 뜻이다. 즉, 외계인들은 개별 국가의 경쟁과 분쟁이 아닌, 전 인류의 협력과 화합의 메시지를 전달하고 싶었던 것이다. 진정한 의미는 보이는 문자가 아닌 보이지 않는 빈 공간에 있었던 셈이다.

당기무 유기지용當其無 有器之用

— 노자

노자는 그릇이 비어 있을 때 비로소 쓰일 수 있다고 했다. 물질의 기본적인 최소 입자인 원자에서 전자와 양성자와 중성자를 제거하면 99.999%가 텅 비어 있다고 한다. 우리도 그렇고 우주도 그렇다. 거미가 허공에 거미줄을 치듯 인간은 아무것도 없는 진공에 언어로 정신과 의식을 직조했다. 아마도 지독한 허무와 고독에 대한 나름의 처방이었을 것이다. 그러나 언어가 견고하고 치밀해질수록 증세는 더더욱 악화했으며 불안은 오히려 심해졌다. 보이는 것에 집착했기 때문이다. 보이지 않는 것을 보지 못했기 때문이다.

빛은 우리의 눈을 현혹한다. 우주 공간의 대부분은 빛이 없는 암흑 물질로 이뤄져 있다. 우리는 그 안에 머물 때 번뇌와 고통에서 벗어날 수 있다. 그곳은 빛도 닿지 않으며 언어로도 다다를 수 없다. 바로 이것이 침묵의 이유다.

명상적
영화.
둘

페르시아어 수업

2020년 바딤 피얼먼 감독

    1942년 제2차 세계 대전이 한창이다. 스위스로 탈출하다가 나치에게 붙잡힌 질은 벨기에에서 랍비의 아들로 태어난 유대인이다. 트럭으로 호송되던 중 옆에 있던 남자가 페르시아어 책인데 희귀본이니 먹을 것과 바꾸자고 한다. 전쟁통에 책이 무슨 필요가 있겠나 싶어 거절하지만, 남자가 간곡하게 사정하는 바람에 샌드위치와 맞바꾼다.

    한참 동안 달리던 트럭은 한 야산에서 멈춘다. 독일군은 짐칸에 실은 유대인들을 모두 끌어내리고는 한 줄로 세워 놓고 총을 쏜다. 총탄을 가까스로 피해 넘어진 질은 자신은 유대인이 아니라고 절규한다. 그러면서 증거로 페르시아어로

5부. 침묵, 언어 너머의 숨   363

쓴 책을 보여준다. 독일군 막스 병장은 자신의 상관인 코흐 대위가 페르시아인을 데려오면 보상하겠다는 말을 떠올린다. 질은 가까스로 목숨을 건진다.

강제 수용소로 끌려온 질은 주방 책임자인 코흐 대위가 페르시아인이 맞느냐고 묻자, 질은 아버지가 페르시아인이고 어머니가 벨기에인이라고 답한다. 그러고는 책에 적힌 '레자'라는 이름이 본인이라고 거짓말을 한다. 책 몇 구절을 읽어보라는 코흐 대위에게 질은 페르시아어는 집안에서 대화할 때만 사용해서 읽고 쓰는 것은 못 한다고 둘러댄다. 짜증이 난 코흐 대위가 아무 말이나 해보라고 다그치자, 질은 대충 아무렇게나 떠들고는 멋들어진 시구인 것처럼 속인다.

요리사였던 코흐 대위는 전쟁이 끝나면 테헤란으로 가서 동생과 함께 독일 식당을 차릴 계획이었다. 그때를 위해 페르시아어를 배우려던 참이었는데 마침 질이 나타난 것이다. '레자'가 된 질은 주방에서 수감자들에게 배식하면서 일과가 끝나면 코흐 대위에게 페르시아어를 가르치게 된다.

하루에 단어 네 개씩 가르쳐야 하는 질은 수용소 식당에서 일을 하면서도 혼자서 계속 중얼거린다. 제멋대로 만든 말을 까먹지 않기 위해서다. 하나라도 틀려서 거짓말이 탄로가 나고 정체가 들통난다면 냉혈한 코흐 대위는 곧바로 권총을 뽑을 것이다. 날이 갈수록 기억해야 할 단어가 늘어나 가뜩이나 골치가 아픈데 코흐 대위가 단어 개수를 갑자기 마흔 개로 늘린다.

한계에 봉착한 질은 번뜩 묘안을 떠올린다. 수감자의 이름을 새롭게 조합해서 단어를 만드는 것이다. 그리고 배식하면서 수감자의 얼굴을 보고 단어를 암기하는 것이다. 그렇게 겨우 고비를 넘기는데 어느 날 간부 야유회에서 방심한 탓에 그만 실수를 한다. 코흐 대위가 주변 숲을 둘러보다가 나무를 페르시아어로 뭐냐고 묻자, 빵을 썰던 질은 무심결에 빵이라고 가르쳤던 '라지'라고 답한다. 이를 알아차린 코흐 대위는 질을 무자비하게 두들겨 팬다. 질은 황급히 동음이의어라고 둘러대지만 코흐 대위는 믿지 않는다. 분이 삭지 않은 코흐 대위는 질을 채석장으로 보낸다.

채석장에서 고된 노동으로 초주검이 된 질은 급기야 혼수상태에 빠진다. 정신이 오락가락하는 와중에도 가짜 페르시아어를 잠꼬대처럼 계속 중얼거린다. 당연히 누구도 그 말을 알아듣지 못한다. 오직 코흐 대위만 그 뜻을 이해한다. 그제야 코흐 대위는 질에 대한 오해를 풀고 진심으로 사과한다.

질에 대한 신뢰가 두터워진 코흐 대위는 그를 각별히 챙긴다. 둘의 관계가 수상하다는 소문에도 아랑곳하지 않고 수감자들을 이송하라는 사령관의 명령에도 맞서 그를 지켜낸다. 오직 둘만의 가짜 언어로 소통할 수 있게 되면서 코흐 대위는 질에게 자신의 가정사와 속마음까지 꺼내 놓는다. 코흐 대위의 배려로 질은 편안한 생활을 누린다. 하지만 처형되고 소각되는 수감자들을 보면서 죄책감에 시달린다.

전세가 악화하여 연합군이 몰려오자 강제 수용소에 있는 모든 서류를 폐기하고 수감자들도 모두 처리하라는 상부의 명령이 떨어진다. 코흐 대위는 위조 여권과 돈을 급히 챙기고는 강제 수용소 밖으로 질을 몰래 데리고 나온다. 안전한 곳까지 온 코흐 대위는 가짜 페르시아어로 질에게 작별 인사하고는 떠난다.

테헤란으로 가기 위해 이란 입국 심사장에 도착한 코흐 대위는 공항 직원에게 벨기에 여권을 건네며 너무나 자연스럽게 가짜 페르시아어로 인사한다. 무슨 말인지 알아듣지 못한 직원은 코흐 대위를 수상하게 여긴다. 답답한 코흐 대위가 계속 가짜 페르시아어로 떠들자, 밀입국하려는 독일인으로 의심을 받아 경비들에게 체포된다.

한편 질은 연합군에게 잡혀 조사를 받는다. 조사관이 나치들이 모든 기록물을 불태워 강제 수용소에 몇 명이나 있었는지 파악할 수 없다고 하자 질은 허탈한 표정을 짓다가 이내 덤덤하게 수감자의 이름들을 하나씩 말하기 시작한다. 그렇게 2,840명의 희생자들을 모두 기억해 낸다. 가짜 언어를 만들면서 그들의 이름도 깊이 각인됐던 것이다.

코레아 우라

1909년 10월 26일 안중근 의사는 만주 하얼빈역에서 이토 히로부미를 저격한 후 큰 소리로 '코레아 우라Korea ura'를 세 번 외쳤다고 한다. 당시 검찰관의 신문 기록에는 '코레아 우라'가 러시아 말이 아니냐는 질문에 안중근 의사는 영어, 불어, 러시아어 모두 '코레아 우라'라고 한다고 답변했다는 내용이 나온다. 일부 역사학자들은 제국주의 국가 언어에 반감이 강했던 안중근 의사가 당시 국제 공용어로 제안된 '에스페란토'로 대한 만세를 외친 것으로 추측한다.

에스페란토는 폴란드 안과 의사였던 루도비코 라자로 자멘호프가 국제적 의사소통을 위한 공용어를 목표로 1887년 발표한 인공어다. 자멘호프가 태어난 폴란드 북동부의 비아위스토크 지역은 당시 러시아 제국의 영토였는데 다양한 민족이 각기 다른 언어를 사용하며 살고 있어서 갈등과 반목이 극심했다. 언어 소통의 문제라고 판단한 그는 '희망하는 사람'이라는 뜻의 공용어인 에스페란토를 고안했다.

우리나라에서 최초로 에스페란토를 배운 사람은 소설가이자 독립운동가인 벽초 홍명희다. '벽초'라는 호는 '최초의 에스페란티스토'라는 의미를 담고 있다. 1975년 한국 에스페란토 협회가 창립되었으며, 2017년에는 제102차 세계 에스페란토 대회가 서울에서 열렸다.

20세기 초 하와이 사탕수수 농장에서는 일본, 한국, 필리핀 등에서 노동자들을 받아들였다. 이들은 서로 다른 언어를 사용했기 때문에 의사소통에 어려움을 겪었다. 그래서 임시방편으로 혼성어를 만들었다. 이러한 언어를 '피진어Pidgin'라고 하는데, 어순도 일정하지 않고 문법도 결여된 매우 원시적인 형태를 띠고 있다. 그런데 엉터리처럼 보이는 이 피진어가 세대를 거치면서 언어다운 체계와 구조를 갖게 된다. 노동자의 자녀들은 피진어를 사용하면서 단순하게 단어를 나열하는 것이 아니라 어순이나 문법을 도입해 새로운 언어를 만들어냈다. 이렇게 만든 언어를 '크리올어Creole'라고 한다.

'일며든다'라는 말이 있다. 우리나라 MZ세대들이라면 '일이 내 삶에 스며든다'는 뜻으로 얼른 알아듣겠지만 이전 세대들은 낯선 단어에 고개를 갸웃거릴 수밖에 없다. 이 밖에도 '내가 원하는 이미지'의 '추구미', '내일 또 출근'의 '내또

출', '후회해'의 '꾸웨엑' 같은 신조어는 정식으로 사전에 등록되지는 않았지만, 특정 세대와 집단 내에서 소통되며 실질적으로 언어의 기능을 하고 있다.

영어도 마찬가지다. 할리우드 배우 제니퍼 로렌스가 대선배인 메릴 스트리프와 영화 '돈 룩 업'을 촬영할 때였다. 제니퍼 로렌스는 촬영 현장에서 메릴 스트리프에게 계속해서 '고트GOAT'라고 불렀다. 메릴 스트리프는 자신을 늙은 염소라고 놀리는 줄 알고 기분이 상했다. 그런데 나중에 알고 보니 염소의 'Goat'가 아닌 한 분야에 있어서 역사상 가장 위대한 인물을 의미하는 'G.O.A.T Greatest Of All Time'였다.

언어는 살아서 꿈틀거리는 생물이다. 시간이 흐름에 따라, 공간이 바뀜에 따라 모양과 뜻이 변한다. 그대로 머무는 법이 없다. 그래서 '제법무상諸法無常'이다. 나도 그렇고 너도 그렇고 우리 모두 그렇다.

| 명상적
| 영화.
| 셋

봄날은 간다

2001년 허진호 감독

사운드 엔지니어 상우는 지방 방송사에서 라디오 연출가 겸 진행자로 일하는 은수를 만난다. 갈대밭에서 부는 바람 소리, 산골에 눈 내리는 소리, 개울가에서 물 흐르는 소리, 바닷가에서 파도치는 소리, 고요한 사찰에서 울리는 풍경 소리를 수음하거나 어르신들이 들려주는 민요를 녹음하기 위해서다. 둘은 이렇게 소리를 찾으러 다니면서 차츰 가까워진다.

은수는 외로움을 견디기 힘들다. 누군가 곁에 없으면 불안하다. 혼자 집에 있을 때는 더욱 그렇다. 비까지 내리면 더더욱 그렇다. 은수는 상우에게 마음이 끌린다. 미세 먼지 하나

없는 해맑은 웃음이 좋다. 인공 감미료가 들어가지 않은 담백한 말투가 좋다. 그냥 좋아서 밤에 전화를 건다. 그런데 상우가 눈치가 없다. 히죽히죽 웃기만 할 뿐 다가오지 않는다. 연애 경험이 없는 건지 조심스러운 건지 도통 속을 모르겠다. 답답하다. 그래서 은수가 먼저 불쑥 손을 내민다.

라면 먹을래요?

수사학은 사상이나 감정을 효과적, 미적으로 표현할 수 있도록 문장과 언어의 사용법을 연구하는 학문이다. 쉽게 말해 다른 사람을 설득하고 소통하기 위한 기술을 공부하는 것이다. 플라톤은 수사학은 감언이고 아첨이며 나쁜 것이라고 했다. 그러나 그의 제자 아리스토텔레스는 스승과 달리 자신의 육체를 스스로 방어할 수 없는 것이 부끄러운 일이라고 한다면 말로 자신을 보호할 수 없음을 부끄러워하지 않는 것 역시 불합리한 일이라고 했다. 은유법은 수사법의 하나로 본뜻을 숨겨서 비유하는 언어 기술이다. 영어로 '메타포Metaphor'라고 하는데 문학이나 예술에서 많이 사용한다.

영화에서 '라면'은 메타포다. 은수가 늦은 밤 상우를 집으로 불러들이기 위한 은근한 메시지다. 그렇게 하룻밤을 보내자는 수줍은 몸짓이다. 그래서 라면은 라면이 아니다. 라면이 아니어도 된다. 초코파이나 콜라도 상관없다. 그런데 상우는 정말 라면을 먹을 생각이다. 그래서 소파에 앉은 채 라면에 소주를 마시면 맛있다는 실없는 소리만 한다. 메타포라는 근사한 기술이 상우에게는 먹히지 않는다. 은수가 지금까지 만났던 남자들과는 거리가 있다. 화려한 미사여구로 포장할 줄 모르는 사람이다. 드물어서 특별하고, 특별해서 매력적이다. 은수는 상우를 가지고 싶다. 놓치고 싶지 않다. 적어도 지금은 그렇다.

자고 갈래요?

있는 그대를 보여주면 되는데 자꾸 덧대고 연신 꾸미고 꼭꼭 감추려고 애를 쓴다. 그러니 말이 복잡해지고 글이 어려워진다. 치장하고 돋보이려는 욕망 때문이다. 겉보기에는 그럴싸하고 그럴듯하지만 그럴수록 생각은 어지럽고 마음은 어수선하다.

살아가면서 생각하거나 행동하는 모든 것을 아울러 '업業'이라고 하는데 좋은 결과를 부르는 '선업善業'도 있고, 나쁜 결과를 부르는 '악업惡業'도 있다. 대표적인 열 가지 십악업十惡業

중에 입으로 짓는 업으로는 거짓말妄語, 욕설惡語, 이간질하는 말兩舌, 아첨하는 말綺語이 있다. 고타마 싯다르타는 깨달음을 얻기 위한 여덟 가지 수행을 언급했는데 그중 하나가 '정어正語'다. 말할 때는 진실하고 성실하고 솔직하고 부드럽고 올바르게 해야 한다는 것이다.

상우는 세상을 다 가진 것만 같다. 사랑하는 여자를 가졌으니 세상 부러울 게 없다. 지옥에 떨어져도 그녀만 있으면 두렵지 않을 것만 같다. 한시라도 못 보면 죽을 것만 같다. 함께 있으면 그 어디라도 천국일 것만 같다.

은수도 그럴 것만 같았다. 상우만 있으면 괜찮을 줄 알았다. 허전한 빈구석이 빈틈없이 메워질 줄 알았다. 헛된 욕망이 사그라질 줄 알았다. 그런데 아니었다. 상우로도 채워지지 않는다. 또 다른 구멍이 뚫리면서 그곳으로 찬바람이 들어온다. 상우에 대한 애정이 식는다. 손안에 들어오니 싫증이 나고 입안에 넣으니 물린다.

라면은 간식이나 별식이 되어야지 주식이 되면 안 된다. 연애는 환상이고 결혼은 현실이다. 누구보다 은수는 그 현실을 잘 안다. 결혼을 해 봤기 때문이다. 그런데 상우는 달콤한 막대사탕을 물고 있는 어린아이처럼 환상에 빠져 있다. 그래서 한눈을 팔았던 건 아니다. 어쩌다 보니 다른 남자가 마음

속으로 들어와 있었다. 밀어낼 겨를도 없었다. 아니 밀어낼 수 없었다. 어느새 그 빈 구멍을 메워주고 있었기 때문이다.

상우는 불안하다. 은수가 달라졌기 때문이다. 말과 행동이 예전 같지 않다. 특히 눈빛이 그렇다. 짜증 내고 신경질을 부리는 건 참을 수 있다. 그러나 하찮게 여기는 건 견딜 수 없다. 상우는 뚜껑이 열린다.

내가 라면으로 보여?

은수는 곰곰이 생각한다. 상우는 라면이었을까. 값싸고 빠르게 허기를 때울 수 있는 인스턴트 음식이었을까. 그런 거 같았다. 그때는 배가 너무 고파 미칠 것 같았다. 마침, 라면 한 봉지가 있었고 그게 상우였다. 말의 힘은 강하다. 라면으로 부르니 그가 정말 라면으로 보인다. 퉁퉁 불어 터져서 입맛이 싹 가시는 라면으로 보인다. 정이 뚝 떨어진다.

상우는 후회한다. 남자답지 못하게 속 좁게 굴었다. 성경에서 사랑은 오래 참고 온유하며, 시기하지 아니하며, 자랑하지 아니하며, 교만하지 아니하며, 무례히 행하지 아니하며, 자기의 유익을 구하지 아니하며, 성내지 아니하며, 악한 것을 생각하지 아니하며, 불의를 기뻐하지 아니하며, 진리와 함께 기뻐하고, 모든 것을 참으며 모든 것을 믿으며 모든 것을 바라며 모든 것을 견디는 것이라고 했다. 그러나 이미 뱉은 말이다. 다시 주워 담을 수 없다. 시간은 되돌릴 수 없다. 마음 같아서는 슈퍼맨처럼 지구를 반대로 돌리고 싶다. 역시 불가능한 일이다. 엎지른 물이고 떠나버린 버스다.

빈 잔과 빈 버스로 있었으면 덜 아팠을 것이다. 그런데 은수는 다른 남자의 차를 타고 있다. 상우는 열불이 난다. 돌아버릴 거 같다. 눈이 뒤집힌다. 엊그제까지만 해도 내 여자였는데 지금은 다른 남자의 여자다. 어쩌면 손바닥 뒤집듯 그렇게 쉬울 수 있을까. 상우는 허탈하다.

어떻게 사랑이 변하니?

상우는 사랑은 절대적이고 완전무결한 것으로 생각했다. 그런데 아니었다. 계절이 바뀌듯 사랑도 그랬다. 변하지 않는 것은 없었다. 환절기의 독감 환자처럼 상우는 끙끙 속앓이한다. 치매에 걸린 할머니가 왜 그토록 기차역에서 돌아가신 할아버지를 기다리셨는지 알 것 같다. 서산에 지는 해가 지고 싶어 지는 것이 아니라는 정선 아리랑의 노랫말이 이제는 가슴에 사무친다.

영화 삽입곡으로 그리스 출신의 세계적인 샹송 가수 나나 무스쿠리가 부른 '사랑의 기쁨'이 나온다. 사랑의 기쁨은 한순간이지만 사랑의 슬픔은 영원하다는 가사가 앞뒤로 반복된다. 달도 차면 기운다. 기쁨이 보름달이라면 슬픔은 그믐달이다. 극과 극은 통한다. 결국 하나의 달이다.

국립한글박물관에서는 1920년부터 2010년까지 발표된 노래 2만 6천여 곡을 대상으로 노랫말에 등장하는 단어의 빈도를 조사했다. 43,549회가 나온 '사랑'이 압도적으로 1위를 차지했다. 전 세계를 대상으로 해도 결과는 마찬가지일 것이다. 소설과 영화와 드라마도 다르지 않을 것이다. 아무리 사랑을 부르고 쓰고 그려도 우리는 여전히 사랑을 모른다. 어쩌면 사랑이라는 말 때문인지도 모른다. 그래서 상우는 침묵한다. 입을 굳게 닫기로 한다. 갈대밭에 묵묵히 서서 듣는다. 언어가 아닌 우주의 소리에 집중한다. 상우는 무엇을 들었는지, 아니 알아차렸는지 입가에 미소가 번진다.

에세이 | 0.0003%의
진심

    우리나라 제32호 국보이자 유네스코 세계 문화유산으로 등재된 고려 팔만대장경판은 1236년부터 1251년까지 15년에 걸쳐 간행됐다. 고타마 싯다르타의 가르침이 81,352개의 경판에 모두 담겨 있다. 글씨체가 한 사람이 쓴 것처럼 일정한데 추사 김정희는 사람이 쓴 것이 아니라 마치 신선이 내려와 쓴 것 같다며 찬사를 보냈다. 52,729,000자 중에 오탈자는 겨우 158자로, 오탈자율이 고작 0.0003%다.

    경판을 쌓으면 3,200미터로 백두산보다 높고 길게 이어 놓으면 약 60㎞나 된다. 나무 벌채, 한지 제작, 필사, 경판 판각, 경판 가공 등에 대략 100만 명의 인력이 동원된 것으로 추정된다. 전해 내려오는 이야기에 따르면 한 글자를 새길 때마다 세 번씩 절을 했다고 한다. 다 새길 때까지 절을 무려 1억 5천만 번이나 했다는 말이 된다.

성경이 수천 년 동안 전해질 수 있었던 건 끊이지 않고 기록했기 때문이다. 인쇄 기술이 없던 시대에는 당연히 손으로 베껴 썼다. 그런데 필사의 특성상 실수가 생기기 마련이었다. 그러나 신성한 하나님의 말씀을 잘못 옮겨 쓰는 건 있을 수 없었다. 그래서 필사자들은 아주 천천히 정확하게 써야 했다.

파피루스에 기록하던 시절에는 한 장에 140단어를 담을 수 있었는데 이 한 장을 필사하는데 2시간 정도가 걸렸다고 한다. 독일의 수도사 토마스 아 켐피스는 19세에 아그니텐베르크 수도원에 들어가 70년 동안 작은 골방에서 성경을 네 번이나 필사했다. 우리나라 최의숙 할머니는 나이가 구순이 될 때까지 25년 동안 성경을 국어, 영어, 일어로 각각 4번씩 베껴 썼다. 한 번 베껴 쓰는데 국어와 일본어는 약 1년 6개월, 영어는 약 2년이 걸렸다.

강을 건너려던 나그네가 뗏목을 엮어 무사히 강을 건너갔다. 그 뗏목이 아니었다면 강을 건널 수 없었을 것이니 그 뗏목은 참으로 고맙고 은혜로운 것이다. 그러나 지혜로운 이는 강을 건넌 후에 뗏목을 강가에 두고 짊어지고 가지 않는다. 이와 같이 너희들은 내가 말한 교법까지도 버리지 않으면 안 된다. 하물며 법 아닌 것이야 더 말할 것이 있겠느냐.

─〈불경〉

고타마 싯다르타는 자신이 가르친 것들까지도 종국에는 모두 버리라고 했다. 말이란 깨달음을 얻기 위한 도구일 뿐이니 거기에 매달리거나 묶이지 말라는 것이다. 말의 늪에 빠져 허우적거리지 말라는 것이다. 말에 중독되고 현혹되는 것을 경계하라는 것이다. 파격적이고 이례적이다. 어떤 훌륭한 스승도, 어떤 위대한 지도자도 그렇게 말하지 않는다. 한 치의 어긋남도 없이 자신이 내뱉은 말을 금과옥조로 여기고 마음에 깊이 새기라고 한다. 그래야 추앙을 받고 추종을 받기 때문이다.

그렇다면 물음이 생긴다. 어차피 나중에 버려야 할 것이고, 제대로 알아듣기도 어려우며, 자칫하면 독이 될 수도 있는 것을 굳이 접할 필요가 있을까. 오직 경전을 통해서만 지혜나 통찰을 얻을 수 있을까. 밤낮으로 읽고 쓰고 줄줄 외우기만 하면 깨달음을 얻고 열반에 이를 수 있을까. 도대체 말과 글은 어떤 쓸모가 있을까.

이심전심以心傳心

'염화미소拈華微笑'는 마음에서 마음으로 깨달음을 전한다는 뜻으로 다음의 일화에서 유래했다. 고타마 싯다르타가 설법 모임에 참석했다. 가르침을 받으러 온 사람들에게 아무 말 없이 연꽃을 들어 보였다. 아무도 그 뜻을 몰라 어리둥절한데 제자인 가섭만이 참뜻을 깨닫고 미소를 지었다.

산은 산이요, 물은 물이라는 법어로 유명한 성철 스님은 팔만대장경을 한 글자로 표현하면 '마음 심心'이라고 했다. 이는 불경의 글자 하나하나가 곧 마음이라는 의미이다. 성경도 다르지 않다. 수천 년 동안 경전으로 마음을 온전하게 주고받았던 것이다. 그런데 마음은 본래 변화무쌍하고 변덕이 죽 끓듯 하다. 그래서 이렇게 방대한 양의 말과 글이 생겨났던 것이다. 변화무쌍한 마음을 다잡고 전달하기 위해서는 그만큼 다양하고 풍부한 언어적 표현이 필요했던 것이다.

人 (사람 인) + 言 (말씀 언) = 信 (믿을 신)

인간의 언어 행위는 결국 믿음이다. 말과 글을 쓰는 것은 믿음을 갖기 위해서다. 믿음은 불안과 외로움과 고통을 견디게 해주기 때문이다. 그리고 그런 믿음은 불가사의할 정도로 놀라운 힘을 갖고 있다.

이집트의 피라미드 중 가장 큰 쿠푸의 피라미드는 기원전 2,560년 무렵에 세워졌는데 약 230만 개의 바위들로 이뤄져 있다. 약 550만 톤의 석회암과 8천 톤의 화강암과 50만 톤의 모르타르가 사용됐다. 가장 큰 바위는 약 80톤에 이르며 800km나 떨어진 채석장에서 가져왔다. 당시 이집트인들은 바위를 가공하는 데 금속 끌과 나무쐐기만을 사용했다.

스페인 바르셀로나에 위치한 사그라다 파밀리아 대성당은 천재 건축가로 알려진 안토니오 가우디가 설계한 건축물이다. 1882년 착공 이후 141년이 지난 지금도 공사가 끝나지 않았으며, 가우디 사망 100주기인 2026년에 완공될 예정이다.

폴리네시아 동부 칠레 이스터섬에는 '모아이'라고 불리는 사람 얼굴 모양의 석상이 있다. 가장 큰 것은 높이가 10m, 무게는 80톤이 넘는다. 섬 전체에 600여 개가 흩어져 있는데, 모두 내륙을 향하고 있으며 바다를 향해 바라보고 있는 석상은 단 하나도 없다. 고고학계에서는 모아이 석상이 죽은 왕들을 위해 세워졌다고 추정하고 있다.

하나의 믿음은 작지만 모두의 믿음은 거대하다. 경전의 언어는 어마어마한 믿음이다. 옳음과 그름을 떠나서, 진리의 여부를 제쳐두더라도 그건 경탄할 만한 건축물이다. 마음의 벽돌을 하나하나 차곡차곡 쌓아 올린 경이적인 탑이다.

나는 애니메이션 시나리오를 쓰면서 마음을 표현하고 전달하는 것이 얼마나 어렵고 힘든 일인지 깨달았다. 언어라는 도구의 한계와 벽을 여실히 느꼈다. 그렇다고 붓을 내팽개칠 수는 없다. 목수는 연장을 탓하지 않는다. 언어에 묶여서도 안 되지만 놓쳐서도 안 된다. 중요한 것은 진심眞心을 담는 것이다. 언어와 침묵과 믿음 모두 진실한 마음이 있어야 한다. 티 없이 맑고 더없이 깨끗하며, 한없이 잔잔하고 끝없이 이어지는 마음이 모든 것의 바탕과 여백이 되어야 한다. 누구나 알지만 그대로 하는 것은 말처럼 쉽지 않다. 명상을 해야만 하는 이유가 바로 거기에 있다.

6부

다
정

우주 평화를 지키는 숨

| 에세이 | 달콤씁쓸한
짜장면과 불주사 |

짜장면이 나왔다.

초등학생인 누나는 함박웃음을 지으며 양손에 나무젓가락을 하나씩 움켜쥐고 면을 비볐다. 네 살 난 남동생은 발을 동동 구르며 어머니를 재촉했다. 끙끙거리는 누나와 달리 어머니는 능숙한 손놀림으로 춘장과 면발을 금세 섞었다. 면이 불으면 맛이 없다고 하는데도 누나는 한사코 직접 비비겠다며 고집을 부렸다. 짜장면 비비는 것쯤은 혼자서 할 수 있는 나이였지만 나는 순순히 어머니에게 그릇을 맡겼다. 불길한 예감이 면과 춘장처럼 가슴 한 켠에서 뒤섞여 뭉글거렸기 때문이다.

짜장면은 아무 때나 먹는 음식이 아니었다. 졸업식이나 입학식처럼 특별한 날에만 맛볼 수 있는 특식이었다. 외식 자체가 드물던 시절이었다. 당시 어머니들은 매일 장을 봐서 삼시 세끼 밥을 차렸다. 몇 푼 안 되는 콩나물값도 흥정하고 1원짜리 한 장도 허투루 새지 않도록 꼼꼼하게 가계부를 쓰는 게 집안 살림을 책임지는 가정주부의 몫이었다. 단순히 입맛이 없다는 이유로 밖에 나가서 돈을 주고 밥을 사 먹는 건 도저히 상상할 수 없었다. 그러다 보니 동네에 식당이라고는 분식집이나 중국집 정도였다. 통닭집과 고깃집은 시장이나 시내까지 나가야 했다.

우리 집은 어머니가 옷 장사를 하면서 형편이 나아지고 있었지만, 여전히 사글세 단칸방을 벗어나지 못하고 있었다. 내 집 마련을 위해 어머니는 악착같이 허리띠를 졸라맸고 억척스럽게 장사를 했다. 그래서 이 상황이 이상할 수밖에 없었다. 기념할 만한 날도 아니었고 칭찬을 받을 만한 일도 없었다. 동네 허름한 중국집이 아닌 시청 근처에 있는 번듯한 중화요리점이었다. 어머니는 옷 가게까지 하루 문을 닫았다.

여러모로 수상했다. 누나와 동생은 그릇에 코를 박고 있었지만 난 어머니의 얼굴을 빤히 쳐다보며 숨은 의도를 찾으려고 애를 썼다. 불길한 예감이 점점 커져갔다. 괘종시계가 뎅 뎅 울리며 정오를 알리자 귀신같이 공무원들이 우르르 몰려들었다. 왁자지껄 떠드는 소리로 금세 소란스러워졌다. 어머니는 목소리를 한껏 높이며 말만 잘 들으면 다음에는 탕수육을 사줄 거라고 했다. 누나와 동생은 기뻐서 손뼉을 치며 엉덩이를 들썩였다. 하지만 나는 알고 있었다. 세상에 공짜는 없다. 분명 대가를 치러야 한다. 탕수육만큼의 희생을 감내해야 한다. 짜장면이 자꾸 목에 걸렸다.

공포는 소리에서 온다. 특히 보이지 않는 곳에서 들려올 때 두려움은 배가된다. 어리고 연약할수록 울부짖는 힘이 크다. 살기 위해서 할 수 있는 게 그것밖에 없기 때문이다. 그래서 갓난아기들은 온 힘을 다해 악을 쓴다. 아이들도 그렇다. 귀청이 떨어질 듯 소리를 지른다. 진료실 밖으로 들려오는 처절한 절규를 듣고 대기실에 있던 아이들의 얼굴은 새파래졌다. 모두 결핵 예방 접종을 맞으려고 보건소로 끌려온 것이다. 주삿바늘을 알코올램프에 달구기 때문에 '불주사'라고 불렀다. 아이들의 몸부림과 발악은 그 광경을 목도하면서 시작됐다. 접종하고 나면 면역 반응으로 팔뚝에 콩알만 한 흉터가 남는데 아이들은 불에 달군 주삿바늘로 살을 지져서 생긴 것으로 오해했다.

누나는 두 손을 싹싹 빌며 어머니에게 애원했지만 소용없었다. 이미 삼킨 짜장면을 뱉을 수는 없었다. 동생은 운이 좋았다. 우리와 달리 태어날 때 이미 예방 접종을 맞았다. 다른 아이들이 부러운 눈으로 바라보자, 동생은 으스대며 팔뚝에 난 '영광의 상처'를 보여줬다. 얼마나 얄밉던지 꿀밤을 한 대 쥐어박고 싶었다. 간호사가 다음 차례를 호명했다. 순간 쥐 죽은 듯이 조용해졌다. 그런데 아무도 일어나지 않았다. 간호사가 재차 부르자 건너편의 남자아이가 갑자기 탈주를 감행했다. 용감했지만 무모한 시도였다. 문밖을 벗어나지도 못하고 간호사한테 붙잡히고 말았다. 남자아이는 바동바동 발버둥을 치며 고래고래 아우성쳤다. 그 소리에 꾸벅꾸벅 졸던 거구의 아주머니가 기지개를 켜며 일어났다. 저벅저벅 걸을 때마다 나무 바닥에서 삐걱삐걱 소리가 났다. 아주머니는 한 손으로 아들의 허리춤을 낚아채고는 진료실 안으로 들어갔다.

대기석에 빈자리가 하나둘 늘어갔다. 순서가 얼마 남지 않았다. 입이 바짝바짝 타고 다리가 후들후들 떨렸다. 맞은편 창문도 바람에 덜그럭거렸다. 유심히 살펴보니 쇠막대기로 된 잠금장치가 풀려 있었다. 하늘이 무너져도 솟아날 구멍은 있었다. 간호사의 주의가 산만해진 틈을 타 슬그머니 건너편으로 옮겨 앉았다. 여닫이 창문을 밀치는 동시에 의자를 밟고 창밖으로 몸을 던진다는 도주 계획을 세웠다. 제아무리 천하의 육상 선수 출신 간호사라도 붙잡지 못할 거라는 판단이 들었다. 의자 끝에 오른발을 살며시 올리고는 조심스럽게 창문에 손끝을 갖다 댔다. 속으로 '하나 둘 셋'을 세면서 엉덩이를 들썩거리는데 기가 막히게도 '둘'을 세는 순간 누나와 내 이름이 불렸다.

누나의 초인적인 발악으로 진료실은 한순간에 아수라장이 됐다. 책상 위에 있던 의료용 기구들과 유리병들이 바닥에 떨어져 깨지고 흩어졌다. 누나는 투우장의 성난 황소 같았다. 이리저리 날뛰고 막무가내로 덤벼들었다. 간호사 두 명을 추가로 투입하고 나서야 사태는 겨우 수습됐다. 양팔과 양다리를 붙잡힌 누나는 콧물과 눈물로 범벅이 된 얼굴로 우물우물했다. 대충 살려 달라는 뜻이었는데 아무도 귀담아듣지 않았다. 머리에 포마드를 잔뜩 바른 의사는 주삿바늘을 알코올램프에 달궜다. 인두처럼 벌겋게 바늘이 달아올랐다. 그걸 본 누나는 몇 번 꺽꺽거리더니 이내 까무러쳤다.

난 회전의자에 얌전히 앉아서 담담하게 지켜봤다. 그리고 생각했다. 이제 어쩔 도리가 없다. 피할 방법은 없다. 어차피 결과는 정해져 있다. 그렇다면 실리를 따져야 한다. 난 탕수육을 떠올렸다. 양옥집에 사는 친구 녀석이 침을 튀겨 가며 자랑했던 탕수육이었다. 입에서 사르르 녹는다고 했다. 인내는 쓰고 열매는 달며 혹독한 추위를 견뎌야 꽃을 피울 수 있다. 나는 호기롭게 긴소매를 팔뚝까지 걷어 올렸다. 간호사들의 입에서 탄성이 터졌다. 의사도 기특하다는 듯 나의 머리를 쓰다듬었다.

뾰족한 주삿바늘이 느린 화면처럼 서서히 다가왔다. 가슴에서 시한폭탄의 째깍째깍 돌아가는 소리가 들렸다. 눈을 질끈 감고 고개를 돌렸다. 그리고 어머니의 품에 안겼다. 푸근하고 아늑했다. 꽁꽁 언 몸이 온탕에서 뭉글뭉글 풀어지는 기분이었다. 편안하고 평온했다. 분명 주삿바늘이 피부 깊숙이 파고들었는데도 아무렇지도 않았다. 이 경이로운 체험을 나중에 동네 친구들에게 들려줬지만 아무도 믿지 않았다. 심지어 양옥집 녀석은 거짓말쟁이로 몰아세웠고 난 아버지의 이름까지 걸어야 했다. 간호사들의 박수갈채가 쏟아졌다. 끝까지 울지 않은 아이는 처음이라고 했다. 그러나 내겐 그런 건 중요하지 않았다. 흐뭇하게 미소를 짓는 어머니를 올려다보며 나는 한 자 한 자 또박또박 말했다. 탕수육.

학교에 입학하고 졸업할 때까지 모든 예방 접종에서 맞는 순서로 1등을 놓쳐본 적이 없었다. 참고 견디는 건 누구한테도 뒤지지 않았다. 몰지각한 선생님에게 무자비한 체벌과 비상식적인 기합을 받을 때도 이를 악물고 끝까지 버텼다. 최전방 부대에서 고참과 간부에게 구타를 당했을 때도 낡고 비좁은 재래식 화장실에 숨어 울분을 내리눌렀다. 직장에서 상사에게 비인간적인 욕설과 폭언을 들었을 때도 마지막까지 미소를 잃지 않았다. 사업의 실패로 관계가 끊어지고 통장이 바닥났을 때도 희망과 꿈을 놓지 않았다. 내겐 찬란한 훈장이 있다. 두렵고 고통스러울 때마다 어루만질 수 있는 불주사 자국이 있다. 언제 어디서든 견고한 요새처럼 날 지켜주는 어머니의 품이 있다. 무한한 어머니의 사랑이 있다.

명상적
영화.
셋

이니셰린의 밴시

2022년 마틴 맥도나 감독

안개 자욱한 아일랜드의 작은 섬 이니셰린. 비릿한 바다 내음과 거친 바람이 감도는 이곳에서 콜름과 파우릭은 세상에 둘도 없는 친구 사이다. 매일 같이 술을 마시며 수다를 떨 정도로 각별하고 돈독하다. 콜름은 마을과 외떨어진 해안가 언덕의 작은 집에서 개를 키우며 홀로 살고 있다. 파우릭은 부모님이 돌아가신 뒤 당나귀를 키우며 여동생 시오반과 함께 살고 있다.

여느 때와 같이 파우릭은 콜름의 집을 찾아가 문을 두드린다. 그런데 무슨 영문인지 콜름은 집 안에서 무거운 얼굴로 담배만 태울 뿐 아무런 대꾸도 하지 않는다. 그러면서 느닷없이 파우릭이 싫어졌다며 외면하고 등을 돌린다. 갑작스러운 변심은 파우릭은 물론이고 마을 주민들에게도 당황스럽고 어리둥절한 일이었다. 일방적인 절교 선언에 억울하고 답답해진 파우릭은 자초지종을 따져 묻는다. 바이올린 연주자인 콜름은 사색과 작곡으로 여생을 보내고 싶다고 대답한다. 그는 무의미한 수다로 얼마 남지 않은 시간을 허비하고 싶지 않다고 설명한다.

파우릭은 믿는 도끼에 발등을 찍힌 기분이다. 한순간에 무가치하고 쓸데없는 인간으로 낙인이 찍히고 말았다. 억울하고 서글펐지만 유순한 성격과 어눌한 말투 때문에 조리 있게 따지지 못했다. 여동생 시오반은 그런 오빠가 안쓰럽고 안타깝다. 그래서 콜름을 찾아가 그의 무례한 처사를 비난한다. 그러나 콜름은 파우릭과 나누는 지루한 대화를 더 이상 견딜 수 없다며 자기의 생각을 단호하고 냉정하게 전달한다.

파우릭은 콜름이 어떻게 하루아침에 태도를 바꿀 수 있는지 궁금하다. 그리고 자신이 정말 멍청한 사람인지 의문이 든다. 여동생이 위로하고 다독이지만 마음의 상처는 좀처럼 아물지 않는다. 파우릭은 여전히 이해할 수 없다. 지금까지 쌓아 왔던 우정을 헌신짝처럼 내팽개치고, 스스럼없이 터놓고 나누었던 이야기들을 휴지처럼 구겨버릴 수는 없는 것이다. 그건 예의와 도리가 아니다. 그래서 화가 나고 괘씸하다. 또 한편으로 슬프고 우울하다. 파우릭은 혼자서 속앓이하는 게 힘들어 성당의 신부에게 속내를 털어놓는다.

콜름도 마음이 무겁다. 오랫동안 돈독한 정을 나누었던 친구에게 모진 소리를 한 것 같아 죄책감이 든다. 그러나 매정하게 끊지 않으면 남은 삶을 허송세월할 게 불 보듯 뻔했다. 파우릭이 심성이 곱고 착하다는 것은 인정하지만 예술적 고뇌까지 나눌 수 있는 상대는 아니었다. 모차르트처럼 불멸의 작곡가가 되려면 어쩔 수 없는 선택이었다. 그래도 못내 찜찜하다. 그래서 성당에서 고해 성사를 하는데 어쩐 일인지 신부는 이미 상황을 다 알고 있다.

콜름은 동네방네 미주알고주알 떠벌리고 다니는 파우릭이 못마땅하다 못해 짜증이 난다. 극단적이지만 강경한 방법이 아니면 질긴 인연을 끊기 힘들겠다는 생각이 든다. 콜름은 파우릭에게 앞으로 자신에게 말을 걸 때마다 양털을 깎는 큰 가위로 손가락을 하나씩 자르겠다며 엄포를 놓는다. 그것도 바이올린 줄을 짚는 왼쪽 손가락부터 절단하겠다고 으름장을 놓는다. 콜름의 섬뜩한 협박과 일방적 통보에 파우릭은 아무런 대꾸도, 어떤 항변도 하지 못한다.

맞받아칠 겨를도 없이 싸움을 끝내는 것은 공정하지 않다.

공평해지려면 양쪽에 동등한 기회가 주어져야 한다. 명투성이가 된 파우릭은 억울하고 분하다. 입도 한마디 벙긋하지 못한 자신이 답답하다. 그런데 콜름은 마냥 싱글벙글한다. 단골 술집에서 다른 사람들하고 웃고 신나게 떠든다. 파우릭은 열불이 난다. 남의 속을 썩어 문드러지게 해놓고 정작 본인은 뻔뻔하게 깔깔대며 시시덕거린다. 도저히 눈 뜨고 볼 수가 없다. 술의 힘을 빌려 파우릭은 콜름에게 울분을 토한다. 맺혀있던 응어리를 토해 낸다. 그렇게 약속을 어기고 금기를 깬다.

콜름은 자기 손가락을 잘라 파우릭의 집에 던진다. 그런데 파우릭이 애지중지 키우던 당나귀가 그 손가락을 먹고 기도가 막혀 죽는다. 콜름은 손가락을 잃고 파우릭은 가족 같은 반려동물을 잃는다. 콜름은 손가락이 없는 손으로 바이올린을 흔들며 예술혼을 불태우고, 여동생마저 육지로 떠나 외톨이가 된 파우릭은 복수심을 불태운다. 악에 받친 파우릭은 콜름에게 찾아가 집에 불을 지르겠다고 경고한다. 콜름은 돌이킬 수 없음을 직감한다. 한 줌의 평온을 바랐는데 진흙탕 싸움이 되고 말았다. 전쟁은 승자도 없고 패자도 없다. 희생자만 있을 뿐이다. 콜름은 무엇을 놓쳤는지 곰곰이 되짚어 본다. 파우릭이 장작을 쌓아놓고 불을 붙일 때까지도 집 안에서 골똘히 생각에 잠긴다.

안식처는 잿더미로 사라지고 콜름에게는 반려견만 남는다. 콜름이 허무하고 허탈한 심정으로 바다 건너 내전으로 시끄러운 육지를 바라보는데 파우릭이 찾아온다. 콜름은 때늦은 사과를 건네면서 어설픈 화해를 시도하지만 파우릭은 냉랭한 얼굴로 등을 돌린다. 그들에게 이제 왜 싸우는지는 중요하지 않다. 오직 어떻게 싸우는가만 남는다. 그리고 죽음을 예견하는 정령인 밴시가 언덕 위에서 우매한 그들을 내려다본다.

제노사이드Genocide는 인종과 살해를 뜻하는 'genos'와 'cide'의 합성어로 1944년 폴란드 법률가 라파엘 렘킨이 자신의 저서에서 처음 사용했다.

옛 소련의 이오시프 스탈린은 사회주의적 집단화 정책을 위해 자치 공화국인 우크라이나 농지를 몰수하고 가축과 식량도 빼앗았다. 사람들이 다른 지역에서 식량을 공수하지 못하도록 이동도 제한했으며 해외 원조도 막았다. 이에 따라 1932년부터 1933년까지 대기근이 발생했고 당시 인구의 3분의 1인 최대 1천만 명이 굶어 죽었다. 이 사건을 우크라이나어로 '홀로도모르Holodomor'라고 하는데 '기아로 인한 죽음'을 의미한다. 2022년 독일 연방 하원은 이를 우크라이나 민족에 대한 집단 학살인 제노사이드로 규정하는 안건을 다수결로 의결했다.

제1차 세계 대전에서 패배한 독일은 막대한 보상금과 경제 대공황으로 최악의 상황이었다. 극우주의자와 군국주의자들은 패전과 경제 파탄의 원인을 유대인으로 돌렸다. 유대인은 자본가와 은행가라는 인식이 강했기에 반유대주의는 폭발적으로 퍼져 나갔다. 또한 유대인에 대한 반감으로 뜬소문들까지 돌았다. 세계 지배 음모를 꾸미고, 어린아이를 해치고, 매음굴을 운영하고, 징병을 거부하고, 담배 산업을 장악하고 있다는 등의 근거 없는 이야기들이 사람들의 입에 오르내렸다.

아돌프 히틀러는 나치당의 지지율을 끌어올리기 위해 유대인에 대한 증오를 이용했다. 그는 우생학을 기반으로 패배감에 빠진 국민에게 자신감과 우월감을 고취하고 사회적으로 열등한 혈통의 제거를 정당화했다. 제2차 세계 대전이 일어난 1941년부터 1945년까지 아돌프 히틀러의 나치 독일은 가스실, 총살, 강제 노동, 생체 실험 등의 방법으로 600만 명의 유대인을 살해했다. 이 조직적인 대량 학살 사건을 '홀로코스트Holocaust'라고 한다.

'30년 전쟁'은 1618년부터 1648년까지 벌어진 유럽 최대의 종교 전쟁으로 신성 로마 제국 내에서 가톨릭과 개신교를 지지하는 국가들 사이에 발생했다. 초기에는 가톨릭의 신성 로마 제국과 칼뱅파 개신교를 믿는 팔츠 제후국 간의 전쟁이었으나 점차 정치적 성격을 띠면서 국제 전쟁으로 번졌다.

스리랑카는 1948년 영국에서 독립한 이후로 전체 인구의 다수를 차지하는 불교계 싱할라족과 소수의 힌두교계 타밀족 사이에 심각한 종교적 갈등을 빚어 왔다. 1983년 타밀족이 싱할라족 군인 몇 명을 살해하자 싱할라족은 타밀족 1천여 명을 학살했다. 이후 타밀 반군이 폭력적인 반정부 투쟁을 시작해 2009년 내전이 종결될 때까지 10만여 명이 숨지고 100만 명 이상의 난민이 발생했다.

제1차 세계 대전에서 오스만 제국이 패망하면서 팔레스타인 지역을 영국이 장악했다. 당시 이곳은 대부분이 아랍인이었고 유대인은 소수였다. 제2차 세계 대전 중 나치 독일의 홀로코스트를 피해 팔레스타인 지역에 유대인의 유입이 늘어났다. 그러면서 아랍인과 유대인 사이의 충돌이 잦아졌다. 1948년 영국이 철수한 뒤 유대인 지도자들은 이스라엘 국가 건국을 선언했다. 많은 팔레스타인인과 이웃 아랍 국가들이 이를 반대하면서 제1차 중동 전쟁이 일어났다. 이 전쟁으로 이스라엘은 팔레스타인 지역의 대부분을 장악하게 됐다. 이곳의 분쟁은 지금까지 이어지고 있으며, 70년이 넘는 세월 동안 약 2만 5천 명의 유대인과 약 9만 1천 명의 팔레스타인인이 사망했다.

증오 범죄는 혐오나 편견이 동기가 된 범죄를 말한다. 유형으로는 인종, 민족, 문화, 관습, 국적, 사상, 종교, 성별, 성적 지향, 장애 등이 있다. 발생 원인으로는 네 가지를 꼽는다. 첫째는 범죄를 저지르면서 희열을 얻기 위해서다. 둘째는 이웃, 직장, 학교, 이성을 외부인으로부터 지키기 위해서다. 셋째는 피해를 본 집단이 복수하기 위해서다. 넷째는 증오 단체가 신념과 사명감에 따라 임무를 수행하기 위해서다.

2022년 미국의 증오 범죄는 전년 대비 약 7% 증가한 11,642건이었으며, 통계를 발표한 1991년 이후 최대 건수를 기록했다. 유형별로는 인종과 민족에 대한 증오가 가장 많았으며, 종교와 성적 성향이 그 뒤를 이었다. 2023년 미국 시카고에 사는 70대 미국인 남성은 무슬림은 죽어야 한다며 자기 집에 세 들어 살던 팔레스타인계 6살 소년에게 흉기를 휘둘러 숨지게 했다.

우리나라 전체 출생아 중 다문화 가정 출생아가 차지하는 비율은 2017년 5.2%에서 2020년 6%까지 증가했다. 2030년에는 전체 군병력의 5%가 다문화 장병이 될 것으로 전망한다. 다문화 가정의 증가와 함께 증오 범죄에 대한 사회적 경계심이 높아지고 있다.

프리랜서 사진 기자 케빈 카터는 1994년 '독수리와 소녀'라는 사진으로 기자들의 노벨상으로 불리는 퓰리처상을 받았다. 이 사진은 당시 아프리카 수단의 전쟁과 빈곤을 적나라하게 보여줬다. 기자는 굶주림에 지쳐 땅바닥에 힘없이 웅크린 여자아이와 먹이를 노리듯 멀찌감치 떨어져 그 아이를 바라보는 독수리를 카메라로 포착했다. 사진을 찍은 후 소녀는 급식소로 걸어갔고 독수리도 날아갔지만, 사람들은 위태로운 상황에서 사진 찍기에 급급한 기자를 비난했다.

목숨보다 예술이 중요할 수 없다. 이데올로기도 그렇고 정치도 그렇고 종교도 그렇다. 생명을 해칠 만큼 귀중한 가치와 위대한 사상과 숭고한 이념과 타당한 논리는 없다. 나와 너는 다르지 않다. 다르지 않기에 더불어 산다. 더불어 살기에 지금까지 살아남을 수 있었다. 그래서 우리는 우리에게 따뜻해야 한다. 서로가 서로에게 다정해야 한다. 아낌없이 베풀어야 하고 한없이 너그러워야 한다. 그렇게 우리는 우리를 사랑해야 한다.

명상적 영화. 둘

월-E

2008년 앤드류 스탠튼 감독

2110년 지구는 극심한 환경 오염으로 자연이 모두 파괴되어 생명이 살 수 없는 행성이 되었다. 인간들은 노아의 방주처럼 초호화 우주선 엑시엄호를 타고 우주로 탈출했다. 그렇게 700년이 흐른 뒤 황폐해진 지구에는 여전히 쉬지 않고 자신의 임무를 묵묵히 수행하고 있는 로봇이 있다. 폐기물을 수거해서 처리하는 '월-E'다.

월-E가 하는 일은 단순하다. 흩어진 쓰레기들을 끌어모아 네모반듯하게 만들어 차곡차곡 정리하는 것이다. 매일 하루도 빠짐없이 쌓아 올린 쓰레기 더미가 고층 건물보다도 높다. 비록 작업 환경이 적막하고 황량하지만 월-E는 자신의 몸에 탑재된 카세트 플레이어로 음악을 들으며 즐겁고 신나게 일한다. 그리고 마음이 통하는 바퀴벌레 친구도 있어 외로움과 적적함을 다소나마 달랠 수 있다.

월-E는 여느 공장 노동자나 회사 직장인처럼 그날의 일과를 마치면 집으로 돌아가 휴식을 취한다. 집 안에는 쓰레기들 속에서 주워 온 루빅큐브, 토스터, 지포 라이터, 농구공, 볼링 핀, 장난감, 수저 같은 것들로 가득하다. 인간들에게는 쓸모없어 버려진 고물이지만, 고철 로봇 월-E에게는 값지고 귀중한 보물들이다.

오래된 뮤지컬 영화를 시청하면서 월-E는 하루의 피로를 푼다. 수천수만 번을 봤지만 질리지 않는다. 다정한 연인이 한목소리로 사랑의 노래를 부르는 장면은 볼 때마다 가슴이 설렌다. 월-E도 그렇게 춤추고 노래하고 싶다. 그런 누군가를 만나 사랑하고 싶다. 그런 꿈을 꾸며 하루를 마무리한다.

그러던 어느 날, 어딘가에서 날아온 탐사선에서 로봇 하나가 내려오더니 이곳저곳을 샅샅이 살핀다. 낯선 침입자에 당황한 월-E는 몰래 숨어서 뒤를 밟는다. 정체는 모르지만 바퀴벌레를 스스럼없이 대하는 것을 보니 나쁜 로봇은 아닌 듯하다. 월-E는 자신이 어떤 로봇인지 소개하려고 쓰레기 압착을 보여주는데, 긴장해서인지 평소처럼 되지 않는다. 이브라는 이름의 탐사 로봇도 그런 어리바리한 월-E를 보고는 경계를 푼다. 그런데 그때, 갑자기 거대한 모래 폭풍이 휘몰아친다. 월-E는 어쩔 수 없이 이브를 자신의 집으로 대피시킨다.

월-E는 기분이 들뜬다. 수백 년 만에 처음으로 손님을 맞이하니 반가움과 낯섦이 교차한다. 혼자만 있던 집에 누군가 같이 있으니 포근하면서도 어색하다. 그래서 수집했던 것들을 이것저것 꺼내서 보여준다. 이브도 고대 박물관을 구경하듯 흥미롭게 둘러본다. 월-E는 지포 라이터를 원시인의 도구처럼 신기해하는 이브의 순수한 모습에 그만 넋을 잃는다. 지저분하고 볼품없는 자신과 달리 이브는 세련되고 멋스럽다. 아름답고 사랑스럽다. 함께 있고 싶고 곁에 두고 싶다. 모든 걸 다 줘도 아깝지 않을 거 같다. 그래서 월-E는 지구에서는 희귀하고 진귀한 식물을 꺼내서 보여준다. 그러자 이브가 정색하며 돌변한다. 식물을 빼앗더니 도망치듯 탐사선으로 돌아간다. 황당한 월-E는 이브를 붙잡으려다가 얼떨결에 우주선 엑시엄호까지 따라간다.

엑시엄호는 하나의 우주 도시다. 모든 노동은 로봇이 한다. 사람은 손 하나 까딱하지 않고 하루 종일 반중력 의자에 앉아 먹고 마시고 즐긴다. 그 결과 모든 사람이 하나같이 비만이다. 우주선을 통제하고 지휘하는 선장도 예외가 아니다. 자동 조종 장치가 모든 걸 알아서 해주기 때문에 특별히 할 일이 없다. 그런 상황에서 이브가 식물을 가져왔다는 보고를 받자 선장은 당황한다. 이는 떠돌이 우주 생활을 마치고 지구로 돌아갈 수 있다는 의미이기 때문이다. 그 중대한 결정의 순간이 다가온 것이다. 하지만 막상 이브의 몸을 열어보니 식물이 없다. 인간들이 지구로 돌아가지 못하도록 자동 조종 장치가 빼돌린 것이다.

월-E와 이브가 합심해 식물을 되찾아오고 선장도 지구로 복귀하겠다는 의지를 강하게 보이자 우주선의 모든 로봇이 반란을 일으킨다. 월-E는 로봇들과 맞서 싸우는 과정에서 몸이 찌그러지고 부서진다. 감금됐던 선장은 자동 조종 장치의 방해에도 불구하고 가까스로 수동 운전으로 바꾸는 데 성공한다. 엑시엄호는 위독한 환자를 이송하는 구급차처럼 월-E를 살리기 위해 초광속으로 질주해 지구에 도착한다.

이브는 서둘러 월-E의 집에서 고장 난 부품들을 교체하고 수리한다. 태양광 전지로 충전이 되면서 월-E는 겨우 의식을 되찾지만 안타깝게도 이브를 알아보지 못한다. 즐겨 보던 뮤지컬 영화를 틀어줘도 기억이 돌아오지 않는다. 머리를 비비고 손을 잡아도 아무런 반응이 없다. 절망에 빠진 이브가 체념하고 돌아서려는데 갑자기 월-E가 그녀의 손을 꽉 붙잡는다. 드디어 예전의 월-E로 돌아온 것이다. 이브는 벅찬 감동에 입맞춤하듯 월-E와 얼굴을 맞댄다. 월-E는 마침내 늘 꿈꾸던 소원이 이뤄진다. 그리고 맨발로 땅을 밟게 된 인간들은 자연과 더불어 살 때 비로소 인간다울 수 있다는 것을 깨닫는다.

2024년 미국 지질조사국 연구진은 캐나다 매니토바주 서부 허드슨만 일대 북극곰 20마리의 신체 활동을 추적한 결과 대부분이 육지에 머무는 동안 제대로 된 먹이를 구하지 못해 몸무게가 하루 평균 약 1㎏씩 줄었다고 밝혔다. 북극곰은 늦봄부터 초여름까지 새끼를 낳고 젖을 떼는 동안 해빙 위에 머물며 지방이 많은 바다표범을 주로 사냥한다. 그러나 기후 변화로 해빙이 녹으면서 바다표범 대신 풀과 다시마, 열매 같은 지방이 적은 먹이를 찾게 되면서 체중이 줄었다는 것이다.

또한 북극곰들이 굶주리면서 사람들이 모여 사는 마을에 출몰하는 일이 잦아졌다. 2019년 러시아 노바야제믈랴에서는 북극곰 52마리가 먹이를 찾아 마을 쓰레기장을 침입했다. 러시아 크라스노야르스크 딕손 마을에서는 통조림 캔에 혀가 낀 북극곰이 직접 민가로 내려와 사람들에게 도움을 요청하기도 했다.

북극에 북극곰이 있다면 남극에는 펭귄이 있다. 전 세계에 알려진 펭귄 종류는 18종가량이다. 그중 몸집이 가장 큰 황제펭귄은 까만색 날개와 흰색 몸통 때문에 '남극의 신사'로 불린다. 황제펭귄은 해빙을 서식지로 삼아 수천 마리가 무리 지어 생활하는데 남극 해빙 전체에 걸쳐 약 65만 마리가 서식하고 있다. 지구 평균 기온이 현재 속도로 상승할 경우 2050년에는 황제펭귄 서식지의 70%가 사라지고, 2100년에는 황제펭귄의 98%가 서식지를 잃어 멸종할 것으로 내다보고 있다.

유엔식량농업기구는 인간이 먹기 위해 기르는 작물 중 약 75%가 꿀벌이나 나비 같은 화분 매개 곤충에게 의존하고 있으며, 전 세계 작물 생산량의 약 35%가 꿀벌에게 의존하고 있기 때문에 꿀벌이 없다면 세계 100대 농산물의 생산량이 현재의 29% 수준으로 줄어든다고 경고했다. 2017년 유엔에 따르면 전 세계 야생벌 2만 종 가운데 40%인 8천 종이 멸종 위기에 직면하고 있다. 미국은 2006년부터 꿀벌의 개체수가 감소하기 시작해 2023년에는 40%가 실종됐고, 유럽 등 세계 여러 지역에서 해마다 30~40%가 사라지고 있다.

우리나라도 마찬가지다. 한국양봉협회가 2022년부터 2023년까지 조사한 결과에 따르면 전체 양봉 농가의 벌통 153만 8천여 개 중에서 62%인 94만 개 벌통에서 꿀벌이 폐사했다. 이는 지난해보다 두 배 이상 증가한 수치다. 꿀벌의 실종 원인은 명확하지 않지만 여러 가지로 추정하고 있다. 신경계를 마비시키는 전자 기기의 전파, 환경 오염에 따른 지구 온난화, 신경독성을 일으키는 살충제 등 다양하다. 이는 대부분 꿀벌이 아닌 인간들의 문제다.

미세플라스틱은 작게 만들어졌거나 기존 제품이 조각나 작은 크기가 된 플라스틱 조각을 말한다. 미국 국립해양대기청은 길이 5mm 미만, 한국 환경부에서는 1mm 미만을 미세플라스틱으로 정의한다. 미세플라스틱은 하수 처리 시설에서 걸러지지 않고 바다와 강으로 유입돼 생태계를 교란하고 생물의 몸에 축적되기도 한다. 체내에 흡수된 미세플라스틱은 조직 염증, 세포 증식, 괴사, 면역 세포 억제 등을 유발한다. 2022년 OECD에 따르면 매년 약 9%의 플라스틱만 재활용되고 남은 플라스틱 쓰레기의 대부분이 바다로 흘러간다. 전 세계 바다에 떠다니는 미세플라스틱 입자는 2019년 기준 약 171조 개이며 총 무게는 230만 톤으로 추정된다.

우리나라 건국대 연구팀은 식물이 토양에서 흡수한 미세

플라스틱이 열매를 통해 다음 세대로 전이된다는 사실을 밝혀냈다. 미세플라스틱에 오염된 토양에 완두를 약 60일간 노출한 후 완두콩을 수확해 살핀 결과, 배아와 떡잎에서 미세플라스틱이 발견됐다. 미국 뉴멕시코대 연구팀은 62명의 태반 샘플을 분석한 결과, 조직 1g당 6.5~790μg의 농도로 다양한 미세플라스틱이 포함돼 있었다. 가장 많이 검출된 미세플라스틱은 전체의 54%를 차지한 폴리에틸렌이었으며, 폴리염화비닐과 나일론은 각각 10%였다.

> 내가 숲속으로 들어간 것은 나 자신의 의지대로 살고, 삶의 본질적인 면과 대면해 보려는 것이었다.
> ― 헨리 데이비드 소로 〈월든〉

미국 시인이자 철학자인 헨리 데이비드 소로는 매사추세츠주 월든 호숫가에 직접 오두막을 짓고 1845년부터 1847년까지 자급자족하며 홀로 지냈다. 그는 물질문명과 탐욕의 삶을 지양하고 내면의 풍요와 자연 친화적인 삶을 지향했다. 이러한 그의 정신이 오롯이 담긴 '월든'은 간디와 톨스토이가 사랑했으며, 법정 스님이 마지막까지 곁에 둔 책으로도 유명하다.

'조화로운 삶'의 저자이자 미국의 경제학자인 스콧 니어링은 세계적인 경제 대공황을 겪으면서 자본주의에 회의를 느껴 아내인 헬렌 니어링과 함께 대도시 뉴욕을 떠나 시골 버몬트로 들어가서 집을 짓고 농사를 지었다. 조화롭고 충만한 삶이 무엇인지 몸소 보여준 두 사람은 죽을 때까지 자연 속에서 자신을 잃지 않고 살았다.

우리는 거기서 왔고 그 속에서 살다가 그곳으로 돌아간다. 그것은 순리이고 숙명이다. 무엇으로도 거부할 수 없으며 어떤 것으로 막을 수 없다. 우리가 그것을 잊어도 그것은 우릴 잊지 않는다. 괴롭고 고통스러울 때 그것은 어머니처럼 우리의 육신과 영혼을 따뜻하게 품는다. 우리는 그 안에 머물 때 정신적 풍요를 만끽할 수 있으며 평온한 안식을 누릴 수 있다. 우리는 그것과 쉼 없이 숨을 주고받으며 영양분과 기운을 받는다. 우리는 그것과 한 덩어리다. 그것이 죽는 것은 우리가 죽는 것이다. 자연을 사랑하는 것은 우리를 사랑하는 것이다. 우리는 그것을 매 순간 알아차려야 한다.

명상적
영화.
하나

에브리씽 에브리웨어
올 앳 원스

2022년 다니엘 콴 감독

　오스카상이라고 불리는 아카데미상은 미국에서 가장 권위 있는 영화 시상식이다. 미국의 영화 배급사 MGM의 창립자 루이 버트 메이어를 포함한 36명의 영화인이 설립한 '미국 영화예술과학아카데미'의 회원들이 투표해서 선정한다. 2012년 로스앤젤레스타임스는 당시 아카데미 회원의 89%인 5,100명을 조사한 결과 94%가 백인이며 77%가 남성이라고 보도했다. 또한 60대 이상이 54%이며 39세 이하는 2%에 불과하다고 밝혔다. 백인 남성 중심으로 꾸려진 아카데미상은 이전부터 공정성과 다양성에 있어 많은 논란을 일으켰다.

영화 '베벌리힐스 캅'에 출연한 배우 에디 머피는 1988년 작품상 시상자로 나서서 아카데미가 흑인을 차별한다고 공개적으로 지적했다. 그러나 이러한 문제 제기에도 불구하고 변화는 더디게 진행되었다. 2002년 영화 '몬스터 볼'에서 주연을 맡은 할리 베리가 흑인 배우 최초로 여우 주연상을 수상했고, 2009년 영화 '허트 로커'를 연출한 캐스린 비글로가 최초로 여성 감독상을 받았지만, 이는 예외적인 경우였다.

2015년과 2016년 연속으로 배우 부문 후보 20명 전원이 백인으로 지명되자 다양성 논란은 정점에 달했다. 이에 따라 2016년 시상식에서는 아카데미상에 대한 보이콧이 벌어졌다. 영화 '똑바로 살아라'를 연출한 스파이크 리 감독은 소셜 미디어에 '#OscarsSoWhite(오스카상은 백인 중심)'라는 해시태그로 아카데미상의 인종 편향을 강하게 비난했다. 인종뿐만 아니라 여성에 대한 평가에서도 인색하다는 비판이 이어졌다.

논란이 거세지자 2016년 아카데미상 주최 측은 회원 가운데 여성과 유색 인종 비율을 2020년까지 2배로 늘리고 투표권 행사도 10년으로 제한한다는 개혁안을 발표했다. 이러한 노력의 결과로 개혁안 발표 5년 후인 2021년, 마침내 영화 '노매드랜드'를 연출한 클로이 자오가 11년 만에 아카데미상

역사상 두 번째 여성 감독상 수상자가 되었다.

> 자막의 장벽은 장벽도 아니죠. 그 1인치의 장벽을 뛰어넘으면 여러분들이 훨씬 더 많은 영화를 즐길 수 있습니다. 우리는 오직 한 가지 언어를 사용하고 있습니다. 바로 영화입니다.
>
> — 봉준호 감독 〈골든 글로브상 수상 소감〉

2020년 제77회 골든글로브 시상식에서 외국어 영화상 수상작으로 봉준호 감독의 영화 '기생충'을 선정했다. 그리고 다음 달에 열린 제92회 아카데미 시상식에서 같은 영화가 작품상, 감독상, 각본상, 국제 장편 영화상 등 4개 부문을 휩쓸었다. 각본상은 아시아 영화 최초이며, 작품상도 비영어권 영화로는 처음이었다.

2023년 제95회 아카데미 시상식에서는 영화 '에브리씽 에브리웨어 올 앳 원스'가 여우 주연상, 작품상, 감독상, 각본상, 편집상, 남녀 조연상 등 7개 부문을 석권했다. 아시아 배우 최초로 여우 주연상을 받은 미셸 여(양자경)를 비롯해 주요 출연진과 감독과 제작자 모두가 아시아계였다.

2024년 한국계 감독과 배우들이 대거 참여한 드라마 '성난 사람들'은 미국 방송계 최고 권위의 시상식인 프라임타임 에미상에서 감독상, 작가상, 남우 주연상, 여우 주연상 등 8개 부문을 수상했다.

영화, 드라마, 음악 등 대중문화에서 국가의 경계가 허물어지고 인종의 벽이 무너지고 있다. 그릇된 편견으로 우열을 가리고 오만한 독선으로 등급을 나누는 시대는 저물고 있다. 단지 다르다는 이유로 차별하고 배제하고 폄하하는 세상은 사라지고 있다. 알아차림의 세계로 나아가고 있다는 증명이며 깨달음의 우주로 향하고 있다는 증거다.

다름은 다채로움이다. 무지개 같은 찬란함이다. 있는 그대로 서로 어울려 조화를 이루는 하모니다. 문화의 가치와 아름다움은 바로 거기에 있다. 영화 '에브리씽 에브리웨어 올 앳 원스'는 이러한 다양성의 미학과 철학을 고스란히 담아서 야무지게 버무린 빼어난 작품이다. 무엇보다 명상에 대해서 세세하고 꼼꼼하게 총정리하고 있다.

> 하나의 답

Everything
명상은 모든 것이다

영화 '에브리씽 에브리웨어 올 앳 원스'에서 주인공 에블린은 미국에서 남편 웨이먼드와 함께 세탁소를 운영하는 중국계 이민자다. 세상의 모든 어머니가 그렇듯 그녀는 바쁘고 정신없는 나날을 보낸다. 모든 일에 신경 써야 하지만 어느 하나에도 제대로 집중하기가 어렵다. 중요한 일들이 한꺼번에 몰릴 때는 더 그렇다. 에블린에게 오늘이 바로 그런 날이다. 국세청의 세무 조사에 필요한 영수증과 서류들을 일일이 정리해야 하고, 얼마 전 중국에서 온 아버지를 위해 신년 파티를 준비해야 하고, 할아버지에게 소개하겠다며 불쑥 동성 애인을 데리고 온 딸 조이를 타일러야 하고, 각양각색의 손님들을 응대하며 세탁물을 관리해야 한다. 손이 열 개라도 모자라고 몸이 천 개라도 부족하다. 일상의 수레바퀴를 부지런히 돌리려면 숨 돌릴 틈도 없다.

엄마, 얘기 좀 해

딸 조이는 자기 성적 취향을 인정받고 싶다. 남들은 몰라도 가족만은 색안경을 끼고 손가락질하지 않았으면 싶다. 다른 생각을 지적하고 훈계하지 말고 있는 그대로 받아 줬으면 싶다. 다른 마음을 꾸짖고 나무라지 말고 온전히 안아 줬으면 싶다. 그런데 아빠와 달리 엄마는 아무리 얘기해도 듣지 않는다. 완고하게 자기주장을 끝까지 굽히지 않는다. 자신의 틀에 끼워 맞추려고 한다. 딸의 인생은 안중에도 없다. 조이는 말이 통하지 않는 엄마의 속을 제대로 긁기로 작정한다. 삐뚤어지기로 마음먹는다.

조이는 보수적인 할아버지가 충격을 받을지 모른다며 엄마가 만류하는데도 애인을 인사시킨다. 그런데 중국어가 서툴러 할아버지와 의사소통이 되지 않는다. 그 틈을 비집고 엄마가 갑자기 끼어들더니 중국어로 그냥 친구 사이라고 설명한다. 조이는 할 말을 잃는다. 자신의 존재를 완전히 부정당하는 기분이다. 더 이상 실망할 것도 기대할 것도 없다. 엄마는 다른 차원에 사는 외계인이다. 겉만 비슷하지 속은 완전히 딴판이다. 조이는 부모님과 함께 국세청에 가서 통역을 도와주기로 한 약속도 깨고 집을 떠난다.

호흡을 놓치지 말 것

에블린도 딸이 답답하다. 세상의 절반이 남자인데 왜 하필 선머슴 같은 여자를 사귀는지 이해할 수가 없다. 평범하고 안정된 길을 놔두고 왜 반대로 가려고 하는지 도무지 알 수가 없다. 그런데 돌이켜 보니 자신도 그랬다. 아버지의 반대를 무릅쓰고 남편과 도망치듯 미국으로 이민을 왔다. 이방인의 삶은 녹록지 않았다. 살림은 빠듯했고 생활은 빡빡했다. 한 푼 두 푼 악착같이 돈을 모아서 세탁소를 차렸다. 공들여 쌓은 탑이 무너지지 않도록 쉬지 않고 달렸다.

그렇게 앞만 보고 살다 보니 어느덧 중년이었다. 몸도 늙고 힘도 들지만 여전히 쉴 수가 없다. 챙기고 돌볼 게 산더미다. 그렇게 마음의 여유도 없이 바쁘게 살아가면서도 가끔 지난날이 떠오른다. 꿈 많던 시절이 그리워진다. 문득 다른 삶을 상상하게 된다. 남편과 결혼하지 않았으면 어땠을까.

이루고 싶었던 것들을 계속 도전했으면 성공할 수 있었을까. 독신으로 살았다면 화려한 싱글이 되었을까. 환상은 달콤하고 현실은 씁쓸하다. 눈부시게 아름다운 여성은 사라지고 거울에는 추레하고 볼품없는 아줌마가 서 있다.

아버지의 말을 들었어야 했다. 어른 말을 들으면 자다가도 떡이 생기는 법인데 그땐 몰랐다. 그런 후회와 아쉬움 때문에 딸에게 잔소리하는 것인지도 모른다. 나의 전철을 밟지 않도록 야단치는 것인지도 모른다. 그러나 소용이 없었다. 딸은 갈수록 삐딱해졌다. 문신을 하고 대학까지 그만뒀다. 고무줄처럼 세게 잡아당길수록 반발도 커졌다. 남편은 그런 딸을 오냐오냐한다. 별일 아니라는 듯 늘 허허실실이다. 에블린은 복장이 터진다. 무사태평한 남편 덕분에 집안과 일터에서 악역을 혼자 도맡아야 한다. 그래도 어쩔 수 없다. 내가 선택한 사람이고, 천성은 바뀌지 않는다.

그런데 그런 남편이 오늘은 좀 이상하다. 국세청 건물의 엘리베이터 안에서 별안간 밑도 끝도 없이 위험에 빠졌다며 귀에 이어폰을 꽂아 주더니 휴대 전화에 프로그램까지 깔아 준다. 그러자 눈앞으로 과거의 기억들이 빠른 화면처럼 스르륵 스치면서 정신이 몽롱해진다. 고압적인 말투로 호통치는 세무 조사관 앞에서도 머리가 흐리멍덩하다.

에블린은 남편이 급하게 건네준 메모를 몰래 꺼내 읽는다. 거기엔 다음과 같은 단계별 행동 요령이 적혀 있다. 첫째, 신발을 바꿔 신어라. 둘째, 눈을 감고 상상하라. 셋째, 이어폰의 녹색 버튼을 눌러라. 마지막으로 호흡을 놓치지 말아라. 에블린은 명상하듯 그대로 따라 한다. 상상에 몰입하고 호흡에 집중하자 몸에서 다른 자아가 분리되더니 근처에 있는 청소 도구 보관실로 순간 이동한다. 귀신이 곡할 노릇이다. 에블린은 어안이 벙벙하고 어리둥절한데 남편이, 아니 다른 우주에서 온 웨이먼드가 따라 들어오더니 자초지종을 밝힌다.

인생의 사소한 결정들이 엄청난 차이를 만들어

무한한 다중 우주에는 각각 다른 삶을 살아가는 무수한 자신들이 존재한다. 일시적으로 다른 우주에 있는 자신의 기억과 기술과 감정을 공유할 수 있는데 그걸 '차원 이동'이라고 한다. 예를 들어 다른 우주의 비행사로 차원 이동을 하면 비행기를 조종할 수 있게 되는 것이다. 이렇게 우주들은 서로 유기적으로 연결돼 있기 때문에 사소한 변화라도 나중에는 거대한 파장을 일으키게 된다.

남편이 아닌 다른 우주의 웨이먼드가 이곳으로 차원 이동을 한 이유는 에블린을 구하기 위해서다. 목적도 욕망도 없는 순수한 혼돈의 화신 조부 투파키가 다른 우주의 에블린들을 죽였기 때문이다. 모든 우주의 조화와 균형과 평화를 깨트리는 정체불명의 블랙홀을 조부 투파키가 창조했으며, 이에 맞서 싸울 수 있는 유일한 존재가 바로 이곳의 에블린이기 때문이다.

에블린은 혼란스럽다. 공상 과학 영화에나 나올 법한 이야기에 머릿속은 온통 뒤죽박죽이다. 그런데 난데없이 다른 우주의 세무 조사관이 영수증을 스테이플러로 이마에 찍고서 험악한 얼굴로 달려든다. 황급히 도망치면서 에블린은 차원 이동을 시도한다. 성공률을 높이려면 기이하고 엉뚱한 행동을 해야만 한다. 그래서 원수 같은 세무 조사관에게 건성으로 사랑한다고 고백한다. 당연히 실패한다. 진심이 담기지 않아서다.

궁지에 몰려 절체절명의 위기에 놓인 에블린은 바닥에 무릎을 꿇고 두 손 모아 간절하게 기도한다. 진정으로 당신을 사랑한다고 호소한다. 그러자 다른 우주의 에블린으로 연결된다. 그곳의 에블린은 웨이먼드와 결혼하지 않고 쿵후를 연마해 세계적인 액션 배우가 된다. 무술을 습득한 에블린은 세무 조사관의 공격을 가볍게 막아낸다. 에블린은 결혼을 선택한 자신을 후회한다. 그러면서 사람들의 찬사와 환호를 받으며 정상의 인기를 누리는 다른 우주의 에블린을 부러워한다.

아무 의미도 없어

에블린은 이곳의 각박하고 고된 삶을 버리고 저곳의 부와 명성을 얻은 톱스타가 되고 싶다. 남편이 아닌 다른 우주의 웨이먼드는 다른 우주에 탐닉하다간 혼돈에 빠져 죽을 수 있다고 경고한다. 그는 자신이 다른 우주의 조이에게 차원 이동 훈련을 시켰는데, 한계까지 몰아붙인 탓에 정신이 산산조각이 났다고 한다. 그 결과, 전 우주로 흩어진 조이의 정신이 모든 것을 경험하면서 객관적 진리에 대한 믿음과 도덕관념을 잃었다는 것이다. 그리고 바로 그 조이가 악명 높은 조부 투파키라는 것이다.

에블린은 자신을 책망한다. 딸의 천부적인 재능과 무한한 잠재력을 믿고 지나친 기대를 했다. 그래서 혹독하게 다그치고 엄격하게 꾸짖었다. 동양인과 여성이라는 차별과 편견을 극복하고 치열한 경쟁 사회에서 살아남으려면 강인하게 키워야 했다. 그것이 엄마로서의 책무이자 사랑이라고 생각했다. 그런데 딸의 입장은 달랐다. 어둠의 기운을 몰고 나타난 조부 투파키는 에블린의 손을 붙잡고 자신의 속마음을 보여준다.

조이는 어느 날 심심해서 베이글 위에 꿈과 희망과 성적표 같은 것들을 모조리 올려놓았는데 그것이 하나의 진실이 되었다. 바로 모든 것은 부질없다는 사실이다. 아무런 의미가 없으면 아무것도 이뤄내지 못했다는 괴로움과 죄책감도 없다. 그렇게 탄생한 공허와 허무의 베이글은 검은 블랙홀처럼 우주의 모든 가능성과 희망을 빨아들인다. 그리고 모태이자 뿌리인 에블린마저 집어삼키려고 한다.

그때, 가장 발전되고 진보된 우주인 알파버스에서 온 에블린의 아버지가 휠체어를 스포츠카처럼 몰고 오더니 조부 투파키를 밀어 버린다. 그러면서 아버지는 전 우주의 평화를 지키기 위해서는 어쩔 수 없이 손녀인 조이를 죽여야 한다며 권총을 겨눈다. 에블린은 엄마로서 딸을 포기할 수 없다며 막아선다. 아버지는 알파버스의 대원들을 총동원해 공격하고 에블린은 무예 고수, 경극 배우, 요리사 등으로 차원 이동을 해서 이들을 무찌른다. 너무나 많은 우주의 자신들과 연결해서 격전을 치르는 바람에 에블린은 탈진해 쓰러진다. 딸을 구하겠다는 필사적인 결심으로 다중 우주의 모든 사람들이 분노한다고 해도 에블린은 절대로 의지를 굽히지 않는다. 그렇게 엄마는 딸을 위해 모든 것을 바친다.

하나의 답	# Everywhere
	## 명상은 모든 곳이다

영화 '에브리씽 에브리웨어 올 앳 원스'에서 주인공 에블린은 혼돈과 격랑의 다중 우주에서 빠져 나와 집으로 돌아온다. 세탁소로 나가 보니 남편은 신년 파티를 준비하고 손님을 맞이하느라 여념이 없다. 에블린은 자신이 어느 우주에 있는지, 그리고 지금의 자신이 어떤 삶을 살고 있는지 혼동된다. 정신이 혼미한 상태에서 조이가 애인과 함께 세탁소로 들어온다. 에블린은 경계하는 듯한 자세로 주먹을 들어 올리며 딸의 정체를 의심한다. 다른 우주에서의 기억과 경험으로 인해 조이와 조부 투파키를 분간할 수 없었기 때문이다.

딸 조이로 행세하다가 본색을 드러낸 조부 투파키는 에블린을 우주 곳곳으로 끌고 다니며 회유한다. 세상 모든 건 진동하며 중첩된 미립자의 무작위 재배열에 불과한 것이니 존재에 대해서 집착하지 말라고 설득한다. 우리가 하는 모든 일은 다른 가능성의 바닷속으로 휩쓸려 사라지는 것이니 지금, 이 순간에 연연하지 말라고 권유한다.

에블린은 어떤 현실이든 어느 우주든 자기에게는 아무 상관이 없으니, 딸만 무사하게 돌아오게 해 달라고 애원한다. 그러나 조부 투파키는 단호하게 거절한다. 모든 우주의 조이는 조부 투파키이기 때문에 분리할 수 없다는 것이다. 그러고는 에블린을 기이한 분위기의 성전으로 끌고 온다. 베이글 모양의 블랙홀을 숭배하는 그곳에서 조부 투파키는 재판정의 변호인처럼 조이의 마음을 대변한다.

조이는 딸로서 엄마에 대해 애증과 연민을 느꼈다고 한다. 자식을 위해 희생하고 고생하는 엄마를 좋아하고 사랑하지만 한편으론 부담스럽고 고통스러웠다고 한다. 그리고 엄마가 원하는 틀에 자신을 끼워 맞추는 게 버겁고 힘들었으며, 엄마가 바라는 방향에서 조금이라도 엇나갈까 봐 초조하고 불안했다는 것이다. 이에 에블린은 엄마로서 옳은 길만을 제시했다고 항변한다.

곧바로 조부 투파키가 반론한다. 에블린이 말하는 '옳음'

이란 두려움에 사로잡힌 사람들이 만들어낸 좁은 상자와 같으며, 조이를 그 안에 억지로 가두는 것은 통제와 억압일 뿐이라고 주장한다. 그러고는 베이글 블랙홀을 에블린에게 가리키며 마음을 내려놓고 자유로워지라고 꼬드긴다. 속박의 굴레에서 벗어나라고 부추긴다. 영혼의 감옥에서 탈출하라고 재촉한다. 에블린은 저항한다. 자기 삶과 가족을 지키려고 안간힘을 쓴다. 그러나 허무의 베이글은 에블린을 마구 흔든다. 어두운 내면의 심연을 헤집는다.

그저 돌이 되는 거야

에블린은 지칠 대로 지쳤다. 지겹고 지긋지긋하다. 넌더리가 나고 싫증이 난다. 좋은 딸, 좋은 아내, 좋은 엄마가 되기 위해 부단히 노력하고 애를 썼다. 그러나 누구도 알아주지 않는다. 아무도 인정하지 않는다. 어느 하나도 감싸고 보듬어 주지 않는다. 다들 책임을 떠넘기고 아프다고 징징거릴 뿐이다. 고압적이고 고지식한 아버지의 기분을 맞추는 것도 짜증이 난다. 매사에 두루뭉술하고 어물쩍어물쩍하는 남편의 태도도 더 이상 참을 수 없다. 버릇없이 제멋대로 굴고 말끝마다 톡톡거리는 딸의 모습도 견딜 수 없다. 동양인이라고 무시하고 아줌마라고 깔보는 세무 조사관의 언행도 화가 난다. 다 필요 없다. 모두 부질없다. 억지로 끌고 온 것들을 내던지고 싶다. 끙끙거리며 붙잡고 있는 것들을 내려놓고 싶다. 이제는 누구를 위해 살고 싶지 않다. 나와 엮여 있는 모든 끈을 끊어버리고 싶다. 조마조마하게 쌓아 올린 관계들을 무너트리고 싶다.

에블린은 남편이 갖고 있던 이혼 서류에 서명한다. 그리고 증빙 자료 미제출로 재산을 압류하겠다는 세무 조사관을 향해 야구 방망이를 휘두른다. 그러고는 세탁소의 유리창과 집기들을 마구 부순다. 다른 우주의 에블린도 폭발한다. 이별하고 폭로하고 싸우고 울부짖는다. 생각은 부정적으로, 시선은 회의적으로, 가치관은 염세적으로, 세계관은 냉소적으로 바뀐다. 말랑말랑하고 따뜻했던 마음이 딱딱하고 차갑게 굳는다.

그렇게 에블린은 생명체가 아닌 돌멩이가 된다. 그리고 인연인지 악연인지 조이도 돌이 된다. 둘은 엄마와 딸이 아닌 하나의 사물로서 허심탄회하게 대화를 나눈다. 에블린은 자신의 어리석은 행동에 대해 사과하고 조이는 어른스러운 말투로 위로한다. 둘은 오랜만에 올바로 소통하고 제대로 공감한다. 마음이 풀린 조이는 베이글 모양의 블랙홀을 만든 이유에 대해 솔직하게 털어놓는다. 죽고 싶어서라는 것이다. 그렇게 탈출하고 싶어서라는 것이다. 그걸 혼자가 아닌 엄마와 함께하고 싶어서라는 것이다.

다정함을 보여줘

남편 웨이먼드는 난동을 피운 에블린을 다독인다. 그리고 세무 조사관에게 상냥하게 설명하고 사근사근하게 설득하여 압류를 일주일가량 연장받는다. 평생 피땀 흘려 일군 세탁소를 몽땅 빼앗기는 줄 알고 절망했던 에블린은 안도한다. 이 과정에서 그녀는 남편을 새롭게 바라보게 된다. 규정과 절차를 철저하게 따지는 세무 조사관의 마음을 남편이 어떻게 움직였는지 궁금해진다. 그동안 심성이 곱고 순진하며 착하기만 해서 늘 손해를 보는 것 같아 답답하게 여겼던 남편이었다. 그런데 시각이 바뀌니 남편의 행동이 새로운 의미로 다가온다.

남편의 따뜻함 덕분에 고객과의 갈등과 마찰을 피할 수 있었다. 남편의 자상함 덕분에 이웃들과 부딪치지 않고 어울릴 수 있었다. 이러한 남편의 성격은 모든 가능성의 우주에서 강점으로 작용했다. 실제로 다른 우주의 웨이먼드도 그런 따뜻함과 다정함으로 성공한 사업가가 될 수 있었다. 남편 웨이먼드의 이런 원만하고 온정적인 성격은 단순히 긍정적인 시각으로만 그치는 것이 아니었다. 그것은 경쟁 사회에서 도태되지 않으려는 하나의 생존 전략이고 싸움의 방식이었다.

남편은 에블린에게 다정함을 보여 달라고 사정한다. 에블린은 빛바랜 추억들을 떠올린다. 천진난만하고 순수하고 해맑은 남편이 곁에 있어 고난과 역경을 견디고 이겨낼 수 있었다. 고통과 슬픔 속에서도 소소하고 자잘한 행복을 느낄 수 있었다. 걱정과 불안이 찾아와도 함께 있어 위안과 평온을 얻을 수 있었다. 에블린은 묵묵히 깨진 유리 조각들을 치우는 남편을 끌어안는다. 둘은 서로를 용서한다.

나는 너의 엄마야

조부 투파키는 에블린에게 베이글 모양의 블랙홀로 들어가자고 재촉한다. 에블린이 감정의 동요를 보이며 머뭇거리자 조부 투파키는 벅차오르는 희망과 샘솟는 기쁨은 찰나에 지나지 않는다며 비아냥거린다. 그런 것들은 물거품처럼 금세 사라진다며 빈정거린다. 그러고는 우주의 모든 악한 기운을 모아 에블린을 강제로 끌어당긴다. 그러나 이미 사랑으로 충만해진 에블린은 끌려가지 않고 버틴다. 싸우려고 덤비는 무리와 맞서지 않고 하나씩 따뜻하게 품는다. 그들의 상처와 아픔을 들여다보고 어루만진다.

본래부터 나쁜 것은 없다. 다만 환경과 상황이 불운했을 뿐이다. 에블린은 육안이 아닌 심안으로 보고 차가운 머리가 아닌 따뜻한 가슴으로 대한다. 그러자 모두 다 이해된다. 저마다 다른 사정과 이유와 취향과 처지와 입장을 그대로 받아들인다. 다른 것은 틀린 것이 아니다. 각각의 옳음이다.

세무 조사관은 이혼으로 정신적 괴로움을 겪었다는 얘기를 에블린에게 털어놓는다. 속사정을 알고 나니 에블린은 철천지원수 같았던 그녀가 안쓰럽고 애틋하게 느껴진다. 그래서 어깨를 토닥이며 위로의 말을 건넨다. 세무 조사관은 고마움에 뜨거운 눈물을 흘린다. 에블린은 진심으로 무너뜨리지 못할 장벽은 없다는 것을 새삼 실감한다. 이에 용기를 얻어 아버지에게 딸의 동성 애인을 소개하고 솔직하게 둘의 관계를 밝힌다. 그런데 뜻밖에도 아버지는 손녀의 연인을 차갑게 외면하지 않고 살갑게 반긴다.

에블린의 사랑이 온 우주로 퍼져 나가자 조부 투파키는 다급해진다. 베이글 모양의 블랙홀 안으로 아무리 세게 밀어붙여도 에블린은 꿈쩍하지 않는다. 오히려 너무 가까이 다가간 조부 투파키가 휘청거리며 빨려 들어간다. 에블린은 얼른 조부 투파키를 꽉 움켜잡는다. 자식을 포기하는 엄마는 없다. 우주에서 가장 강한 존재인 엄마는 아득한 절망의 문턱에서 딸을 구한다. 어디에서 무슨 일이 있든 엄마는 모든 곳에서 모두를 구한다.

> 하나의 답

All at once
명상은 모든 순간이다

영화 '에브리씽 에브리웨어 올 앳 원스'에서 주인공 에블린은 무수한 자아와 무한한 우주를 경험하고 일상으로 돌아온다. 한바탕 태풍이 휩쓸고 지나갔지만 에블린의 가족은 평화로운 아침을 맞는다. 비 온 뒤에 땅이 더 굳어지듯 끈끈하고 단단해진 그들은 테이블에 다 함께 모여 국세청에 제출할 증빙 자료들을 정리한다. 혼자 할 때는 빠트리고 놓치는 것 투성이였는데 여럿이 하니 아귀가 착착 맞는다. 물이 흐르듯 순조롭다. 바람이 부는 것처럼, 햇살이 퍼지는 것처럼 자연스럽다.

에블린은 이 순간을 놓치지 않는다. 찰나는 영원이고 영원은 찰나다. 순간순간을 들여다보는 것은 전 우주를 알아차리는 것이다. 모든 것들은 하나의 끈으로 연결돼 있다. 이쪽이 울리면 저쪽이 울리고 이곳에서 흔들리면 저곳에서 흔들린다. 여기의 나는 저기의 너이고 이때의 너는 그때의 나다. 그래서 우리는 나누고 가를 수 없는 하나다. 사랑으로 뭉친 가족이다.

에블린은 말로 표현할 수 없는 감정을 느낀다. 형용할 수 없는 기분이 온몸에 가득 차오른다. 마음 깊은 곳에서 기쁨이 샘솟아 넘쳐흐른다. 그래서 저도 모르게 남편에게 불쑥 입을 맞춘다. 남편이 빙그레 웃는다. 세상이 사랑으로 물들고 우주가 평화로 가득 찬다. 깐깐하고 까다로웠던 세무 조사관의 얼굴도 한결 부드럽다. 모든 것이 원만하게 술술 풀린다. 마음이 고요하고 평온하다. 모든 순간이 그렇다.

| 하나의 답 | # Love
명상은 모든 사랑이다 |

 러시아의 대문호 도스토옙스키의 소설 '악령'은 그의 의붓아들 파벨의 비극적 죽음에서 영감을 받았다. 파벨은 세르게이 네차예프의 혁명 조직에서 탈퇴하려다 살해당했다. 이 사건은 네차예프의 극단적 허무주의 사상을 여실히 보여주었다. '혁명가의 교리문답'에 집약된 그의 사상은 목적을 위해 어떤 수단도 정당화한다고 주장했다.

 이러한 허무주의적 관점은 레닌에게 영향을 미쳤으며, 1917년 그가 볼셰비키 혁명을 일으켜 공산주의 소련 정부를 수립하는 계기가 되었다. 이후 공산주의는 중국, 동유럽, 동남아시아, 아프리카 등 전 세계로 확산하여 대기근과 대숙청을 야기했고, 20세기에만 약 1억 명의 목숨을 앗아간 것으로 추산된다. 이는 인류 역사상 가장 많은 희생자를 낸 이데올로기로 기록되었다.

> 신은 죽었다. 신은 죽은 채로 있다. 그리고 우리가 그를 죽여버렸다. 살인자 중의 살인자인 우리는 어떻게 스스로를 위로할 것인가.
>
> ― 프리드리히 빌헬름 니체

'아무것도 없다'는 뜻의 라틴어 '니힐Nihil'에서 유래한 '허무주의Nihilism'는 정부, 종교, 진리, 가치, 지식을 포함한 모든 형태의 권위에 의문을 제기하며 삶은 본질적으로 무의미하고 실제로 중요한 것은 아무것도 없다고 주장한다.

독일의 철학자 아르투어 쇼펜하우어는 우파니샤드 철학을 연구하며 허무주의에 눈을 떴다. 그의 저서 '의지와 표상으로서의 세계'에서 인간은 항상 만족하지 못하고 맹목적 의지에 얽매여 살기 때문에 삶은 지독한 고통이라고 했다. 그는 주변에서 자기를 시기한다고 생각해 항상 주위를 경계했다. 이발사에게 면도를 맡기지 않았으며 잠자리에 들 때는 장전한 권총을 침대맡에 두고 잤다. 또한 여자들은 교활하고 돈을 낭비하며 습관적으로 거짓말을 하는 존재로 여겼다.

쇼펜하우어가 삶에 대한 비관적 태도로 염세적인 색깔을 띠는 수동적 허무주의를 보여줬다면, 니체는 이와는 다른 능동적 허무주의를 주장했다. 니체의 허무주의는 단순한 절망의 과정이 아닌 깨달음의 과정이자 동시에 허위적인 굴레에서 벗어나는 것을 의미한다. 그는 '신은 죽었다'라는 유명한 선언을 통해 기존의 가치 체계를 부정하고, 새로운 가치 창조의 필요성을 역설했다.

이런 철학적 관점과 사상적 토대를 바탕으로 니체는 두 가지 대조적인 삶의 방식을 제시했다. 하나는 '최후의 인간'으로, 기존의 가치와 관행의 틀에서 개인의 이익과 안일만을 좇는 존재다. 다른 하나는 '초인'으로, 현실에 만족하지 않고 자기 성찰을 통해 가치 창조를 이루는 존재다. 니체는 최후의 인간을 넘어 초인을 지향해야 한다고 주장했으며, 이를 통해 진정한 자유와 창조적 삶을 실현할 수 있다고 보았다.

니체가 제시한 초인의 개념은 피상적이고 이론적인 구상이 아니라 개인적 경험에서 큰 영향을 받았다. 그는 루 안드레아스 살로메를 사랑했다. 그녀는 라이너 마리아 릴케의 연인이었으며 화려한 남성 편력의 팜 파탈이었고 지크문트 프로이트의 제자였다. 누구에게도 정착하지 않는 그녀의 배신과 변심으로 니체는 지옥 같은 시간을 보냈다. 그러나 그는 고통과 슬픔의 우물 속으로 빠지지 않고 초인의 힘으로 기어이 그 밑바닥에서 창작의 물을 길어 올렸다. 불멸의 역작 '차라투스트라는 이렇게 말했다'는 이러한 고통의 승화를 통해 탄생했다.

오온개공 五蘊皆空

불교 경전인 '대반야경' 600권을 5,149자로 축약한 것이 '금강경'이고, 이를 260자로 다시 압축한 게 '반야심경'이다. 이는 불교 사상의 정수가 그만큼 응축되어 있다는 것을 보여준다. 반야심경의 첫머리에는 '관자재보살이 깊은 반야바라밀다를 행할 때 오온이 공한 것을 비추어 보고 온갖 고통을 건넌다'라는 구절이 나온다. 오온五蘊은 물질, 감각, 지각, 행동, 의지를 뜻한다. 이 다섯 가지가 '공空'하다는 것을 '아무것도 없다', '덧없고 헛되다', '무의미하다', '부질없다' 등과 같이 풀이하면 염세적인 허무주의에 빠질 수밖에 없다. 그러나 '공空'은 단순히 '어떤 것도 없다'가 아닌 '고정된 실체가 없다'는 뜻이다.

이탈리아 물리학자 카를로 로벨리는 그의 저서 '보이는 세상은 실재가 아니다'에서 양자 역학이 기술하는 세계에서는 사물이 있어서 관계를 맺는 것이 아니라 관계가 사물의 개념을 낳는다고 했다. 예를 들어 장난감 블록은 분해하고 조립해서 다양한 모양들을 만들 수 있다. 블록으로 만든 나무는 분해해서 다시 사자로 조립할 수 있다. 나무와 사자는 다르면서 같고 같으면서 다르다.

'공空'은 마치 무한한 블록들로 가득한 놀이터와 같다. 아이들은 무엇이든 만들 수 있다. 모든 것이 가능하다. 그렇기에 '공空'에는 옳고 그름도 없고 선과 악도 없다. 그런 분별은 마음에서 비롯된다. 자아에 대한 집착에서 온다. 분별심과 집착은 고통과 번뇌와 망상과 불안을 일으킨다. 우주의 평화와 평온을 깨트린다. 고통에서 벗어나고 불안을 잠재우려면 알아차리고 깨달아야 한다. 사랑을 나누고 자비를 베풀어야 한다. 조건 없이 희생하는 엄마의 마음이 되어야 한다.

원수를 사랑하라.
— 〈성경〉

다른 사람의 눈을 멀게 하면 자신의 눈알도 빼야 한다. 다른 사람의 뼈를 부러뜨리면 자신의 뼈도 부러뜨려야 한다. 부모를 구타한 자식은 손목을 자른다. 구멍을 통해 남의 집에 들어가 도둑질한 자는 그 구멍 앞에서 사형에 처한다. 고대 바빌로니아 왕국의 함무라비 법전에 기록된 내용이다. 눈에는 눈 이에는 이라는 단순한 형벌 논리다.

기원전 63년 로마의 폼페이우스 장군이 예루살렘으로 쳐들어왔다. 유대인들은 높은 언덕의 성곽에서 항전했다. 폼페이우스는 유대인들이 율법에 따라 안식일에는 일을 하지 않는다는 점을 노렸다. 그는 안식일에 공격하여 성탑과 성벽을 무너뜨렸다. 예루살렘은 함락됐고 2만 명이 넘는 유대인들이 목숨을 잃었다. 함무라비 법전을 따른다면 로마인들에게 당한 만큼 똑같이 되갚는 게 마땅했다.

그러나 예수는 갈릴리 언덕에서 증오심에 불타오르는 유대인들에게 원수를 사랑하라고 일갈했다. 박해하는 자를 위해 기도해야 하나님 아버지의 자녀가 될 수 있다고 했다. 예수의 파격적인 일침은 유대인에게는 큰 충격이었다. 예수는 선과 악을 구분하지 않았다. 반으로 쪼개고 나누지 않았다. 온전하고 완전한 하나님 아버지의 자녀가 되는 길은 오직 사랑뿐이었다.

살아 있는 모든 것이 나의 어머니라고 생각해야 한다.
— 〈불경〉

중국 쓰촨성 깐즈 티베트 자치구의 야칭스亞靑寺는 티베트 불교를 대표하는 대표적인 성지이자 최대의 수행처다. 이곳은 원래 '캄Kham'이라 불리던 동티베트 지역으로 1956년 중국에 편입되었다. 해발 3,900m의 황량한 고산 지대에 위치한 야칭스는 1985년 티베트 불교의 위대한 스승인 라마야마 린포체가 이곳에 사원을 세우며 시작됐다. 그 후 각지에서 많은 스님들이 린포체의 가르침을 듣기 위해 모이면서 집단 수행 공동체가 형성됐다. 이곳의 스님들은 티베트 불교에서 가장 오래된 종파인 '닝마파'에 속한다. 닝마파는 결혼과 여성의 출가를 허용하는 것이 특징인데 주로 붉은 모자를 쓰기 때문에 '홍모파'라고도 불린다.

처음 불교에 귀의하면 10만 번의 오체투지를 하고, 10만 번의 만다라 공양을 바친다. 그리고 모든 중생이 윤회를 거치며 서로의 어머니였을 수 있다는 것을 인식하기 위해 10만 번의 자비경을 읽어야 한다. 티베트 불교의 근본은 자비와 연민이다. 자비심이란 다른 사람을 해치려는 마음을 버리고 다른 사람의 이익을 위해 선한 마음을 갖는 것이다.

몸을 갖고 태어난 모든 것들은 어머니가 있다. 지극정성으로 보살피고 애지중지 돌보는 어머니가 있다. 헌신하고 고생하며 당신의 몫을 모조리 내주는 어머니가 있다. 자비심은 그런 어머니의 은혜를 갚겠다는 마음에서 시작된다. 그런데 어머니는 하나가 아니다. 살아 있는 것들은 수없이 태어나고 죽기를 반복하기에 수많은 어머니가 있다. 지금의 어머니와 다음의 어머니가 있다. 영겁의 세월 속에서는 모두가 모두의 어머니가 된다. 서로가 서로의 어머니가 된다.

야칭스의 스님들은 살아 있는 모든 것을 어머니로 여기는 자비심 수행을 익힌 후, 모든 존재가 나와 같다는 평등심 수행을 한다. 날아다니는 새도, 기어다니는 벌레도, 헤엄치는 물고기도 아프지 않고 평안하게 살기를 바란다. 생명은 모두 그렇다. 사람이면 누구나 똑같다. 병들지 않고 안락해지길 바란다. 먹을 것과 입을 것이 풍족해지길 바란다. 모두가 행복을 원한다.

나와 너와 우리가 다르지 않다는 평등심을 익힌 스님들은 남의 고통과 나의 행복을 맞바꾸는 '통렌Tonglen'이라는 호흡 명상을 한다. 타인이 뱉은 괴로움과 토한 아픔을 기꺼이 들이마신 뒤 내 안의 빛나는 모든 것들을 아낌없이 내쉰다. 지상의 모든 사람들의 고통과 나의 행복을 맞바꾼다. 야칭스의 스님들은 서너 평 크기의 판잣집에 거주하며 죽을 때까지 평생 이런 수행을 반복한다.

> 죽는 날까지 하늘을 우러러
> 한 점 부끄럼이 없기를,
> 잎새에 이는 바람에도
> 나는 괴로워했다.
> 별을 노래하는 마음으로
> 모든 죽어가는 것을 사랑해야지
> 그리고 나한테 주어진 길을
> 걸어가야겠다.
>
> 오늘밤에도 별이 바람에 스치운다.
> — 윤동주 〈서시〉

1940년대는 인류 역사상 가장 큰 비극인 제2차 세계대전이 절정에 달한 시기였다. 나치 독일의 유럽 침공, 일본의 진주만 공습 그리고 연합국과 추축국 간의 치열한 전투가 전 세계를 뒤흔들었다. 당시 우리나라는 일제의 식민 통치를 받고 있었다. 일제는 우리나라 양민들을 잔혹하게 학살했고,

수많은 젊은이를 군 위안부나 강제노역으로 끌고 갔으며, 귀중한 문화유산과 자원을 강압적으로 수탈했다.

이러한 극단적인 억압과 무자비한 폭력의 시대 속에서도 윤동주는 모든 존재에 대한 연민과 사랑을 잃지 않았다. 그는 1943년 독립운동 혐의로 체포되어 후쿠오카 형무소에서 비인간적인 고문과 가혹한 학대를 받았지만, 증오나 분노 대신 별을 노래하는 마음으로 죽어가는 모든 것을 사랑했다.

2023년 11월, 영국 런던 버킹엄궁에서 우리나라 대통령의 방문을 환영하는 국빈 만찬이 열렸다. 찰스 3세 국왕은 윤동주의 시 '바람이 불어'의 한 구절을 영어로 낭송했다. 그러면서 격변의 물결 속에서도 고유의 정체성을 잃지 않는 한국의 저력을 이 시는 예견하고 있다며 윤동주를 칭송했다.

비록 27살의 젊은 나이에 윤동주는 옥중에서 생을 마감했지만, 그의 시는 시대와 언어와 국경을 뛰어넘어 사람들의 마음에 여전히 생생하게 살아 있다. 온 우주에서 영원불멸한 것은 오직 사랑뿐이다. 사랑은 모든 것이고 모든 곳이며 모든 순간이기 때문이다. 윤동주가 별을 헤아리며 '시심詩心'을 갖듯, 명상도 그런 영원한 사랑을 알아차리는 것이다.

에세이 | 어둡고 반짝이는
모든 별을 보다

20년.

서울에서 지하철과 버스로 한 시간 안팎의 거리여서 고향이라는 말이 무색하지만, 나고 자란 곳을 떠난 지도 어느덧 그렇게 흘렀다. 일부러 시간을 내지 않더라도 틈나는 대로 오갈 수 있는 곳임에도 좀처럼 경계선을 넘지 못했다. 핑계와 이유는 많았으나 대개는 귀찮고 성가셔서 발걸음을 떼지 못했다. 홀로 지내는 팔순의 어머니가 걱정되면서도 간간이 안부 전화만 했다. 그러다 홀린 듯 차의 시동을 켜고 액셀을 밟았다. 그렇게 끌리듯 지금 익숙한 이곳을 넘어 과거 익숙했던 저곳으로 달려갔다.

이사를 앞두고 짐을 정리하던 중이었다. 뽀얗게 먼지가 쌓인 플라스틱 보관함에서 사진첩을 꺼냈다. 빛바랜 추억과 흐릿한 기억을 목이 뻐근하도록 들여다봤다. 보지 못했던 것들이 보였다. 느끼지 못했던 것들이 느껴졌다. 낯선 감정과 모호한 기분이 감돌았다. 굳게 잠긴 철문을 애타게 두드리는 소리가 들렸다. 자물쇠를 풀자 퀴퀴한 어둠이 와르르 쏟아져 나왔다. 으스스한 한기에 오싹 소름이 끼쳤다. 그 안에는 벌거벗은 아이가 오들오들 떨고 있었다.

아이는 배고픔이나 추위 때문에 떠는 게 아니었다. 겁이 나고 두려웠던 것이다. 외롭고 쓸쓸했던 것이다. 천천히 손을 내밀자 아이는 주뼛주뼛하다가 조심스럽게 내 손을 잡았다. 알 수 없는 말을 웅얼거리던 아이는 이내 눈물을 쏟았다. 북받친 설움과 서운함이 끝내 터진 것이다. 안쓰럽고 미안했다. 일부러 외면하고 회피했던 내 자신이 야속하고 원망스러웠다. 나는 오랫동안 방치하고 방관했던 나의 불안을 끌어안았다. 그리고 아이를 세상 밖으로 꺼내기 위해 우리가 처음 만났던 곳으로 향했다.

어머니는 자반고등어를 굽고 시금칫국을 끓였다. 아들이 좋아하는 국과 반찬으로 밥상을 차리려고 서둘러 장을 본 것이다. 불편한 다리와 허리로 언덕 아래에 있는 시장까지 다녀온 것이다. 돌아올 때 서너 번은 벽에 기대거나 벤치에 앉아 할딱할딱 가쁜 숨을 몰아쉰 것이다. 승강기도 없는 아파트 3층까지 한껏 허리를 굽혀 올라온 것이다. 어머니는 힘든 내색도 없이 아들의 얼굴만 빤히 쳐다봤다. 시금칫국에 갓 지은 밥을 말면서 그냥 왔다고 말하자 그제야 어머니의 표정이 밝아졌다. 별일도 없는데 불쑥 찾아오니 무슨 큰일이라도 생긴 건 아닌지 노심초사했던 모양이다.

우리는 이른 저녁을 먹으면서 많은 이야기를 나눴다. 대부분 지나온 것들에 대해서였다. 어머니는 전쟁이 터져 미국 군함을 타고 남쪽으로 내려온 일화부터 꺼냈다. 그리고 아버지의 마지막 모습을 더듬다가 말을 삼켰다. 아버지가 숨을 거둔 지도 어느새 7년이 지났다. 2인용 식탁의 의자도 그렇게 오래도록 비어 있었다. 가끔 자식들과 친구들이 찾아왔지만, 누구도 그 빈자리를 채울 수는 없었다.

나는 어머니의 밥 위에 두툼한 생선 살을 올려놓았다. 그러면서 보건소에서 불주사를 맞았을 때 전혀 아프지 않았다고 했다. 어머니가 곁에 있어서 고통이 느껴지지 않았다고 했다. 오랫동안 시금칫국을 먹고 싶다고 했다. 곰살맞은 구석이라고는 눈곱만큼도 없이 입바른 소리만 툭툭 하던 큰아들이 낯간지러운 말을 하자 어머니는 피식 웃었다. 나는 얼른 국그릇을 들어 붉어진 얼굴을 가렸다.

땅거미가 지기도 전에 시장은 하나둘 불을 밝혔다. 여러 번 방송을 타면서 낮이나 밤이나 사람들의 발길이 끊이지 않았다. 어느 유명한 노랫말처럼 있어야 할 것은 다 있고 없을 것은 없어서 산책하며 구경하는 재미가 있다. 어머니는 이 시장에서 옷 가게를 했다. 서울 동대문 의류 시장에서 여성복을 도매로 떼다가 팔았는데 일주일에 한 번씩 전철로 오가며 무거운 짐 보따리를 손수 머리에 이고 날랐다. 어머니뿐만 아니라 상인들 모두 억척스러웠다. 그렇지 않으면 살아남을 수 없는 곳이 시장이었다.

옷 가게 손님들이 주로 직장을 다니는 젊은 여성이어서 평일 한낮에는 장사가 한가했다. 그래서 학교가 끝나면 곧장 가게로 왔다. 또래 친구나 재미있는 장난감이 있는 건 아니었지만, 집에 혼자 있는 게 싫기도 했거니와 무엇보다 어머니의 무료함과 적적함을 달래고 싶었다. 어머니는 그때도 전쟁 이야기를 많이 했다.

상가 건물에는 남성복, 여성복, 아동복 같은 의류 코너들이 칸칸이 나뉘어 있었다. 코너의 주인들은 어머니와 엇비슷한 연배였는데 다들 다정다감했다. 낯가림이 있던 나도 그들을 삼촌과 이모처럼 친근하게 대하고 따랐다. 한번은 그런

일이 있었다. 당시 '스카이 콩콩'이라는 포고 스틱이 어린이들에게 선풍적인 인기를 끌고 있었다. 기다란 막대기 아랫부분에 용수철이 달린 발판을 밟고 콩콩거리며 타는 놀이 기구였는데, 튀어 오를 때마다 머리가 하늘에 닿는 기분이 들었다. 아이들은 실력에 따라 한 손을 놓거나 한 발을 떼는 정도의 묘기를 부렸는데, 나는 아예 두 손을 놓고 탈 수 있었다. 방법은 가랑이 사이로 막대기를 끼고 무릎으로 조종하는 것이었다.

가게 어른들에게 나의 천부적인 감각을 자랑하고 천재적인 능력을 인정받고 싶었다. 그래서 먼저 서커스의 어릿광대처럼 한 손을 놓으면서 이목을 집중시켰다. 어머니를 비롯해 어른들은 한목소리로 위험하다고 만류했다. 그러나 나는 아랑곳하지 않았다. 보란 듯이 남은 손도 마저 놓았다. 그러고는 있는 힘껏 공중으로 높이 튀어 올랐다. 나는 어른들을 내려다보고 어른들은 나를 우러러봤다. 나의 비범한 능력과 특별한 재주에 감탄하는 듯했다. 자신감과 자만심이 하늘을 찔렀다. 만화 주인공이라도 된 듯한 기분에 한껏 도취했다. 그러나 날개는 금세 꺾였다.

물걸레질한 바닥에 착지하는 순간 미끄덩하면서 앞으로 고꾸라졌다. 전투기의 폭격에도 놀라지 않았다던 어머니는 짧은 비명을 질렀다. 나는 아무렇지 않은 듯 벌떡 일어섰다. 남성복 코너의 대머리 아저씨가 앞니 다 깨지겠다며 야단쳤다. 나는 어차피 늙으면 다 빠질 텐데 무슨 상관이냐며 앙칼지게 쏘아붙이고는 화장실로 달려갔다. 세면대에서 줄줄 흐르는 코피를 닦으며 거울을 들여다봤다. 그때 깨달았다. 나는 타고난 허무주의자였다.

최초의 추락으로 나는 처음 밑바닥 냄새를 맡았다. 가장 낮은 곳에는 온갖 악취가 풍겼다. 갈린 배에서 뚝뚝 떨어지는 돼지의 붉은 피, 도마 위에서 댕강 잘리는 고등어 대가리, 하천으로 흘러가는 뗏국물, 드잡이와 실랑이를 하면서 내뱉는 끈끈한 가래침, 아무렇게나 싸지르고 다니는 쥐와 개의 배설물, 썩어 문드러진 사과에 꼬이는 파리 떼 등 더럽고 지저분하고 불쾌한 것들이 사방에 들끓었다. 그런 고약하고 지독한 냄새들은 빗물처럼 항상 아래로 고였다. 그와 달리 위에는 고결하고 깨끗하고 기품이 있는 향기가 은은하게 퍼졌다.

사람도 그랬다. 위와 아래로 층이 나뉘었다. 학교에 다니면서 그걸 배웠다. 선생님은 설문지를 나눠주면서 부모님의 직업은 무엇이고 학력은 어떻게 되는지, 집은 자가인지 월세인지, 어떤 살림살이가 있는지 쓰도록 했다. 어떤 시험보다 어려웠다. 답은 알지만 그대로 쓸 수가 없었다. 선생님은 설문지를 다 걷고는 가정 형편이 어디에 속하는지 손을 들라고 했다. 상중하 세 가지였는데 학생들은 힐끔힐끔 서로 눈치를 봤다. 대부분은 '중'이었다. '상'은 두 명이었는데 집에 자동차와 피아노가 있었다. '하'는 아무도 없을 줄 알았는데 여자아이 하나가 손을 번쩍 들었다. 이목구비가 오목조목한 외모에 우등상을 놓치지 않을 정도로 공부도 잘했던 여학생이었다. 그 뒤로 반 아이들은 그 여자아이의 아버지가 똥지게꾼이라며 놀리고 따돌렸다. 그리고 그 여자아이가 지나갈 때마다 코를 부여잡고 구린내가 난다며 약을 올렸다. 손 씻기에 집착하고 옷 냄새에 예민해진 건 그때부터였다.

아래로 추락하고 싶지 않았다. 위로 더 높게 비상하고 싶었다. 밑바닥 냄새에서 벗어나고 싶었다. 머리가 굵어지면서 경제적 성공과 물질적 풍요에 대한 욕망은 점점 강렬해졌다. 그렇게 내 마음에 붙박이로 있던 허무와 새로 움튼 욕망이 서로 한 몸으로 엉키고 섞이면서 마침내 불안을 낳았다.

시장을 벗어나 유년 시절 단칸방에서 살았던 인근 주택가로 발길을 옮겼다. 낯익으면서도 어딘가 모르게 낯설었다. 몇몇 집들이 빌라나 연립 주택으로 신축되고 골목길에 보도블록이나 아스팔트가 깔렸지만 전체적으로는 예전 그대로였다. 간판의 글자 하나가 떨어져 나간 이발소와 출입문의 유리가 깨진 여인숙도 여전히 영업 중이었다. 슬레이트 지붕은 내려앉고 콘크리트 담장은 허물어진 빈집에서는 고양이 가족이 주인 행세를 했다. 놀이터에는 아이들은 없고 나이 지긋한 어르신들이 삼삼오오 모여서 화투를 치거나 윷놀이를 했다. 고층 아파트로 환골탈태하는 다른 동네와 달리 시간이 비껴가는 듯했다.

사글세 단칸방이 있던 어릴 적 집은 헐리고 3층 다가구 주택이 들어서 있었다. 햇볕이 안 드는 건 예나 지금이나 마찬가지였다. 어둡고 음습했다. 나는 잠시 우두커니 서 있다가 그때의 나를 불렀다. 퀴퀴한 방 안에 누워 있던 꼬마가 잔기침하며 밖으로 나왔다. 나는 입을 삐죽대는 어린 나를 등에 업었다. 우리는 오르막길로 이어진 큰집으로 향했다.

언덕바지에 자리 잡은 큰집은 단층 양옥집으로 이곳에서 한때는 3대가 함께 살았다. 그러나 이제는 세상을 떠나거나 뿔뿔이 흩어져서 장손인 사촌 형 내외만 남았다. 환갑이 넘은 사촌 형은 지병으로 얼굴이 몰라볼 정도로 수척했다. 형은 적적했는지 젊은 날의 무용담을 한참 동안 늘어놓았다. 밤새 진탕 술을 마셔도 거뜬했었다며 입맛을 쩝 다시다가 길게 한숨을 내쉬었다. 눈만 감았다 떴는데 늙고 병들었다며 탄식했다. 한눈팔지 않고 열심히 살았던 형이었다. 다만 운이 따르지 않아 인생의 쓴맛을 여러 번 맛봐야 했다. 인간은 실패할 수는 있지만 파괴될 수 없다고 말하고 싶었다. 많은 것을 잃었지만 모든 것을 얻었다고 위로하고 싶었다. 그러나 아무 말도 하지 못했다. 그저 회한에 젖은 눈을 들여다보며 거칠어진 손만 쓰다듬었다. 창밖을 보니 어느새 농밀한 어둠의 장막이 내려와 있었다. 이심전심이었는지 형은 옥상으로 올라가는 계단이 어둡다며 손전등을 내밀었다.

옥상에는 평상이 그대로 있었다. 뒤틀리고 갈라지고 패인 상처투성이였지만 자세만큼은 백전노장처럼 꼿꼿했다. 반지하 단칸방에 살았을 때 나는 가끔 이곳에 올라와 한참 동안 앉아 있었다. 한번은 발소리가 귀에 거슬렸는지 마당에 있던 큰 개에 팔뚝이 물린 적이 있었다. 여느 아이 같았으면 공포증이 생겨 근처에는 얼씬도 하지 않았겠지만 나는 여간내기가 아니었다. 개를 노려보며 붕대를 친친 감은 팔뚝을 보여줬다. 사납던 개의 눈빛이 누그러지더니 슬금슬금 뒷걸음질을 쳤다. 그 뒤로는 무사통과였다.

나는 키 작은 나와 삐걱거리는 평상에 나란히 앉아 밤하늘을 올려다봤다. 그 많던 별들이 보이지 않았다. 아니 눈으로만 보이지 않을 뿐이었다. 별들은 여전히 반짝이고 있었다.

옥상 밑으로 잔칫날에 모인 일가친척들의 화기애애한 웃음소리가 들리는 듯했다. 아니 생생하고 또렷하게 들렸다.

  사라지는 것은 없다. 마음으로는 모든 게 영원하다. 불안은 없다. 나뭇가지가 혼자서 흔들리고 파도가 스스로 일렁이는 게 아니다. 바람이 그런 것이다. 마음이 그런 것이다. 나는 눈으로 별들을 한가득 담았다. 그러고는 지그시 눈을 감고 명상했다. 그렇게 고요하게 나를 들여다봤다. 그렇게 아름답게 빛나는 모든 것을 봤다.

불안의 숲 명상의 숲

2024년 11월 20일 초판 1쇄 펴냄

지은이　　오제중
디자인　　엄혜리
펴낸이　　오제중
펴낸곳　　베라콘
출판등록　2024년 8월 7일 제2024-000180호
주소　　　서울시 마포구 양화로 15안길 19 2층
이메일　　veracon@daum.net
ISBN　　　979-11-989668-0-3　03800

책값은 뒤표지에 있습니다.
잘못된 책은 바꿔 드립니다.